W0172434

Knaur.

Alice Schwarzer

Marion Dönhoff

Ein widerständiges Leben

Knaur Taschenbuch Verlag

Besuchen Sie uns im Internet:
www.knaur.de

Vollständige Taschenbuchausgabe 2002
Droemersche Verlagsanstalt Th. Knaur Nachf., München
Dieser Titel erschien bereits unter der Bandnummer 72219.

Umschlaggestaltung: ZERO Werbeagentur, München
Umschlagfoto: Ingrid von Kruse, Wuppertal
Gesamtherstellung: Clausen & Bosse, Leck
Printed in Germany
ISBN-13: 978-3-426-62206-3
ISBN-10: 3-426-62206-8

4 6 8 7 5

Inhalt

Für ihr Vertrauen und ihre Geduld danke ich der Familie Marion Gräfin Dönhoffs, ihren Freunden, den Kolleginnen und Kollegen der ZEIT – und besonders Friedrich Dönhoff.

Die Geschichte einer Annäherung

Es ist kalt an diesem Dezembermorgen, und der Hamburger Hauptbahnhof ist noch zugiger als sonst. Entgegen ihren Gewohnheiten ist Marion Gräfin Dönhoff eine Viertelstunde vor Abfahrt des Zuges auf Gleis 14, wo Friedrich auf sie wartet, derjenige unter den Großneffen und -nichten, der ihr der nächste ist. Der Bahnhof ist fast menschenleer, und so fällt es auf, als ein Pulk blumenbewehrter Menschen sich auf Marion und Friedrich Dönhoff zubewegt. An der Spitze des Zuges ein leuchtendroter Lockenkopf: Irene Brauer, Dönhoffs Sekretärin und ihr seit sieben Jahren so stolz wie einfühlsam treu. Aus dem Pulk heraus ragen zwei der inzwischen älter gewordenen »Buben der Gräfin«, Nachfolger Theo (Ted) Sommer sowie Haug von Kuenheim, gefolgt von Chefredakteur, RedakteurInnen und Sekretärinnen, die seit Jahren die Politik-Seiten des Blattes machen.

Etlichen unter ihnen ist an diesem Morgen nicht nur froh, sondern auch klamm zumute, was nicht nur am Wetter liegt. Ist dies der letzte gemeinsame Auftritt der ZEIT-Familie, deren Seele und Motor diese Frau, die dort so zart und zäh steht, ein halbes Jahrhundert lang war? Denn das Blatt ist längst erwachsen, zu erwachsen, aus den »Buben« sind soignierte Herren geworden, und ihre Lehrmeisterin wird heute 85.

Marion Dönhoff ist überrascht. Und gerührt. Was sie nicht zeigt, versteht sich. Auch die hanseatische Redaktion scheint leicht außer sich, scheut sie sich doch nicht, auf dem Bahnsteig ein kräftiges »Happy Birthday dear Gräfin« zu schmettern und der lieben Gräfin Berge von Blumen und Päckchen in die Arme zu drücken.

Schwerbepackt steigen die beiden Dönhoffs in den Zug, zweiter Klasse, wie üblich. Doch der Zug will nicht abfahren, wie so manches Mal in dramatischen Momenten. Da schiebt »die Gräfin«, wie sie in der ZEIT distanziert-liebevoll genannt wird, noch einmal das Abteilfenster runter. »Und was macht ihr, wenn der Zug nicht abfährt?« spottet sie. Und sie weiß auch schon Rat: »Vielleicht sollte ich mal pfeifen?!« Sodann schiebt sie den rechten Daumen plus Zeigefinger zwischen die Zähne – und stößt einen gellenden Pfiff aus. Es hallt durch die ganze Bahnhofshalle. Und tatsächlich fährt der Zug los.

Mädchen, die pfeifen, und Hühner, die krähen . . . Doch der Marion hat niemand den Hals umgedreht. Im Gegenteil. Sie hat selbst da noch überlebt, wo andere auf der Strecke blieben. Und gerade dem Pfiff ist zu entnehmen, daß sie an diesem Morgen ganz besonders guter Laune ist. Denn das Pfeifen auf den Fingern war schon immer etwas, was Marion besonders gut konnte und »worum die Großen mich beneidet haben« – diese vier großen Geschwister auf Schloß Friedrichstein, die die drei »Kleinen« – und speziell den Nachzögling – so drangsalierten und die einfach alles besser wußten. Aber auf den Fingern pfeifen, das konnte keiner! Auch die »Großen« ihrer zweiten Familie, der ZEIT-Familie, können das nicht. Die gucken an diesem Morgen in Norddeutschland ähnlich verdattert wie die damals in Ostpreußen.

»Sie sah bis 50 aus wie 18«, sagt ein alter Freund der Familie. An diesem Tag wirkt sie wieder wie 18. Und die zwei, die da am Zugfenster stehen, scheinen nicht Großtante und Großneffe, nicht 85 und 27, sondern alterslos und übermütig. Zwei Kumpel, denen jeder, einfach jeder Streich zuzutrauen ist.

An diesem 2. Dezember 1994 fährt Marion Dönhoff, wie an den meisten hohen Familien- und Feiertagen, nach Crottorf, Schloß Crottorf. Dort lebt seit Kriegsende Lieblingsneffe Hermann, Sohn des gefallenen Lieblingsbruders Heini und einer Gräfin Hatzfeldt. In seinem melancholischen Wasserschloß in den Wäldern zwischen Bergischem und Siegerland hat Marion Gräfin Dönhoff das bißchen Heimat deponiert, das ihr nach der Flucht geblieben ist, darunter eine eisenbeschlagene Kiste, die sie einst, mitten in den Kriegswirren, auf Schloß Friedrichstein »mit dem Wichtigsten gepackt« und gen Westen expediert hat. Über viele Irrwege ist diese Kiste nach fünfzig Jahren vor einigen Monaten wieder aufgetaucht – ihr Inhalt ist noch immer fast unberührt. So ein Blick zurück fällt eben auch einer disziplinierten Preußin nicht leicht.

Am Tag nach der umjubelten Abfahrt aus Hamburg bin ich zum Geburtstagsempfang nach Crottorf eingeladen. Ich begegne dort Marion Dönhoffs höchst lebendiger Gegenwart – und Vergangenheit. Da ist die Jugendfreundin, mit der sie den letzten Ritt durch die masurischen Wälder machte. Da ist die Nichte, die sie immer an den Zöpfen zog. Da ist der Familienfreund, mit dem sie so gern auf Schnepfenjagd ging.

Und da sind die zwei Generationen ihrer Familie – von der dritten, von ihrer Generation, ist die ewig jüngste Marion heute die letzte. Da sind diese Neffen und Nichten um die 50, die, bei aller Fortschrittlichkeit, noch so ein melancholischer Hauch der versunkenen Feudalwelt umweht; und da sind diese Großneffen und Großnichten um die 25, denen so ein Empfang im Schloß eher genierlich zu sein scheint. Die tragen Jeans und schlendern betont lässig durch die Hallen, in denen sich heute die Dönhoffs, Lehndorffs, Metternichs, Weizsäckers mischen. Doch: »Die Dönhoffs, die waren immer schon was Besseres«, spottet einer der Dönhoff-Sprößlinge selbstironisch. Inmitten der der Scholle verhafteten Junker hielten sie in Ostpreußen Kultur und Bildung hoch. »Schön wie die Lehndorffs und klug wie die Dönhoffs«, soll es einst geheißen haben in Ostpreußen.

Als ich am späten Abend nach Hause komme, habe ich einen Entschluß gefaßt: Ich werde Marion Dönhoff vorschla-

Marion und Friedrich Dönhoff am 2. 12. 1994 im Hamburger Hauptbahnhof, auf dem Weg zur Geburtstagsfeier in Crottorf.

gen, über ihr Leben zu schreiben. Über dieses Leben, von dem sie bisher viel zu wenig mitgeteilt hat. Dazu will ich sie und die Menschen um sie herum befragen, um besser zu verstehen: zu verstehen, woraus ihr Stoff gewebt ist, woher der Mut zum Widerstand kommt und die Kraft zur Verantwortung. Was sind die Wurzeln dieser empfindsamen Nüchternheit, dieser vernünftigen Vermessenheit, dieser hochmütigen Bescheidenheit?

Dreimal ist Marion Dönhoff ausgebrochen. Sie hat ihre Klasse »verraten«, indem sie gewachsene Privilegien hinter sich ließ und sich neu bewährte. Sie hat ihre Heimat »verraten«, indem sie bereit war zum politischen Verzicht auf Ostpreußen und dafür mit als erste eintrat. Sie hat ihr Geschlecht »verraten«, indem sie aufbrach zu den Gipfeln, die exklusiv von Männern besetzt sind, und sich dort ungetrübt wohl fühlt. Gleichzeitig aber ist sie in allen drei Domänen – in Klasse, Herkunft wie Geschlecht – tief verwurzelt geblieben.

Mich beschäftigt Gräfin Dönhoff eigentlich schon seit 40 Jahren. Seit ich als junges Mädchen erstmals die ZEIT las, damals noch mit heißem Herzen, später mit kühlem Verstand und heute oft entmutigt von soviel Papier . . . Doch in der piefigen Ära Adenauer, da gab es für einen politisch fortschrittlichen Menschen nicht nur in meinen Augen nur zwei Blätter, beide geprägt von Pionieren des Nachkriegsjournalismus: Rudolf Augsteins »Spiegel« und Gräfin Dönhoffs ZEIT. Erst viel, viel später ist mir klar geworden, daß da bei der ZEIT noch etwas war: Ich hätte mich als zukünftige Journalistin wohl gar nicht erst denken können ohne dieses Vorbild – ohne diesen einen weiblichen Namen in den ersten Rängen des politischen Journalismus.

Und wie das so ist mit jugendlichen Vorbildern, wenn man erwachsen wird: Irgendwann habe ich sie vergessen, die Gräfin. Es kam die Studentenrevolte von 68, in der die ZEIT noch relativ wacker mithielt, mittenmang die Gräfin. Und es folgte die Frauenbewegung, von der gerade die ZEIT, dank zunehmend emanzipierter Leserinnen, profitierte. Doch die ZEIT-Macherin selbst als Feministin zu bezeichnen, das wäre schon sehr verwegen gewesen – und hätte Dönhoff sich auch zweifellos verbeten.

Während wir auf die Straße gingen für das Recht auf Abtreibung, erhielt sie den »Friedenspreis des Deutschen Buchhandels« für ihre versöhnende Ostpolitik. Während wir als Piratinnen Herrensitzungen sprengten und die Mikrophone an uns rissen, gehörte sie dazu, zu den Wichtigen dieser Welt, und mußte gar nicht erst ihre Stimme erheben. Während wir erklärten: Das Private ist politisch!, machte sie Außenpolitik.

Die Jahre vergingen, die Fronten differenzierten sich, die Unerhörtheit eines Lebensweges wie der von Gräfin Dönhoff rückte erneut in mein Blickfeld. Hier hatte sich ein weiblicher Mensch erkühnt, nach der ganzen Welt zu greifen – und war doch auch ganz dem Nächsten verhaftet geblieben. Hier war eine Frau aus der vorgegebenen Rolle ausgebrochen, mehr noch: Sie hatte die Chuzpe, so zu tun, als sei sie gar keine. Hier hatte es eine Journalistin geschafft, ein ganzes Blatt zu prägen – auch wenn ihr die Zügel langsam entglitten – und als Person zu einer moralisch-politischen Instanz eines Landes zu werden.

Also schlug ich 1987 Marion Dönhoff vor, sie für EMMA zu interviewen. Sie antwortete rasch, kam und ließ es sich nicht nehmen, in Köln die vier Etagen zur Redaktion hochzukraxeln. Es war ein denkwürdiges Ereignis, für uns allemal, vermutlich aber auch für sie.

Das im November 87 als Titelstory veröffentlichte Porträt trug den Titel »Der Häuptling«: »Man braucht ja nur Karl May zu lesen, um zu wissen, was der Häuptling tut«, hatte sie mir gesagt. Der Text begann mit den Worten: »Von ihrer ›Mädchenhaftigkeit‹ hatte ich schon öfter gehört (immer von

Frauen), das Soldatische an ihr jedoch wird schamhaft verschwiegen. Mit einer Mischung von Strenge und Neugierde richtet sie diesen für alle guten Journalisten so charakteristischen, genauen Blick auf mich und die Emma-Räume. Innerlich schlage ich die Hacken zusammen. ›Nett haben Sie es hier.‹ – ›Danke, Gräfin. Wir haben auch extra für Sie geputzt‹.«
– Und der Text endet mit den Sätzen: »Auf der Treppe fällt mir ein, daß ich sie ja noch gar nicht nach ihrem Porsche befragt habe, in dem sie immer mit 90 Sachen über die Elbchaussee brettern soll. Und auch nicht nach den vielen Weltreisen, die sie so gerne in Begleitung ihres Lieblingsneffen unternimmt. Doch da ist sie schon im Taxi und winkt. Ganz fröhlich. Morgen hat sie in Bonn zu tun. Und übermorgen wird der Häuptling wieder in Hamburg an seinem Schreibtisch sitzen.«

Freudige Überraschung: Marion Dönhoff findet es »treffend«. Wir halten Kontakt. Einige Monate später brettere ich an ihrer Seite die Elbchaussee lang, nicht mehr im Porsche, aber durchaus noch im Porschestil (so muß sie früher geritten sein). Unübersehbar die erstaunten Gesichter der Hamburger Society, als das Duo Dönhoff/Schwarzer an diesem Abend gemeinsam bei einer Theaterpremiere auftaucht: die Kombination scheint so überraschend wie entwaffnend . . .

Ein Jahr später, 1988, erscheinen Dönhoffs Erinnerungen an ihre »Kindheit in Ostpreußen«. Es ist ein aufschlußreiches Buch, auch wenn zwischen den Zeilen mehr steht als darin. Mit disziplinierter Diskretion streift die Zurückblickende nur flüchtig das verwilderte Kind in dem nicht nur klimatisch kalten Schloß. Sechs Jahre später, 1994, erscheinen ihre »Erinnerungen an die Freunde vom 20. Juli – Um der Ehre willen«. Mit Zärtlichkeit und Zorn porträtiert sie darin sechs Freunde, die beim Widerstand gegen das Naziregime ihr Leben ließen.

Nur einem wie zufällig hinzugefügten Postskriptum ist in Andeutungen zu entnehmen, daß Marion Gräfin Dönhoff selbst zentral beteiligt war am Widerstand gegen Hitler. Sie scheint eine der wenigen Frauen zu sein, die in dieser Zeit mehr waren als »nur« duldende Gefährtin an der Seite eines Helden. Sie war selbst Heldin: nämlich eigenständig und nur sich selbst verpflichtet handelnd, bei höchstem Risiko. Und sie zahlte einen hohen Preis dafür. Am Ende ihres letzten Buches steht der furchtbar lakonische Satz: »Nichts konnte schlimmer sein, als alle Freunde zu verlieren und allein übrigzubleiben.«

Wohin mit dem Schmerz? Und wohin mit dem schlechten Gewissen darüber, daß die anderen tot sind, sie aber lebt?

In dem, was sie ihr »zweites Leben« nennt, das Leben danach, reüssierte die nach Hamburg verschlagene Preußin rasch, diesmal weniger qua Herkunft, sondern mehr aus eigener Kraft. Von ihrem 60. Geburtstag an erklingen im Fünf-Jahres-Takt die Laudatien, und den Laudatoren scheint die Puste nicht auszugehen. »Ihre moralischen Grundsätze sind ebenso menschlich wie eindeutig. Ihr politisches Urteil hat den langen Atem der Geschichte«, preist Ex-Bundespräsident Richard von Weizsäcker. »Deutschland wäre ärmer ohne sie«, beteuert Ex-Kanzler Helmut Schmidt, und zur »historischen Figur« kürt sie Staatsrechtler Prof. Theodor Eschenburg. »Ich würde für sie durchs Feuer gehen«, beteuert der Soziologe Prof. Ralf Dahrendorf. Und für Ex-US-Außenminister Henry Kissinger, der als Kind mit den Eltern vor den Nazi-Häschern aus Deutschland nach Amerika floh, ist sie gar »eine der zehn Gerechten« in dieser Welt; für die FDP-Politikerin Hildegard Hamm-Brücher »die Hoffnung des Aufbruchs der Frauen« und für »Spiegel«-Herausgeber Rudolf Augstein »mein Vorbild«. Er stellte der Verehrten zum 80. einen metallicfarbenen Porsche mit dicker roter Schleife vor die Tür – schade, daß die Raison der Gräfin gebot, das kleine Präsent zurückzugeben . . .

Und was sagt die viel Geehrte zu all den Lobpreisungen? »Das ist mir wirklich Wurscht«, sagt sie. Doch so eine kleine innere Freude ist wohl da, zumindest bei dem Lob, das trifft.

Viel Ehr, viel Feind. Keine Laudatien halten all die, die sie hassen. Ja, ja, hassen. Denn diese würdige Dame weckt ungezügelte Aggressionen bei ihren Gegnern. Eine »Verräterin« ist die verjagte Herrin eines der großen Grundbesitze im Osten nicht nur für die Ewiggestrigen und Revanchisten. Eine »hoffnungslose Idealistin« und »rote Gräfin« ist sie auch heute noch für all diejenigen, die ihr weder ihre Zusammenarbeit mit den Kommunisten im Widerstand gegen Nazideutschland noch ihr Engagement gegen den Rassenwahn der Apartheid und schon gar nicht ihre im Alter eher stärker werdenden Sympathien mit dem Sozialismus verzeihen.

So ließ sich der pfälzische Bürger Helmut Kohl noch 1983 auf der Frankfurter Buchmesse in Gegenwart mehrerer Journalisten beim Anblick der preußischen Adeligen zu dem Ausruf hinreißen: »Ich kann dieses Gesicht nicht mehr sehen! Was glaubt die Frau eigentlich, wo sie lebt . . .?« Eine Befremdung, die zweifellos gegenseitig ist, auch wenn die Gräfin es anders formuliert hätte.

Doch lassen ihre Texte aus den letzten Jahrzehnten keine Zweifel daran, daß CDU-Kanzler wie der Machtmensch Adenauer (zu dessen heftigsten KritikerInnen sie in den 50er und 60er Jahren gehörte) oder der Durchzieher Kohl (dem sie eher gelassen begegnet) ihr fremd sind. Ihre Sympathie gehörte in der Nachkriegspolitik eher einer Figur wie Willy Brandt, dessen Verletzungen und Hoffnungen ihr vertraut zu sein scheinen.

Am 7. Dezember 1994 mache ich der »verehrten, lieben Gräfin Dönhoff« brieflich den Antrag zu diesem Buch – am 19. Januar 1995 sagt sie Ja. Zu meinem freudigen Erschrecken. Ein Jahr mit Marion Dönhoff beginnt. Ein Jahr der Zuneigung und des Zorns, des Verstehens und Verstummens. Gespräche mit ihr in Hamburg, Crottorf und Forio. Recherchen in ihrer Familie, der ZEIT-Familie und bei den vielen Freunden. Alle begegnen mir offen und gespannt – gespannt auf den Menschen Dönhoff, von dem die meisten nur wenige Facetten kennen.

Wieweit geht dieses Leben andere überhaupt an? Und werde ich es schaffen, ihm gerecht zu werden? So manchesmal verzweifelte ich in diesem Jahr der Recherche – mal an mir, mal an ihr. »Dönhoffs Biograph tut mir leid«, hat Prof. Eschenburg einmal voller schauderndem Respekt gesagt. Ihre Biographin tut sich in der Tat leid, manchmal zumindest. Denn es ist nicht einfach, sich ein Bild von einem Menschen zu machen, der zwar den Blick gewährt – sich ihm jedoch sogleich wieder entzieht. Ein Mensch, der kaum Ich sagen kann.

Die Aufgabe der Porträtistin ist eindeutig, der Auftrag der zu Porträtierenden doppeldeutig: Ich soll es tun – aber auch lassen. So werden, neben den Gesprächen mit Marion Dönhoff und den Stückchen Leben an ihrer Seite die Befragungen der anderen für dieses Porträt unentbehrlich.

Im April 1995 verbringen Marion Dönhoff und ich erstmals zwei Tage zusammen. Sie hat mich in ihr Haus in Blankenese eingeladen, ein ehemaliges Fischerdorf, heute Nobelvorort von Hamburg. Bin ich genug vorbereitet? Im Zug nutze ich die letzten Stunden. Friedrich Dönhoff holt mich vom Bahnhof ab. Vergeblich suche ich in der Blumenhandlung am Bahnhof nach Fresien, ihren Lieblingsblumen laut FAZ-Fragebogen. Doch der bunte Strauß, den ich dann mitbringe, stößt ebenfalls auf Wohlwollen.

Es ist Mittag. Frau Ellermann, eine freundlich-spröde Person aus der Lüneburger Heide, serviert ein vernünftiges Essen und tut dies nun auch schon seit zehn Jahren. »Eine Wirtschafterin«, sagt Marion Dönhoff später beim Spaziergang, »das ist der einzige Luxus, den ich mir immer erlaubt habe. Andere Leute machen Reisen oder kaufen teure Kleider – ich leiste mir eine Haushälterin. Denn ich mache mir nun mal gar nichts aus Hausarbeit.« So hatte ich mir das vorgestellt.

Doch erlebe ich bei diesem Spaziergang auch eine Überraschung: ihre Pippi-Langstrumpf-Seite. Die Gräfin trägt praktische Hosen, eine Windjacke und eine verschlissene blaue Strickmütze auf dem Kopf. »Ich trage am liebsten alte Sachen, das habe ich mir so angewöhnt. Früher mußte ich immer die Sachen der größeren Schwestern auftragen.« An der Leine zerrt Sascha, ein sturer Rauhhaardackel, dem nie beigebracht wurde, daß er nicht weglaufen darf, wenn er kann – was ihm ein Leben in Unfreiheit beschert. Seine Herrin scheint's nicht zu grämen. Später erfahre ich, daß sie ihm heimlich Nascherein zusteckt – wenn Frau Ellermann gerade nicht guckt.

In Dönhoffs Hamburger Einfamilienhaus aus Backstein herrschen Temperaturen wie auf Schloß Friedrichstein. Fröstelnd beschließe ich, beim nächsten Mal die Wollenen einzupacken. Die Einrichtung ist protestantisch-spartanisch, nur im Salon, der fast das ganze Erdgeschoß einnimmt und Arbeits-, Eß- und Wohnzimmer zugleich ist, weht ein Hauch von Friedrichstein: Herzstück des Raumes ist ihr Schreibtisch vor der Fensterfront zum Garten. An der Wand hängt, neben Hundertwasser-Drucken und modernen Aquarellen, ein prächtiger, früher Gobelin, oben umgeknickt, weil hier der Platz nicht reicht, daneben eine Barockkommode aus dem Schloß, der auf dem Transport der Aufsatz verlorenging.

Von ihrem mit Schriftstücken überladenen Schreibtisch aus schaut Marion Dönhoff auf einen kleinen, ein wenig verlassen wirkenden Garten: Es wäre eben auch bei größter Mühe keine ostpreußische Weite aus ihm herauszuholen ... In den Bilderrahmen auf ihrem Schreibtisch stecken ein von ihr selbstgemachtes Foto von Schloß Friedrichstein im Winter sowie Porträts von Menschen, die sie dort verloren hat. Zwischen Schreibtisch und Sitzecke vegetiert eine Chaiselongue, auf dem sich die Bücher stapeln. »Darauf habe ich in 25 Jahren noch nicht einmal gelegen«, vermerkt die Hausherrin nicht ohne Stolz.

Am Abend hocken wir im ersten Stock nebeneinander auf dem Gastbett, das Frau Ellermann schon fürsorglich mit einem Plumeau ausgestattet hat. Hier wird, gezielt und wenig, ferngesehen, »eigentlich nur die Nachrichtensendungen«. Wir wollen die Sieben-Uhr-Nachrichten sehen, doch mich beschleicht der Verdacht, daß sie die nicht zufällig zu früh angeschaltet hat. Denn meine Gastgeberin guckt mit runden Augen die Mainzelmännchen und kommentiert selbstvergessen: »Wirklich erstaunlich. Die lassen sich jeden Tag was Neues einfallen . . .« Später erfahre ich, daß sie sich »über Pumuckl halbtot lachen kann«.

Nachdem wir »noch etwas Kaltes« zu uns genommen haben, folgen wir ihren Gewohnheiten. Sie sitzt am Schreibtisch, liest, redigiert, schreibt. Ich hocke auf dem Sofa und blättere in den mir von ihrer Sekretärin Frau Brauer erbetenen Dönhoff-Dossiers. Mir gefällt das. Ab und an, inzwischen ist es nach zehn, steht sie auf und greift zum Telefon: »Hier Marion Dönhoff!« Oder auch: »Hier Marion!« Am anderen Ende der Leitung müssen ZEIT-Redakteure stecken. Die Biographin und Auch-Herausgeberin spitzt die Ohren. Mir scheint es sich um Kleinigkeiten zu handeln: Ist das Fax angekommen . . .? Haben Sie das schon gelesen . . .?

Sonntagmorgen. Meine Uhr ist stehengeblieben. Ich falle erschrocken aus dem Bett, denke, es sei mindestens zehn. Unten begegne ich einem verschlafenen Sascha und einer erstaunten Frau Ellermann, die gerade die allmorgendliche Möhre für die Gräfin putzt und den Tee aufbrüht. Die Vorhänge sind noch zugezogen, aber ich mache mich gleich wieder ans Aktenstudium, nicht zuletzt in der Hoffnung, einen guten Eindruck zu machen – was mir gelingt, wenn auch nur in Grenzen. Denn wurde ich gestern noch von der Gräfin bedauert, daß ich »soviel Unsinn lesen muß« (kurzer Blick hoch vom Schreibtisch in meine Richtung), so ist sie heute erstaunt über das Tempo, mit dem ich die Dönhoff-Akten bewältige. »Können Sie so schnell lesen?« kommt es spitz aus Richtung Schreibtisch. Ich beflissen: »Nein, nein, das waren nur Rezensionen, die sich wiederholen.« Doch unbesänftigt murmelt die Strenge: »Jaja, Sommer liest auch so schnell . . .«

Bei unserem zweiten Spaziergang – Marion Dönhoff bewegt sich gerne und viel – fällt mir eine kleine Szene auf: Wir biegen mit dem hechelnden Sascha vom Park auf eine der sonntäglich leeren Straßen. Da steht ein kleiner Junge etwa hundert Meter entfernt allein und weint. Sie nimmt das Kind in Sekundenschnelle wahr, schaut sich suchend um, geht darauf zu und erkundigt sich, was los ist. – Eine Marion Dönhoff ist eben nicht nur für die großen Weltgeschicke verantwortlich, sondern manchmal auch für den kleinen Alltag.

Randvoll mit Eindrücken verabschiede ich mich am Sonntagmittag in Blankenese, vertrauensvoll von ihr ausgestattet mit den wichtigsten Namen und Telefonnummern.

Die ersten, die ich aufsuche, sind Hermann Graf Hatzfeldt und seine Frau Angelika. Ihm gehört der Hatzfeldtsche Besitz mit weiten Wäldern und Ländereien, und er ist, von den heimischen Wäldern bis Tschernobyl, ökologisch engagiert. Mit Hermann, der, nicht zuletzt auf ihre Anregung hin, ebenso in Princeton studiert hat wie in Schwarzafrika – und dort vor allem »Tanzen und Lachen gelernt« hat –, pflegt Marion »ein besonderes Verhältnis«, wie die Familie es nennt. Er ist nicht nur Lieblingsneffe, er ist auch quasi Sohn (sie übernahm nach dem Krieg die Vormundschaft für die verwaisten drei Dönhoff/Hatzfeldt-Kinder). Und: Er ist Bruder. Und sie? »Sie war für uns eher Vater als Mutter, wenn Sie verstehen, was ich meine«, sagt er. Ich verstehe.

Mit dem 1941 geborenen Hermann hat Marion das ihr so vertraute geschwisterliche Muster wiederholt. Er wurde ihr Vertrauter und Gefährte, heiratete spät und begleitete sie lange auf Empfänge und Reisen. »Sie ist so aufgewachsen, wie sie heute lebt«, sagt er. »Für sich und distanziert, aber in einem engen Familienverband.« Für ihn und seine Geschwister war Tante Marion immer »die Respektperson«, die sich selbstverständlich in der Welt der Herrschenden bewegt. »Frauen interessieren sie nicht. Doch sie müßten sie mal auf einer dieser Konferenzen erleben. Da überlistet sie alle Männer! Sie ist ganz uneitel und ganz sachorientiert. Während die Männer radschlagen, schlägt sie zu.«

Wir verbringen einen lebhaften Nachmittag zu dritt in dem wohnlichen Wachturm des wuchtigen Schlosses, und zum guten Schluß gibt Hermann Hatzfeldt mir noch einen Tip mit auf den Weg: »Wenn Sie richtig was erfahren wollen, dann sollten Sie mit Alexandra sprechen.« – mit Alexandra Müller-Marein, der Tochter von Marions 1993 gestorbenen Schwester Yvonne.

Doch erst einmal fahre ich zum nächsten Neffen, nach Schloß Schönstein, rund 20 Autominuten entfernt. »Fahren Sie durch bis zum zweiten Schloßhof. Und dann sehen Sie schon: auf der Klingel steht Dönhoff.« Stanislaus Graf Dönhoff ist der Sohn von Jugendfreundin Sissi Gräfin Lehndorff (deren Bruder nach dem Attentat vom 20. Juli ermordet wurde) und Dönhoff-Bruder Dieter. »Stani« bezeichnet sich selbst als »konservativer« als Marion, und in seinen »Banker-Kreisen« findet man »Marion gar nicht so witzig«. Macht aber nichts, der Neffe liebt seine Tante!

Mit Wonne erinnert Stani sich noch über ein halbes Jahrhundert danach an den graugrünen 328er BMW, den Marion als Chefin der Dönhoff-Stiftung Gut Quittainen Anfang der

40er Jahre fuhr. »Den hätte ich so gerne gehabt!« Und auch daran, wie Tante Marion in den wirren Monaten nach Kriegsende einmal seine Lehrerin war. »Die anderen gingen hamstern, und sie unterrichtete uns«, schwärmt er. »Sie hatte immer was für junge Leute übrig und war für mich eine Vertrauensperson.«

Da mischt sich seine Frau Bella ein, eine geborene Gräfin Metternich. Die erinnert sich noch genau, wie ihr Vater die junge Marion verehrte: »Er hat sie sehr geliebt. Sie war so apart und hatte so tolle Augen.« Aber, sagt Stani: »Wenn Sie wirklich etwas erfahren wollen, dann sollten Sie mit Alexandra sprechen.«

Zunächst einmal telefoniere ich mit Stanis Mutter, Sissi Gräfin Dönhoff, geborene Lehndorff. Sie war einst Marions »beste Freundin« mit »die ganze Nacht durchreden und auf die höchsten Bäume klettern« (Sissi) und steckt voller herrlicher Anekdoten über früher. Aber heute . . . »Da hat sie kaum Zeit«, klagt Sissi, die erst vor kurzem aus Irland zurückgekehrt ist, wo dieser Dönhoff-Zweig nach dem Krieg Pferde züchtete. Aber Sissi hat einen guten Rat für mich: »Vielleicht sollten Sie mal mit Alexandra reden, die müßte mehr wissen.«

Ein paar Tage später sitze ich ihr tatsächlich gegenüber: Alexandra Müller-Marein, Tochter von Lieblingsschwester Yvonne und Witwe des einstigen ZEIT-Chefredakteurs Josef Müller-Marein. In ihrer zähen Zartheit sieht Alexandra ihrer nur elf Jahre älteren Tante Marion nicht unähnlich. Sie schlägt die Beine übereinander, zündet sich eine Zigarette an und sagt: »Wissen Sie, ich habe über unser Treffen nachgedacht. Und mir ist aufgefallen: Ich kenne Marion gar nicht.« Ich habe Mühe, Fassung zu wahren.

»Es ist nämlich so«, fährt Alexandra fort und schnippt die Asche: »Bei ihr gab es immer eine ernsthafte Trennung zwischen Verstand und Gefühl. Über Gefühle spricht man bei uns in der Familie nicht. Wir haben gelernt, mit uns selber fertig zu werden. Bei uns galt: Nicht klagen! Nicht heulen! Diskretion wahren! Und über Politik – darüber würde Marion nie mit mir reden! Sie hält Frauen nicht unbedingt für dümmer – aber für unfähig zum logischen Denken.«

Früher, da hat Alexandra der Marion gern an den Zöpfen gezogen. Und als sie groß waren und in den Nachkriegsmonaten zu einem kurzen, gemeinsamen Leben verurteilt, »da haben wir uns die Töpfe hinterhergeworfen«. Doch: »Marion war immer eine Autorität.« Und übrigens: »Achten Sie mal drauf, was sie zu Frauen sagt, die sie mag oder von denen sie was will: ›Liebchen‹ sagt sie. Männer nennt sie gern ›mein Alter‹.«

Mitte Mai fahre ich wieder von Köln nach Hamburg und verbringe eine ganze Woche zwischen Blankenese und der ZEIT. Im 6. Stock des hanseatischen Backsteingebäudes mitten im Zentrum residiert »die Politik«. Der Weg zu ihr hat Hindernisse: Seit Altbundeskanzler Helmut Schmidt in das Herausgebertrio der ZEIT berufen wurde (neben Marion Dönhoff und Theo Sommer), gibt es »besondere Sicherheitsmaßnahmen«. Der erste Aufzug geht nur bis in den 3. Stock. Sinn des Umsteigens: eine Sichtkontrolle. Der nächste Aufzug führt in den 6. Stock, wo auch die Gräfin residiert.

Halt, zunächst geht's durch das hart nach Arbeit aussehende Sekretariat der Brauer. Dann erst erreicht man das Büro der Gräfin. Die sitzt hinter ihrem Schreibtisch, der bedeckt ist mit Bergen von Büchern und Manuskripten. Die Räume der RedakteurInnen und Sekretärinnen gehen alle nach außen, zum Innenhof hin befindet sich der Konferenzraum, in dem an verschiedenen Tagen die einzelnen Ressorts tagen.

In den ersten Tagen husche ich immer noch direkt mit der Gräfin in ihr Büro, dann fange ich an, meine Netze zu spinnen. Auf dem Gang treffen mich diskret erstaunte Blicke, doch langsam beginnen sich die Türen zu öffnen. Das

Gerücht eilt mir voraus. Ich werde immer herzlich empfangen, allen voran von den Sekretärinnen, die mir verschwörerisch zuzwinkern. Die Arbeitsräume der RedakteurInnen sind, wie es sich für eine engagierte Zeitschrift gehört, winzig, erst ab Chefredakteurs- oder Herausgeberrang geht es über die Koje hinaus.

Sie wollen also eine Biographie über die Gräfin schreiben? Prüfender KollegInnen-Blick. »Naja«, antworte ich zögernd, »vielleicht eine Porträtskizze . . .« Am nächsten Morgen schallt es mir schon auf dem Gang entgegen: Sie wollen also eine Porträtskizze über die Gräfin schreiben! Naja, vielleicht ja doch eine Biographie . . .

Hier, unter dem seit dem Tod ihres Verlegers Bucerius im Herbst 95 so undichten Dach der ZEIT, scheint die nun 85jährige Dönhoff, dabei seit den ersten Gründermonaten, eine doppelte Präsenz zu haben. Die eine ist eine tatsächliche, körperliche Präsenz. Denn wenn die Gräfin nicht gerade in Washington, Warschau oder Rom interviewt oder referiert, sitzt sie hier Tag für Tag hinterm Schreibtisch, von Montag bis Freitag zwischen 10 Uhr 30 und 17 Uhr 30 und liest, redigiert, telefoniert, diskutiert. Die zweite ist eine symbolische Präsenz, denn »sie steht immer hinter einem« (Sommer). In der Tat schweben ihr Anspruch, ihre Strenge, aber auch ihr liberales Laisser-faire noch immer über allem – auch wenn sie hinter der Hand von einigen längst als »Fossil« abgetan wird.

Frei vom Mythos und dicht an der Realität ist Dönhoffs rechte Hand Irene Brauer, eigentlich Schauspielerin von Beruf und als »die kleine Rothaarige« vor sieben Jahren »mal eingesprungen« – und seither geblieben, zur Erleichterung der Gräfin. Ihr hat sie ihre beiden letzten und intimsten Bücher diktiert, ihr spricht sie bis heute in den Block (»Wollen wir noch mal ein bißchen was schreiben?«). Denn die Gräfin schreibt, ganz wie ihr Vater, mit der Hand, gestochen, versteht sich. Und während sie diktiert, korrigiert und ergänzt sie ein letztesmal ihre Texte. Eine Arbeitsmethode, die vermutlich zu der lebendigen Unmaniertheit und Direktheit ihres Stils beiträgt. »Das kann ja heiter werden!« – mit diesen Worten fängt im Herbst 1995 ein Kommentar von ihr über die Berührungsängste der CDU mit der PDS an.

Wie jede wirklich gute Sekretärin kennt kaum jemand die Gräfin so gut wie die Brauer, die von ihr auch schon mal die Hälfte vom Pausenbrot abkriegt, wenn die Chefin überraschend zum Geschäftsessen geladen ist. Die Brauer weiß Bescheid. »Sie will alles auf einmal machen. Sie verlegt alles, vergißt viel und läßt alles liegen. Sie hört oft nicht zu. Und: Sie ist sehr erfinderisch in Ausreden, wenn es sich darum handelt, eine Vortragseinladung abzulehnen.« Was der Brauerschen Zuneigung keinen Abbruch tut. »Ihre Klarheit! Ihre Unbestechlichkeit! Ihre liebevolle Nachsicht mit Menschen!«

Vor allem ihre bescheidene Selbstverständlichkeit im Umgang mit Menschen. Sie biedert sich nicht an, bleibt immer sie selbst. Als im Herbst 94 die Punker in Hannover wieder Punk machten, da schrieb die Gräfin nicht etwa einen pikierten Kommentar über »diese Jugend«, sondern lud die Jungs zu sich zum Gespräch. Die kamen auch und wurden höflich empfangen. »Sie müssen schon entschuldigen«, sagte die Gräfin beim Eintreffen der Truppe in ihrem Büro. »Es ist hier zur Zeit etwas unaufgeräumt . . .«

»Körperliche Befindlichkeiten gibt es nicht bei ihr, aber in bezug auf Stimmung ist sie sehr feinfühlig«, hat Irene Brauer beobachtet. Und: »Mit Männern, die sie mag, kann sie auch flirten. Mit Frauen ist sie sehr viel kritischer. Die provoziert sie knallhart.«

ZEIT-Redakteurin Margrit Gerste, nun auch schon seit fast 20 Jahren dabei, trägt das der Gräfin nicht nach. »Ich liebe sie ganz einfach.« Gerste mag »ihre Mädchenhaftigkeit und Hartnäckigkeit«. »Was sie sich in den Kopf setzt, macht sie.

Neulich sollte sie 28 Zeilen auf 26 Zeilen kürzen. Nein, hat sie gesagt.« In den Konferenzen »streitet sie sich weniger als früher«, aber »glänzt weiterhin durch Neugier. Sie hat mehr Fragen als Antworten.« Und jüngst, da hat sie nach der Konferenz im Rausgehen zu Gerste gesagt: »Mein Gott, diese Männer . . . sind die eitel.« Ist Dönhoff ein Vorbild für Gerste? Die gestandene Redakteurin guckt fast erschrocken: »Ein Vorbild? Nein, da werde ich nie rankommen . . .«

Ein paar Räume weiter sitzt Nina Grunenberg. Die Reporterin ist nach Dönhoff die Frau, die am längsten in der ZEIT ist. »Sie nennt mich Nina, und ich sage Gräfin. Weil ihr das zusteht.« Auch Grunenberg spricht von der »Mädchenhaftigkeit« der Gräfin, wie überhaupt alle Frauen auf ihre »zarten Seiten« eingehen. Die Reporterin mag Dönhoffs »Instinkt für Menschen«, ihren Elan und ihre Kreativität. – »Bei ihr blühen 1000 Blumen«, sagt sie, in Anlehnung an die Mao-Parole: Laßt-100-Blumen-blühen!

Zum Schluß spreche ich mit den »Buben der Gräfin«, mit Theo »Ted« Sommer und Haug von Kuenheim. Die beiden wissen natürlich genau, mit wem sie reden und thematisieren lässig »das Verhältnis der Gräfin zu den Frauen«. Denn »mit Frauen ist sie im höchsten Maße unfair«, verrät Kuenheim und schaut mich erwartungsvoll an. »Haben Sie sie dazu schon befragt?« Und Sommer weiß: »Es hat sie nie gestört, die einzige Frau zu sein. Aber ihr Verhältnis zu Frauen war immer schwierig. Sie hat Frauen gleichzeitig verwunderlich gefunden und nicht ganz ernstgenommen.«

Und wo von Frauen die Rede ist, da sind die Männer nicht weit. »Also irgendwann müssen Sie sie schon mal nach der Rolle der Männer in ihrem Leben fragen«, rät Sommer, der den frechsten Zugriff auf sie hat. Und er? »Ich? Also ich kann zu dem Thema gar nichts sagen!« Aber er hätte da schon so ein paar Tips . . . Es fällt mir auf, daß es vor allem die Männer sind, die über Dönhoffs Verhältnis zu Männern reden.

Haug von Kuenheim ist seit 1961 bei der ZEIT. Früher ging er jeden Sonntag mit der Gräfin an der Elbe spazieren, »dann haben wir immer nur über eines geredet: über die ZEIT.« Er ist, im Gegensatz zu dem, was immer vermutet wird, nicht direkt mit Marion Dönhoff verwandt. Aber er ist ihr verwandt, ihn hat sie besonders oft mitgenommen auf Reisen. »Das habe ich immer sehr genossen. Sie ist so sportlich. So lustig. So kameradschaftlich. Abends an der Bar ist sie garantiert die letzte . . .« Auch in der Redaktion »wird ihr nie was zuviel. Sie regeneriert sehr schnell. Auch heute noch.«

»Ihr Urteil war oft falsch, aber ihr Instinkt immer richtig«, sagt der heute 65jährige Sommer, der 1957, als 27jähriger, von ihr von der Uni zur ZEIT geholt wurde. Er findet: »Marion Dönhoff hat nie glänzen, wohl aber wirken wollen.« Und er hat beobachtet, daß sie »im Alter nicht konservativer wird, sondern eher linker und grüner. Sie langweilt sich nie und ist immer neugierig. Woher hat sie nur diese Energie?! Sie ist einfach die ewige Jungfrau: Jeden Morgen ist die Welt neu.«

»Die ZEIT«, plaudert der schlaksig-sportliche, einst blonde, wohl blauäugige und meist braungebrannte Sommer gut gelaunt weiter und durchschreitet dabei mit elastischen Schritten sein Büro (das doppelt so groß ist wie das von Dönhoff), »die ZEIT war für sie nie nur publizistische Plattform, sie war auch Familienersatz.« Und da weiß der Lieblingsbube der Gräfin, wovon er redet. »Sie hat die alten Formen in die neue Zeit hinübergerettet. Aus dem Salon wurde die Konferenz, aus der Korrespondenz der Leitartikel.« Bemerkenswert findet er ihre Mischung aus »Charme und Härte«, aus »Sprödigkeit und Wärme«. Aber: »Sie kann auch ziemlich gemein sein. Sie würgt einem ganz gern eine rein. Ihre Anpfiffe sind preußisch: Mir klappern jetzt noch die Knochen, wenn ich an das Telegramm denke, das sie mir 1960 nach Harvard geschickt hat, wo ich in Henry Kissingers Sommerseminar saß: ›Sie sind zum Auslandskorrespondenten ganz und gar untauglich!‹ – Wenn sie einmal unrecht hat, sagt sie nichts, aber man findet irgendwann mal eine halbe Flasche Spätlese auf seinem Tisch, mit einem ihrer kleinen Zettel: ›Schönen Gruß‹.«

Unser Gespräch wird unterbrochen von einem Anruf. Sommers kleine Tochter aus dritter Ehe ist am Apparat. Sie hat Papi was zu erzählen, was Wichtiges: Sie hat nämlich im Schwimmunterricht heute das »Seepferdchen« gemacht und will sich nun partout gleich mit ihm zum Schwimmen verabreden. Nachdem der gerührte Vater aufgelegt hat, fällt ihm noch was ein. »Früher hatten wir zwei Gräfinnen, die Gräfin Dönhoff und die Gräfin Merfeldt. Der letzteren hat man gern von oben in die Bluse geguckt, wenn sie mit dem Paternoster ankam. Mit der anderen hat man nicht geflirtet, mit der hat man diskutiert.«

Richard von Weizsäcker, dem ich viel später bei Tee und Gebäck im Berliner Magnus-Haus gegenübersitze, sieht das etwas anders. Er lächelt versonnen und sinniert: »Sie ist, trotz großer Nüchternheit und Sachlichkeit, ganz und gar eine Frau. Und zwar eine wunderbare! Sie gibt sich gerne den Anschein großer Nüchternheit, läßt es nicht leicht zu, daß man vordringt zu ihren Gefühlen. Ich habe das immer sehr anziehend und eindrucksvoll gefunden.«

Der zehn Jahre jüngere Weizsäcker und die Dönhoff kennen sich seit 1945 und haben schon so einiges miteinander erlebt. Nicht zuletzt ist es der Degout vor den Nazis, der die widerständige Adelige und den Ex-Offizier verbündet. Und das Verhältnis zur Macht? »Das ist bei ihr so gebrochen wie bei mir«, sagt Weizsäcker. Es gibt Menschen, die sagen, die Gräfin habe Weizsäcker als Bundespräsidenten »gemacht«. Er sagt dazu nichts, aber, gesteht er, »sie hat mich beeinflußt«. Wie? Immer auf die zarteste Weise . . .« Und dann ist wieder von den »kleinen Zetteln« die Rede, von denen auch Sommer über die Jahrzehnte so viele gesammelt hat.

Was scheint Weizsäcker wesentlich an Dönhoff? »Im Grunde war sie immer gleich: im Herbst 45 wie im Herbst 95. Sie war immer die Anführerin von uns Jüngeren. Sie verlangte von uns, wir sollten unser Pfund nicht verschenken! Ich meine, ihre eigentliche Bedeutung liegt nicht im Schreiben, sondern, mit Verlaub, im Erziehen.« Und was hält er für ihre wesentlichen Charakterzüge? »Ihre Souveränität und ihre unglaubliche Unabhängigkeit des Urteils – auch wenn sie von Außenwirkungen nicht ganz unbeeindruckt ist, siehe ihre Schwäche für Kissinger. Und ihre Strenge! Manchmal kann sie auch etwas lebensfern sein.«

Eine Stunde später sitze ich vor Hartmut von Hentig, den ich in seiner Berliner Wohnung besuche. Der 15 Jahre jüngere Reformpädagoge ist ein alter Familienfreund der Dönhoffs (»Mein Großvater hat mal einen Prozeß für Marions Vater gewonnen.«). Er kennt Marion seit seinem elften Lebensjahr. Er ist eine wahre Fundgrube. Und auch in Sachen Strenge kennt er sich aus.

»Sie selbst sieht das vermutlich anders«, erzählt er. »Aber sie knatterte mit ihrem Motorrad durch diese unvorstellbar großen Güter und war durchaus herrisch. Ihre Anordnungen waren knapp, ließen Widerspruch nicht geraten sein. Wagte man ihn doch, bekam ihre Stimme einen schneidenden Ton: Sie wußte es besser.« Doch Hentig erinnert sich auch nur zu gut an die heitere Marion, an die bei der Jagd durch die Wälder, an die bei der Diskussion vor dem Kamin mit den Geschwistern oder an die bei brillanter Konversation im Berliner Salon der Hentigs. »Sie war mitreißend, eine Amazone, eine Artemis. Auf meinen Vater hat sie so stark gewirkt, daß es eine Anfechtung war für meine Mutter.«

Als der kleine Hentig Marion Dönhoff in den 30er Jahren zum erstenmal begegnete, »da war Marion enorm jung, enorm braungebrannt und erregte meine Bewunderung durch ihre vollkommene Lebenssicherheit«. Er findet, sie sei sich über die Jahrzehnte »selbst treu geblieben«. Im Guten wie im Argen, denn: »Sie mißtraut heute wie damals der Chemie der Menschen, also der Psychologie und Pädagogik, und setzt nur auf die Physik.«

Zurück in Hamburg treffe ich Arno Gehrmann. Ich verabrede mich mit dem jungen Sozialpädagogen im Büro der Gräfin, von wo wir in den Alsterpavillon zu Kakao mit Sahne starten. Gehrmann ist groß, schlaksig, blond, blauäugig. Seine Aufgabe ist unter anderem die Verwaltung der Übergangswohnung für haftentlassene Männer, die Dönhoff seit Jahren aus ihren Buchhonoraren finanziert. Vier Plätze sind da für Ex-Knackis, und eigentlich soll keiner über sechs Monate bleiben. Aber zwei Zimmer sind mit Dauergästen belegt, »der eine ist schon 68 und der andere Maler«. Wer hätte da das Herz . . . die Gräfin jedenfalls nicht.

»Wenn die Frau Dönhoff in die Wohnung kommt«, erzählt Gehrmann, »dann stehen die Jungs stramm. Dann wird vorher gebohnert und aufgeräumt. Sie fragt, wie es geht und was sie so machen. Sie hat gar nichts Behandelndes mit den Leuten, sie redet mit denen, wie sie mit Gorbatschow reden würde.« Und wenn einer mal seine Miete nicht zahlt, schickt Frau Dönhoff ihm einen Brief: »Ich finde es wirklich nicht sehr nett von Ihnen, daß Sie die Vorzüge dieser Wohnung nicht durch pünktliches Zahlen der Miete honorieren.« Dann zahlen die Jungs prompt.

Auch Gehrmann hat schon so einiges erlebt mit Frau Dönhoff. »Ein falsches Wort, und man kriegt sofort eins verplättet von ihr.« Neulich kam er direkt vom Dienst zu ihr zum Rapport. »Wie geht es Ihnen? hat sie gefragt. Ich bin gestreßt, Frau Dönhoff, habe ich gesagt. Das geschieht Ihnen recht! hat sie geantwortet. Das bin ich seit 60 Jahren.«

Doch Gehrmann und die Gräfin verbinden nicht nur der Streß und die Knackis, sie teilen auch die Leidenschaft für Motorräder. Neulich hat er ihr zuliebe sogar ein selbstgebasteltes Liegerad in den 6. Stock der ZEIT gewuchtet und ist damit den Gang rauf und runter gebrettert.

Zur Lässigen-Jungs-Sammlung der Gräfin gehört auch Claus Grossner: groß und vom selben schlaksigen Hallodri-Charme wie Gehrmann. Aber Grossner residiert an der Elbchaussee. Als Student hat er vor rund 25 Jahren die erste vieler Festschriften, nämlich die zum 60. Geburtstag der Gräfin herausgegeben (»Das 198. Jahrzehnt«) und seither mächtig Karriere gemacht. »Er hat so eine Art Großforschungsbüro und weiß einfach alles«, sagt Dönhoff beeindruckt. »Er ist unheimlich tüchtig und ein treuer Freund.«

Und während der treue Freund mir vor seiner weißen Villa in seinem Garten mit Elbblick einen Drink serviert, faßt er pointiert den Punktekatalog der Qualitäten seiner Freundin zusammen: »1. Sie ist in Krisensituationen der einzige Mann in der ZEIT. 2. Sie ist unkorrupt. 3. Sie kann zuhören, ist dialogfähig. 4. Sie ist lern- und fragefähig. 5. Sie ist eine begnadete Machtpolitikerin auf der Networkebene.« Sie macht, so der Investmentbanker anerkennend, »Machtpolitik über Personalpolitik«, und »das alles über in Jahrzehnten systematisch aufgebauten Kaffee- und Freundeskränzchen«. Und »sie ist für mich die einzige«, findet Grossner, »die die Existenzprobleme der ZEIT wirklich begreift.«

Nach Grossner treffe ich einen Dönhoff-Freund vom anderen Ende der Palette: Fritz Stern aus New York. Die »nicht arischen« Eltern Sterns lebten in Breslau und sind mit dem kleinen Fritz rechtzeitig nach Amerika geflüchtet. Und die aus der Nachbarschaft stammende Preußin ist darum »auch Familie« für Stern. 1988 hat der bekannte Historiker sein Buch »Der Traum vom Frieden und die Versuchung der Macht« Marion Dönhoff gewidmet, dieser »so ergreifend nüchternen Frau«.

Kennengelernt hatten die beiden sich 1969. Dönhoff hatte auf einer gemeinsamen Konferenz einen Text von Stern über den aktuellen Jugendprotest gelesen. »Dann hat sie mir einen Zettel zugeschoben«, erzählt er. »Darauf stand: Wollen Sie mit mir Mittag essen? Und dann hat sie mich mit Kritik konfrontiert. Ich wäre viel zu konservativ! Ich hätte nicht genug Verständnis für die Studentenrevolte. Ob ich denn am Zuweitgehen nicht auch das Positive sehen würde?!«

Stern mußte einsehen, daß sie recht hatte. »Wir sind uns politisch meist einig, auch im damaligen Protest gegen den Vietnam-Krieg.« Nur als Jaruzelski 1981 über Polen das Kriegsrecht verhängte, da hat es zwischen den beiden gekracht. Stern fand das empörend, Dönhoff fand es traurig, aber vernünftig. Stern: »Im Rückblick würde ich sagen: Sie hatte vermutlich recht.« Er findet: »Sie kann wunderbar offen sein, aber wenn ich nicht ihrer Meinung bin, überzeuge ich sie selten . . .«

Warum er gerade an ihr so hängt? Fritz Stern schaut lange aus dem Fenster. Er hat überhaupt die so seltene Art, nachzudenken, bevor er antwortet. Und dann sagt er langsam, aber bestimmt: »Weil ich sie liebe.« Liebe erklärt sich bekanntermaßen nicht. Aber es fällt ihm doch noch was ein: »Ihre Intelligenz! Ihre Unsentimentalität! Ihre Güte! Ihre forschende Neugierde! Ihr Appetit aufs Leben! Und ihr kreatives Verständnis für Ambivalenz . . .« Zum Abschied fragt Stern mich eindringlich: »Haben Sie eigentlich schon mit Friedrich gesprochen?« Nein, aber bald.

Ich sehe Friedrich Dönhoff in Köln, bei mir zu Hause. Friedrich hat seine Kindheit in Afrika verbracht und seine Jugend in Bonn und auf der Odenwaldschule. Der Kriegsdienstverweigerer studiert in Hamburg Geschichte und interessiert sich fürs Filmemachen. Marions jüngster Bruder Christoph (Toffi) ist sein Großvater. Friedrich ist seit seinem 17. Lebensjahr mit Marion befreundet. »Damals hab ich mal vier Wochen bei ihr in Hamburg gewohnt, und es ging von Anfang an gut. Wir haben denselben Rhythmus«, erzählt er.

Befragt, was ihm so an ihr gefällt, sagt er ohne Zögern: »Sie ist so gefestigt, ruht so in sich. Sie wirkt so beruhigend auf mich. Denn sie versteht soviel von der Welt und weiß soviel vom Leben. Sie ist einfach eine Freundin, auf die man sich voll verlassen kann.«

Der fast 60 Jahre jüngere Großneffe hat in den letzten Jahren ein Stück den Part von Hermann übernommen. Er besucht sie regelmäßig, geht manchmal mit ihr auf Reisen und gehört zu den wenigen, die auch ihre versteckteren Seiten kennen. »Sie kann hemmungslos sein und frech. Das Kind in ihr kann jederzeit rausspringen: Wenn sie Tiere beobachtet oder sich über kindliche Witze kaputtlacht.« Beim Abschied gibt Friedrich noch einen Rat: »Sie sollten unbedingt mit Emzeh sprechen . . .«

Marie Christine Gräfin Metternich, genannt MC, ist mit Marion befreundet. Ich treffe sie am Niederrhein, wo sie gerade in ihrem elterlichen Schloß zu tun hat. Endlose Flure, unbewohnte Zimmerfluchten, eisige Luftzüge. Es kann sehr ungemütlich sein auf so einem Schloß. Aber MC hat es geschafft, in einem der Salons Wohlbehagen zu verbreiten.

Sie ist rund 20 Jahre jünger und wohl Schwester Yvonne nicht unähnlich: warmherzig, sinnlich, strahlend. Der karierte Rock rutscht ihr ein wenig über die Knie, als sie sich setzt. Sie zündet sich eine Zigarette an und lächelt. »Wissen Sie«, sagt sie, »Männer stecken Marion in eine Schublade. Frauen verstehen mehr von ihr.«

Marion und MC kennen sich seit Mitte der 50er Jahre. MCs Mann, Graf Peter Metternich, ist in dem westfälischen Schloß Vinsebeck zu Hause, dort wo Marion Dönhoff nach ihrer sieben Wochen währenden Flucht auf ihrem Reitpferd Alarich ankam. Die beiden Frauen scheinen sehr unterschiedlich, haben aber viel gemein: nicht nur die Herkunft, auch deren Infragestellung, »diesen Aufbruch ohne Bruch«, wie die Freundin es formuliert.

MC Metternich erzählt: »Ich komme aus einem konservativen Umfeld, müssen Sie wissen. Mit 15/16 habe ich dann angefangen, die ZEIT zu lesen – und bei Marion endlich Argumente gefunden.« Als sich die beiden einige Jahre später persönlich kennenlernen, da wird die Ältere für die Jüngere rasch zur »Instanz«: »Den Konservativen war sie zu liberal, aber ich bewunderte ihre Voraussetzungslosigkeit, ihre Bodenhaftung, Zuverlässigkeit und Unbestechlichkeit. Und das tue ich heute noch.« Ganz besonders gefällt ihr an Marion, »daß bei ihr die Menschen im Mittelpunkt stehen: Es geht ihr ernsthaft um Menschen«.

Sicher, da bleibt »immer eine gewisse Distanz, eine Verkapselung. Marion überschwemmt einen nicht mit sich – sie läßt anderen die Freiheit, die sie auch für sich beansprucht«. MC weiß, wovon sie redet: »In diesen Familien ist Haltung gleich Selbsterhaltung. Wenn sie zusammenbrechen, müssen sie die Scherben selbst wieder aufkehren.« Vor allem, wenn man so »ungeschützt« sein kann wie Marion, »wie ein verlorenes Kind«. Gleichzeitig aber war immer klar: »Sie hat es sich nie leisten können, Schwäche zu zeigen. Auch in der Redaktion nicht. Sie hat immer die Kohlen aus dem Feuer geholt.« – Und nach einer kleinen Pause fügt MC hinzu: »Was Verzicht ist, wissen wir alle. Aber retrospektiv sagt Marion sich ganz sicher: Gott sei Dank. Denn Männer und Kinder – das wäre ihr Alptraum!«

Die Fenster des Salons gehen auf den weiten Schloßpark. Draußen liegt der erste Reif. MC nimmt einen letzten, tiefen Schluck aus der Kaffeetasse, lehnt sich zurück und sagt: »Wissen Sie, ich glaube, Marion wäre dankbar für eine ironische, distanzierte Benennung.«

Als Gräfin Metternich mich gegen Mittag durch die langen Gänge zum Eingangsportal zurückbegleitet, scheint durch die hohen Fenster die blasse Wintersonne. Auf dem Hof, kurz bevor ich in den Wagen einsteige, gibt sie mir noch etwas mit auf den Weg: »Bevor Sie gekommen sind«, sagt sie, »habe ich Marion angerufen und sie gefragt: Wie soll ich mit ihr reden? Mit Vorsicht oder wie mit einer Freundin? – Wie mit einer Freundin, hat sie gesagt.« Mir scheint, dazu lächelt MC leicht – leicht, aber aufmunternd.

Schloß Friedrichstein um 1930. – Foto: Marion Dönhoff

Die Kindheit, 1909 bis 1924

Es ist einer dieser Dezembertage, an dem die Petroleumlampen schon vor drei Uhr nachmittags angezündet werden müssen. Draußen ist es unwirtlich und drinnen, im Schloß, kalt wie meist. Die Hochschwangere, eine zarte Person halb-ungarischer Herkunft und Palastdame der letzten deutschen Kaiserin, hat hier, in dem unweit von Königsberg gelegenen Schloß Friedrichstein, in den letzten zehn Jahren sechs Kinder zur Welt gebracht. Jetzt ist sie 40 Jahre alt und auf ein siebtes eigentlich nicht mehr gefaßt . . .

Die sich ankündigende Geburt scheint kompliziert zu werden. Von Oberkutscher Grenda ist überliefert, wie der werdende Vater, der damals 65jährige Graf August Dönhoff, zum Stall eilt und schon von Ferne ruft: »Es geht los, spann an! Fahr' so schnell du kannst, auch wenn's die Pferde kostet!« Der getreue Grenda jagt innerhalb von drei Stunden die 20 Kilometer nach Königsberg und zurück und bringt Professor Unterberger mit: Marion Gräfin Dönhoff kann zur Welt kommen. Wir schreiben den 2. Dezember 1909.

Wie um alle Kinder in dieser Zeit wird auch um dieses kein großes Aufheben gemacht, und in diesem Falle sogar noch weniger als sonst. Denn Marion, viertes Mädchen und Nach-zögling, ist einfach nicht mehr eingeplant und muß selbst sehen, wie sie durchkommt.

Der Vater, »für Fragen der Erziehung nicht zuständig«, wird von dem heranwachsenden Mädchen aus der Ferne bewundert und gefürchtet zugleich. Gefürchtet vor allem, wenn er, halb erblindet, mal wieder jemanden zum Vorlesen sucht. »Wenn ich ihn tagsüber irgendwo durchs Haus wandern sah, verdrückte ich mich schnell, aus Angst, ihm vorlesen zu müssen. Da die Sekretärin nicht überanstrengt werden sollte, er aber stets begierig war zu erfahren, was in den drei oder vier Zeitungen stand, deren Inhalt er noch nicht zur Kenntnis genommen hatte, spähte er forschend nach den Kindern aus. Auch die Großen ließen sich ungern erwischen. Für mich aber, die ich noch gar nicht ordentlich lesen konnte, war es geradezu eine Qual, wenn es mir einmal nicht gelungen war, zu entkommen und ich mich dann durch vollkommen unverständliche Texte hindurchbuchstabieren mußte . . .«

Für den weitgereisten, kosmopolitischen Vater bleibt es bis zu seinem Tod im Jahr 1919 selbstverständlich, auf Schloß Friedrichstein zahlreiche Tageszeitungen zu beziehen, von der »Kreuz-Zeitung« und der »Frankfurter« bis hin zur »Times« und dem »Figaro«. Er ist »der Mann, der alles wissen will«. Verirrt die kleine Marion sich vom Stall oder Kinderzimmer in die Repräsentationsräume des Schlosses zu ebener Erde, so sieht sie den Vater ganz am Ende des Schlosses, quer durch die offenen Flügeltüren der einzelnen Säle, in seinem Arbeitszimmer im Schein der Lampe sitzen. Allein, aber doch Teil des Ganzen.

Erst viel später, als die erwachsene Marion Dönhoff zurückkehrt von ihren volkswirtschaftlichen Studien in Frankfurt und Basel und über die Entstehung des Besitzes der Dönhoffs ihre Doktorarbeit schreibt, erfährt sie in den Archiven des Schlosses mehr über den Vater. Er ist der Sohn einer der bemerkenswertesten Persönlichkeiten aus der Dönhoff-Kette, des preußischen Diplomaten und Außenministers August Heinrich Dönhoff. Als junger Mann wird Marions Vater, der zukünftige sechste Herr von Schloß Friedrichstein, Diplomat. Er geht mit 25 als Attaché an die Botschaft in Paris und drei Jahre später als Botschaftssekretär nach Petersburg, »das alte Petersburg mit seinen eleganten Equipagen, schönen Frauen und großen Hoffesten«. Es folgen Wien, London und Washington.

Doch scheint das Diplomatenleben den jungen Grafen nicht auszulasten. Er nimmt sich immer wieder Urlaub und überzieht den auch gerne schon mal unerlaubt – »unbezahlten Urlaub«, wie seine strenge Tochter, die ein Jahrhundert später die Akten des Auswärtigen Amtes nach ihm durchforstet, erleichtert betont. Graf August Dönhoff durchstreift lieber die Welt, den Kaukasus, China oder Mexiko.

Im September 1879 ist er als Diplomat in Washington in ein halbamtliches Abenteuer von echtem Karl-May-Format verwickelt, das der Tochter noch ein Jahrhundert später »kolossal« imponiert: Der preußische Graf wird nach dem berüchtigten Massaker von White River zum Vermittler zwischen Rot- und Weißhäuten und verhindert so weiteres Blutvergießen.

Er trifft 1879 bei einer Reise in Denver seinen Freund, den amerikanischen Innenminister Carl Schurz, der äußerst besorgt ist: Im Reservat der Utah-Indianer, die dort von weißen Farmern bedrängt wurden, hatten die Indianer zurückgeschlagen. Sie ermordeten den District Commissioner und entführten dessen Frau und Tochter. Blutigste Eskalation droht. Graf Dönhoff verspricht seinem Freund Schurz, er werde helfen, die beiden Frauen zu befreien. Bald darauf machte er sich zusammen mit einem General und dessen Hilfstrupp auf den Weg. Tagelang sind sie unterwegs, reiten durch Schluchten und auf Indianerpfaden 3.500 Meter hoch, und tatsächlich entdecken sie schließlich das Zelt des Häuptlings der Utah. Die Verhandlungen reüssieren, und August Dönhoff bringt die entführten Frauen »unbeschädigt« zurück.

Nach diesem Abenteuer reicht der vom Bürokratismus gelangweilte Graf 1881 seinen Abschied beim Auswärtigen Amt ein – nicht ohne Hinweis auf seine bevorstehenden Pflichten als Abgesandter im »Preußischen Herrenhaus«, in dem er erbliches Mitglied ist. (Dieses »Herrenhaus« ist eines der beiden Parlamente in der Monarchie und dem damaligen englischen Oberhaus vergleichbar.)

Am 24. Mai 1881 kehrt der inzwischen 37jährige Globetrotter nach Friedrichstein zurück. Seine Mutter, die monatelang ohne Nachricht gewesen war, ist darob so glücklich und erleichtert, daß sie der Kirche von Borchersdorf, deren Kirchenpatron der jeweilige Herr von Friedrichstein ist, eine Abendmahlskanne stiftet: »Zum Angedenken an die gottbegnadete Heimkehr«.

Von nun an widmet Graf Dönhoff sich neben der Verwaltung der Güter seinen ruhigeren Passionen, der Innenpolitik und der Kunst. Die ebenfalls kunstinteressierte Tochter erzählt: »Er stand mit Antiquaren und Museen in aller Welt in Verbindung. Mit den Kunstschätzen von Friedrichstein hätte man ohne weiteres das Museum einer mittelgroßen Stadt ausstatten können.« Was nie mehr möglich sein wird, denn die Kunstschätze werden, zusammen mit dem ganzen Schloß, im Januar 1945 in Flammen aufgehen . . .

Doch noch herrscht Ruhe vor dem Sturm, vor dem ersten Sturm. Noch ist Deutschland ein Kaiserreich. Und selbst während des Ersten Weltkriegs zieht der politisch engagierte Ostpreuße, der auch Abgeordneter des Reichstages ist, noch in jeder Sitzungsperiode mit Familie und Personal von Friedrichstein in das 600 Kilometer entfernte Berlin.

Es überrascht nicht, daß Graf Dönhoff bis zu seinem Lebensende ein unkonventioneller Mann bleibt. Nicht ohne Amüsement berichtet seine Tochter die Anekdote, wie Graf und Gräfin Dönhoff in Frack und Abendrobe zu einer Einladung bei Kaisers im Schloß auf dem Bock eines Gemüsewagens vorfahren. Kutscher Grenda hatte sich verspätet, und so stoppte der Graf kurzerhand das erstbeste Vehikel (»Es soll Euer Schaden nicht sein, guter Mann«) . . . Auch scheut er sich nicht, am Tag nach solchen Festivitäten im Hotel Adlon mit dem jüdischen Rechtsanwalt Silberstein zu

Mittag zu essen – was anscheinend keineswegs selbstverständlich ist in dieser feinen Gesellschaft und von Fürstens am Nachbartisch mit hochgezogener Augenbraue vermerkt wird.

Als Graf August Dönhoff im Jahr 1919 stirbt, ist seine jüngste Tochter Marion neun Jahre alt. »Der Vater liegt im Sterben, aber du bleibst besser hier«, sagt eines der älteren Geschwister zu der Kleinsten. »Alle waren um ihn versammelt, nur ich war wieder ›zu klein‹«, erinnert sich die Ausgeschlossene noch 70 Jahre später. »Ich weiß nicht, was mich trauriger machte: dieser Umstand oder der Tod des Vaters.«

Graf August Dönhoff hatte Ria von Lepel im Jahr 1895 geheiratet. Er ist damals 51 und hat ein bewegtes Männerleben hinter sich. Sie ist 27, kommt aus einem altväterlichen Milieu und hat ein behütetes Frauenleben hinter sich. Dieses typische Frauenleben scheint so ereignislos gewesen zu sein, daß die Tochter in ihren zahlreichen Erinnerungen noch nicht einmal den Mädchennamen ihrer Mutter nennt. Sie erwähnt lediglich, daß diese wiederum ihre Mutter (also Marions Großmutter) noch siezte und »Frau Mutter« nannte.

Als Ehefrau und Mutter ist Gräfin Dönhoff, laut Tochter Marion, eine »musische Frau, voller Phantasie und ein wenig romantisch«. Sie hat »eine schöne Stimme, schreibt hübsche Märchen für den Hausgebrauch, malt ein bißchen und kann wunderbar sticken«. Und sie hat ein starkes soziales Verantwortungsbewußtsein: Sind Leute im Dorf krank, müssen die jungen Komtessen vom Schloß ihnen Suppe bringen oder bei ihnen Nachtwache halten.

Gleichzeitig aber ist Marions Mutter – die über ihrem eigenen Stand geheiratet hat – durch und durch beherrscht vom Comme-il-faut, von diesem »ganzen übertriebenen monarchistischen Rummel«, den die Tochter schon früh belächelt. Für die Palastdame der Kaiserin ist »der Hof Richtschnur für viele Anschauungen«. So haben die Dienstmädchen in

Friedrichstein ihre Herrin mit »Untertänigst guten Morgen, Exzellenz« zu begrüßen – nur die Frau des Milchkutschers, die der Gräfin das Spinnen beibringt, sagt trotzdem ganz einfach und herzlich »Exzellenzchen«.

An einen der Besuche der verehrten Kaiserin vor dem Ersten Weltkrieg erinnert sich der Sohn des Verwalters der Friedrichsteiner Güter noch genau. Schon Wochen zuvor hat die Schloßherrin alle Bürgermeister, Frauenvereine, Krieger-vereine und Schulen der Grafschaft, die acht Güter und 5.000 Hektar umfaßt, mobilisiert. Das Schloß ist von unten bis oben gewienert, das Personal steht im Sonntagsdress parat – nur der Hausherr fehlt. Aber erst eine Viertelstunde vor dem auf die Minute festgesetzten Eintreffen der Kaiserin taucht Graf Dönhoff auf, »mit schmutzigen Stiefeln, in alter Hose und großer Ruhe ein lebender Kontrast zur allgemeinen Erre-gung«, kommentiert Tochter Marion anerkennend. Doch für die kaisertreue Mutter bleiben die Besuche des Kaisers oder Kronprinzen auch nach Abschaffung der Monarchie Höhe-punkte des gesellschaftlichen Lebens auf Friedrichstein.

Von Dritten wird Mutter Dönhoff meist als »kühl« geschil-dert. Auch Tochter Marion hat eine distanzierte Beziehung zu ihr. »Heute sind ja Mutter und Kind viel näher als früher. Damals hatte man Erzieher und Kindermädchen. Man war nicht so ineinander involviert. Und in einem so großen Haus sind auch die Entfernungen untereinander groß . . .« Auch ist Gräfin Dönhoff viel auf Reisen, und nach dem Tod ihres Man-nes fährt sie jeden Winter zu Verwandten in die Schweiz.

Ria Dönhoff scheint Frauen, wen wundert's, nicht sehr hoch zu schätzen. Tochter Marion erinnert sich noch 70 Jahre später erbost: »Eines Tages erklärte sie im Hinblick auf eine sehr gescheite Frau, die sich des längeren über Oswald Spenglers ›Untergang des Abendlandes‹ ausgelassen hatte, ganz apodik-tisch: ›Frauen sind gar nicht imstande, Spengler zu verstehen!‹ Mich ärgerte das sehr, und ich beschloß, sobald ich groß sein würde, Spengler zu lesen – daß ich ihn verstehen könnte, schien mir unzweifelhaft. Denn warum sollten Frauen beschränkter sein als Männer?« Eine Einschränkung jedoch macht auch die Tochter: »Allerdings hatte ich ein paarmal erlebt, daß weibliche Besucher nicht in der Lage waren, sich einen Zug im Kursbuch selbst herauszusuchen – was ich recht beschämend fand.«

Daß schon die kleine Marion die Gewißheit hat, eines Tages alles verstehen zu können, ist keineswegs selbstverständlich. Denn zunächst hält sich das eingeschüchterte kleine Mädchen für häßlich und dumm – vor allem die »vier Großen« lassen keine Gelegenheit aus, die Nachzöglerin zu deckeln, und die nimmt alles gottergeben hin. Die Großen werden's schon besser wissen . . .

Marion Dönhoff selbst erzählt in ihren späteren Erinnerungen ein Beispiel für ihren schwachen Stand: »Vor und nach jeder Mahlzeit wurde ein Tischgebet gesprochen. Meist mußte ich beten, weil ich die Jüngste war. Ich hatte dieses Amt von dem Bruder, der mir im Alter am nächsten stand, übernommen. Das Gebet: ›Komm, Herr Jesus, sei unser Gast . . .‹ hatte ich daher nie geschrieben gesehen, sondern es immer nur gehört. So wunderte ich mich denn lange Zeit, warum wohl das Gebet mit einem Komma anfinge: Komma Jesus, sei unser Gast . . . Ich war damals offenbar bereit, alles hinzunehmen – wohl zu staunen, aber nicht zu fragen, weil ich von den Großen doch nur ausgelacht wurde.«

Und dann gibt es da noch jemanden, der schwer auf dem Selbstwertgefühl von Marion lastet: Es ist ihre zwei Jahre ältere Schwester Maria, genannt Musch. Maria ist psychisch behindert auf die Welt gekommen, sie ist mongoloid – was bei den Dönhoffs »gottergeben als Schicksalsschlag« hingenommen wird.

Die Kranke und der Nachzögling werden zusammengespannt. Sie haben dieselbe Kinderfrau, die geliebte Aleh. Die beiden Kleinsten bewohnen bis zu Marions elftem Lebensjahr dasselbe Zimmer. Und sie essen jeden Abend zusammen in ihrem Zimmer.« »Es gab Zeiten, wo Maria nicht essen wollte . . . da hat man das erzwungen. Das war nicht schön. Man hat das verdrängt . . .« sagt Marion rückblickend. Und: »Nah war ich Maria nicht. Wir waren aus verschiedenen Welten.«

In ihren Kindheitserinnerungen widmet Marion Dönhoff diesem Kapitel nur wenige Zeilen. Doch kommentiert sie ahnungsvoll: »In einer Zeit, die weniger über Gott und mehr über Sigmund Freud nachdenkt, würde man diese Regelung (des engen, isolierten Zusammenlebens von Maria und Marion, Anm. d. A.) sicher nicht verantworten wollen. Für mich war sie durch Gewohnheit zur Selbstverständlichkeit geworden und hatte mich gelehrt, Schicksalsschläge ohne Auflehnung zu akzeptieren.«

Gelehrt hat die Existenz Marias ihre Schwester Marion dennoch nicht nur das fatalistische Sichschicken in »Schicksalsschläge«, sondern wohl auch den gelassenen Umgang mit »anderen«, diese Unerschrockenheit bei der Begegnung mit »nicht normalen« Existenzen. Diese positiven wie negativen Lektionen, die die Existenz der »unberechenbaren« Kranken ihrer jüngeren Schwester erteilt, blieben nicht ohne Folgen.

»Alle Dönhoff-Kinder waren diszipliniert, aber Marion war die preußischste«, sagt ein alter Freund der Familie. Sie selbst führt das gern auf die preußischen Wurzeln ihrer Familie zurück. Doch stellt sich die Frage, ob es nicht vor allem ihre ganz persönlichen Erfahrungen sind, die zu dieser für Marion Dönhoff so charakteristischen strikten Trennung von Verstand und Gefühl geführt haben.

Die andere Seite der disziplinierten Marion Dönhoff ist das Wilde in ihr, ist eben dieses ungebändigte Kind. Die früh verborgenen, kindlichen Emotionen können sich noch heute mit Macht Bahn brechen. Um zu überleben, mausert sich das vergessene Mädchen (»Meine Erziehung war ganz dem Zufall überlassen«) zum eigenwilligen Wildfang. Viel lieber als bei den »schnatternden« Hausmädchen drinnen treibt Marion sich im Stall und bei den Handwerkern herum. Wird Oberkutscher Grenda ihrer ansichtig, dann schüttelt er so manches Mal den Kopf und murmelt: »Und das will 'ne Komteß sein . . .?« Meist kommt Marion gerade vom Pferdeputzen oder Ställeausmisten, aus dem Wald oder vom See.

»Es war immer unser Schrecken, wenn Gäste mit Kindern kamen, weil die natürlich unsere wilden Sachen nicht mitmachten. Sie konnten nicht klettern, oder was so gerade dran war.« Die Spielkameraden der Dönhoff-Kinder sind die Dorfjungen, und ihr Held ist Karl May. »Man mußte ja nur Karl May lesen, um zu wissen, was der Häuptling tut.« Der Häuptling ist immer eines der Schloßkinder, und die Dorfkinder stehen unter ihrem Kommando. Stellt die Bande etwas an, werden im Schloß allein Marion und ihre Geschwister zur Verantwortung gezogen. So lernt die kleine Komteß schon früh die Pflichten und den Hochmut ihrer Klasse.

Gäste auf Schloß Friedrichstein finden, daß die Dönhoff-Kinder »unter der Fuchtel ihrer Gouvernanten« stehen. Den Dönhoff-Kindern selbst scheint das gleichgültig zu sein. Lieber spüren sie die herzliche Strenge von Kindermädchen und Arbeitern als die gleichgültige Distanz der Erzieher. So stecken Marion Dönhoffs Erinnerungen voller liebevoller – und wohl oft auch idealisierender – Anekdoten über das Schloßpersonal: vom geachteten Oberkutscher Grenda (der Ober), von dem sie das Pfeifen auf den Fingern lernt; über den geschätzten Obergärtner Krebs (das Krebschen), der Mutter Dönhoff mit Geschichten beruhigt, wenn es gewittert; und die geliebte Kinderfrau Aleh, »wo man aber doch wußte, daß sie angestellt war, etwas mit einem zu tun«; bis hin zu den Küchen- und Stubenmädchen, die heimlich doppelt dick geschmierte Brote in den Nachttisch schieben, wenn die Kinder zur Strafe ohne Abendessen zu Bett geschickt werden.

Heute erklärt die entwurzelte preußische Adelige das so: »Aus der Perspektive einer egalitären Gesellschaft sieht eine solche hierarchische Gesellschaft natürlich fürchterlich unsozial aus. Aber das ist Unsinn. Das war ja ein geschlossener Organismus, so ein Besitz. Die oben konnten nur zufrieden sein, wenn die unten auch glücklich waren. Man war voneinander abhängig und tat auch viel füreinander.«

Zum Beispiel sich gegenseitig decken. Denn nichts tun die Geschwister in dem strengen häuslichen Regiment lieber, als »Verbote zu übertreten«. Oft sind die Angestellten dabei Komplizen. Treibt Marion sich mal wieder bei den Pferden im Stall rum, statt zu lernen, kann sie sicher sein, daß Grenda sie versteckt, wenn die Gouvernante sie sucht. Und wenn »die Großen« für »ein paar Tage Reitverbot« haben, dann reiten sie eben nicht am Tag, sondern »vor Tau und Tag« und lassen sich mit einem am Kopfkissen befestigten Bindfaden vom Nachtwächter wach rütteln.

Die Erwachsene ist sich sicher: »Ich habe weder von den Eltern noch von den häufig wechselnden Erzieherinnen Wesentliches gelernt, sondern eigentlich nur durch die Atmosphäre des Hauses und von den Leuten, zwischen denen sich unser Leben abspielte. Auch lernte man sehr frühzeitig, mit allen diplomatisch umzugehen, Mentalitäten zu berücksichtigen und seine Argumente so abzustimmen, daß die Ja sagen mußten.«

In diesem Organismus sind die Kinder eine Art »Kugelgelenk« zwischen oben und unten. »Mit uns sprachen die Leute wie mit den Ihren. Sie erzählten uns alles. Wenn wir fanden, daß sie mit Recht irgendwelche Klagen hatten, dann haben wir die nach oben weitergetragen. Und umgekehrt waren sie auf unserer Seite, wenn wir bestraft wurden.«

Wird hier der Grundstein für Marion Dönhoffs bis heute berüchtigte »Distanz in der Nähe« gelegt? Das Kind Marion erlebt diese lebenslang prägende »merkwürdige Mischung aus institutioneller Distanz und persönlicher Vertrautheit« ja vor allem mit dem Personal, das nahe und fern zugleich ist. Einige der Angestellten gehören tatsächlich halb zur Familie, allen voran Oberkutscher Grenda, der sich nach dem Tod des Grafen fast an dessen Stelle zu sehen scheint. Aufschlußreich in bezug auf diese Konstellation ist folgende Episode: Nach der Einsegnung der 14jährigen Marion in der Kirche von Löwenhagen wartet Grenda, wie immer bei besonderen Anlässen, mit der Kutsche vor der Kirche. Aber diesmal mit der Kutsche, in der die Gräfin neben ihm auf dem Kutschbock Platz nehmen muß, »wie immer, wenn er ihr etwas Besonderes zu sagen hat«. Nachdem Mutter und Tochter eingestiegen sind, wendet Kutscher Grenda kurz den Kopf und sagt selbstbewußt zur Gräfin: »Na, Exzellenz, nun haben wir sie alle durch. Und ich denke, wir können ganz zufrieden sein . . .«

Gleichzeitig gilt bei heiklen Themen am Tisch selbstverständlich weiterhin eisern: »Pas devant les domestiques« (Nicht vor dem Personal). Dennoch sind in der Tat die »oben« auf die »unten« angewiesen – und umgekehrt sowieso. So ist der Stil in dem ostpreußischen Schloß, bei aller krassen Klarheit der Klassenunterschiede, nicht ohne familiäre Züge. Das zeigt schon die rituelle Morgenandacht, zu der alle Familienmitglieder plus »Hausleute« allmorgendlich zu erscheinen haben. Nach dem Tod des Grafen ist es die Gräfin, die einen Psalm oder ein Kapitel aus den Evangelien liest, die Älteste spielt auf dem Harmonium, und alle zusammen beten zum Schluß das Vaterunser.

Auch legt die gräfliche Familie wert darauf, im Alltag die Klassenunterschiede nicht unnötig zu betonen. Die Kinder werden angehalten, sehr bescheiden zu sein, und die Kargheit des Lebens auf Schloß Friedrichstein steht in einem eigenartigen Kontrast zu der prunkvollen Repräsentation, wenn Gäste da sind. »Das hatte wohl auch etwas mit dem schlechten Gewissen der Schloßherren zu tun«, vermutet Marion Dönhoff selbst. Wollen die Dönhoffs ihre Privilegien vertuschen, um sich bei den Nichtprivilegierten quasi dafür zu entschuldigen – oder wollen sie sie nicht zur Auflehnung reizen?

Das Anfang des 18. Jahrhunderts von Graf Otto Magnus Dönhoff erbaute Schloß galt Kennern nicht zuletzt wegen seiner malerischen Lage als das prächtigste Schloß Ostpreußens. Marion Dönhoff: »Wenn man die schwere Haustür öffnete, sah man in eine große Halle, über deren drei Türen als Supraporten die von Friedrich dem Großen geschenkten Gemälde seiner Hunde hingen, rechts und links zwei riesige Danziger Schränke. Die mittlere Tür führte in einen hellen, stuckdekorierten Gartensaal. Wenn hoher Besuch kam, wurden alle Türen geöffnet: die schwere Hallentür, dann die zum Saal und schließlich die hohe Flügeltür, die auf einen säulengefaßten Balkon führte, der den Blick auf einen großen, von Hecken umsäumten Rasenplatz freigab. Am Ende des Rasens begannen zwei parallel verlaufende Alleen, die bis in die grüne Unendlichkeit der Pregel-Wiesen reichten.«

Doch die Pracht der Räume ist eins, das Leben darin ein anderes. Die gräflichen Güter sind Selbstversorger. Es wird gegessen, was gerade wächst oder gejagt und geangelt wird. Das den Kindern bei Tisch gereichte Trinkwasser stinkt oft so, daß sie die Luft anhalten müssen (Nase zuhalten ist verboten). Das Leben auf dem Schloß ist quasi bargeldlos, auch das Personal wird zum Teil in Naturalien bezahlt. Wenn die Dönhoff-Kinder reisen, dann selbstverständlich 3. Klasse.

Sind hohe Gäste da und bei besonderen Anlässen müssen die Kinder am »Katzentisch« essen. »Gut gegessen wurde nur, wenn Gäste da waren.« Die sind allerdings oft da. Da sind nicht nur Verwandte und Freunde, da sind auch die Flüchtlinge aus dem Osten. Nach der roten Revolution flüchten Angehörige des russischen Adels auch nach Friedrichstein; ein Fürst Lieven bleibt mit Frau und vier Kindern gleich ein paar Jahre da. Das Kind Marion erlebt Geschichte live. »Da gab es viele politische Gespräche bei Tisch, von denen man lernen konnte.«

Als am 11. November 1918 der Weltkrieg zu Ende geht, ist Marion knapp neun Jahre alt. Ihr ältester Bruder Heini, der den 2. Weltkrieg nicht überleben wird, kommt aus diesem Krieg heil zurück. Die Republik wird ausgerufen! Die Monarchie wird abgeschafft und ebenso der Adel, zumindest auf dem Papier. Auch der Adelstitel der Dönhoffs ist von nun an rein rechtlich kein Titel mehr, sondern Bestandteil des Namens, also: statt »Gräfin Marion Dönhoff« heißt es nun »Marion Gräfin Dönhoff«.

Bei den jungen Dönhoffs hält sich die Nostalgie in Grenzen, sie liebäugeln eher mit der Republik als mit dem Kaiserreich. Marion Dönhoff, schon früh unter den Geschwistern die Fortschrittlichste, erinnert sich: »Sicher, ich hing am Bestehenden – gleichzeitig aber konnten mir die Veränderungen gar nicht schnell genug gehen!«

Eine der für ihr Geschlecht ganz wichtigen Veränderungen ist das Frauenwahlrecht, das die junge Republik 1918 einführt. Deutsche Frauenrechtlerinnen hatten, genau wie die englischen und amerikanischen Suffragetten, seit der zweiten Hälfte des 19. Jahrhunderts mit Verve, Witz und manchmal auch Todesmut darum gekämpft. – Bewegen solche Fragen eigentlich auch die Frauen von Friedrichstein?

Die kleine Marion scheint bei Tisch vom Thema Frauenrechte nicht viel zu hören. Schon gar nicht von dem gehaßten Fräulein von Zedlitz, diesem »Dauergast der Mutter«. Denn das Fräulein von Zedlitz fällt weniger mit politischen Positionen auf, sondern macht sich vor allem wegen ihres »wahren

Sparfimmels« ungeheuer unbeliebt! »Wir durften nicht gleichzeitig Butter und Marmelade aufs Brot streichen. Auch war sie sehr erfinderisch in bezug auf jeglichen ›Ersatz‹: Ersatzkaffee wurde aus Eicheln gefertigt, die wir sammeln mußten; Glanzruß, der aus einem bestimmten Kamin gekratzt wurde, diente als Grundstoff für Schuhwichse; und Seife wurde aus weiß der Himmel was für Rückständen gekocht . . . Man kann sich heute gar keine Vorstellung machen von der allgemeinen Armut der Zeit nach dem Ersten Weltkrieg.«

Dem Fräulein von Zedlitz lastet Marion sogar ihren gescheiterten ersten Versuch an, im Alter von acht Jahren eine Schule zu besuchen. Bis dahin ist die Bildung des Nachkömmlings ganz dem Zufall überlassen: mal gibt ihr eine Sekretärin des Vaters beiläufig Unterricht, mal einer der Gäste oder eines der älteren Geschwister. »Etwas Brauchbares konnte dabei natürlich nicht herauskommen!« wettert die von der Schuldressur so lange dispensierte Marion Dönhoff noch heute.

Schließlich aber wird im 20 Kilometer entfernten Königsberg eine Wohnung gemietet, und alle Dönhoff-Kinder im Schulalter – also der 15jährige Dieter, der 13jährige Toffi und die achtjährige Marion – werden, unter Obhut eines Onkels und der Kinderfrau Aleh, dorthin expediert. Mit im Reisegepäck ist die berüchtigte »Kochkiste«, eine Erfindung des Fräulein von Zedlitz. Diese gepolsterte Kiste soll angeblich über Nacht die am Abend leicht angekochten Graupen oder die Grütze zu Ende garen können. Noch in der Erinnerung graust es die erwachsene Marion: »Von gar war natürlich keine Rede! Die dicken Graupen waren halb roh und ekelten mich so, daß ich nicht imstande war, sie runterzuschlucken. Das führte zu ewigen Verspätungen in der Schule . . .« Und die wiederum zu dem Rausschmiß – behauptet die Geschaßte. Wahrscheinlicher ist jedoch, daß weniger die Kochkiste der

Zedlitz, sondern eher die mangelnde Bildung und der Dickkopf der Komteß zum Scheitern beigetragen haben.

Als das kleine Mädchen mit den Großen eines Tages in Badeferien im Hotel »Haus ter Duin« im holländischen Nordwijk weilt, wird sie so wütend über ein Verbot des Kinderfräuleins beim Abendessen, daß sie vor Zorn einfach ein Stück aus dem Trinkglas herausbeißt... Überhaupt sind Ferien woanders doof. Am schönsten ist es zu Hause! Nicht in den »arg feierlichen« Repräsentationsräumen des Schlosses, wo man sich »wegen des herumstehenden Porzellans und der Terrakotten immer sehr gesittet bewegen mußte«, sondern draußen. Marion rettet sich aus den einengenden Konventionen des Schlosses in die Freiheit der Natur.

Als zum Beispiel eines Sommertages eine neue Lehrerin für die Komteß eintrifft, spielt sich das so ab: »Ich hatte Order, sie vernünftig angezogen und sauber gewaschen am Nachmittag zu empfangen. Aber dann hatte ich mich beim Ausmisten der Karnickelställe verspätet. Ich stürzte, so wie ich war, an die Haustür, um sie zu begrüßen und in ihre Zimmer zu geleiten. Dann machte ich mich zurecht – comme il faut, wie meine Mutter zu sagen pflegte – und ging, um sie zum Abendessen zu holen. ›Bist du die Marion?‹ Ich bejahte. Darauf sie etwas vorwurfsvoll: ›Ich dachte eigentlich, du würdest zu meinem Empfang da sein.‹ Eine Sekunde lang überlegte ich, aber dann schien mir der Irrtum das kleinere Übel als die Wahrheit...«

In ihren entscheidenden frühen Jahren wird Marion Dönhoff in der Tat mehr vom Leben geprägt als von Lehrern. Ihr Leben lang wird sie auch das für Autodidakten so typische Grundmuster beibehalten: diese ewige Unruhe, zu wenig zu wissen; diesen unstillbaren Hunger, dazuzulernen; diese unverformte Frische des Zugriffs, im Denken wie Schreiben.

Doch noch etwas hat sie tief geprägt: die lange, stumme Einsamkeit. Auch die Erwachsene wird darum nie ihre wissende, mitfühlende Sensibilität für Outcasts verlieren, denn sie gehörte ja in den so entscheidenden frühen Kinderjahren selbst nicht richtig dazu. Bleiben wird auch diese Zerrissenheit zwischen der Selbstverständlichkeit des Sich-selbst-Genügens einerseits und der Sehnsucht nach geschwisterlicher Gemeinsamkeit andererseits.

Eines schönen Tages jedoch wird Marion Dönhoff aus ihrer kindlichen Einsamkeit mit einem Schlag befreit. Ihre Retter heißen Heini und Sissi Lehndorff. Obwohl die drei verwandt sind (eine der Großmütter von Marion ist eine Lehndorff) und Nachbarn, lernen Marion und der wenige Monate ältere Heini sowie die etwas jüngere Sissi sich erst im Alter von elf, zwölf Jahren kennen. Zwar fahren Marions Eltern häufig zu Besuch auf den 35 Kilometer entfernten Lehndorff-Sitz Preyl nördlich von Königsberg und darf manchmal auch eines der älteren Geschwister mit – aber die kleinen Mädchen bleiben zu Hause. »Man wäre nicht auf die Idee gekommen, daß man Kinder unterhalten muß. Kinder hatten sich anständig zu benehmen und zu gehorchen, nicht irgendwelche Forderungen zu stellen.«

Als erster taucht Vetter Heini auf. Er wird zusammen mit Marion im Winter in Friedrichstein unterrichtet. Und er ist ein Junge ganz nach ihrem Geschmack: groß, blond, blauäugig. Er kann reiten wie der Teufel, ist mutig und zu jedem Streich bereit. Marion und Heini verbindet vieles: die Herkunft, die Kindheit, die Verantwortung für die väterlichen Güter – und später der Widerstand gegen Hitler.

Heini Graf Lehndorff bezahlt dies nach dem gescheiterten Attentat vom 20. Juli mit dem Tode. Seine Gefährtin Marion setzt ihm dafür später ein literarisches Denkmal. Und das, was sie über ihn schreibt, könnte sie auch über sich selbst schreiben: Nämlich über diese »durch nichts zu trübende Lebensfreude«, die »nie erlahmende Vitalität und Intensität und die durch keines Gedankens Blässe angekränkelte Naturverbundenheit«. Marion über den Freund: »Nie wieder sah ich jemanden, der so sehr zu Hause war in seiner Landschaft.«

Einige Monate nach dem Glück zu zweit taucht die Dritte auf: Heinis Schwester Sissi. Was Marions Laune zunächst nicht gerade hebt. »Es war keine Sympathie auf den ersten Blick«, erinnert sich Sissi. »Die Marion war mit dem Heini zusammen und dachte: Jetzt kommt die blöde Sissi . . .« Doch die läßt sich nicht einschüchtern. Sie rodelt mutig den höchsten Berg runter – und wird aufgenommen in den Bund der Kühnen.

Von nun an sind die drei ein unzertrennliches Kleeblatt und Marion und Sissi »beste Freundinnen«. Die beiden Cousinen »quatschen ganze Nächte durch« und »machen alles zusammen«, schwärmt Sissi noch heute. Zwei Jahre lang wird das Kleeblatt abwechselnd im Winter in Friedrichstein und im Sommer in Preyl unterrichtet, wo die Lehndorff-Kinder barfuß laufen und Marion das weniger formelle und sportliche Leben so richtig genießt.

Vater Lehndorff ist ein berühmter Dressurreiter und Marion voller Bewunderung für ihn. Doch am wohlsten fühlen die drei sich beim Preyler Oberkutscher Ludolf und seiner Familie. »So wie Frau Ludolf erziehen wir mal unsere Kinder«, sagt Marion zu Sissi: »Frei und streng!«

Zunächst einmal aber bekommt Marion noch selbst die mütterliche Strenge zu spüren. Ausgerechnet an dem Tag, an dem sie am Abend den ersten Film ihres Lebens sehen soll – »Metropolis« von Fritz Lang –, ausgerechnet an diesem Tag vergißt die wilde Marion Freund Heini beim Versteckspiel im Eiskeller von Schloß Friedrichstein (»Ich habe angeschlagen, und da hätte er rauskommen müssen.«) – und der wird im letzten Augenblick vor dem Erfrieren gerettet. Während die anderen ins Kino nach Königsberg fahren, bleibt Marion zur Strafe allein zu Haus . . .

Doch meist sind die drei gemeinsam unterwegs. »Kein Weg und kein Pfad, den wir nicht kannten. Kein Stoppelacker im Herbst, kein sandiger Weg, der uns nicht als Rennstrecke diente. Noch ist mir der Ton der sich dehnenden Gurte und das Knirschen des Sattelzeugs im Ohr, spüre ich das Sausen des Windes und das Scheuern der Fingerrücken am nassen, schweißduftenden Pferdehals. Nie schien die Freiheit größer und das Glück gegenwärtiger.«

Noch in der Erinnerung ist Marion Dönhoff glücklich: »Endlos schien der Winter, die kurzen Tage und langen Nächte, und auch die nie endenden Ansprüche der Hauslehrer an den Schüler. Bis dann eines Tages die Stürme, die durch die alten Alleen brausten, im Wald die Fichten kreuzweise übereinanderlegten. Kilometerweit traten dann die Flüsse über die Ufer, alle Wege wurden grundlos, und an den geheimnisvollen Abenden hörte man den Schrei der nordwärts ziehenden Wildgänse: Frühling!«

Und schon toben die drei wieder los. Kein Baum ist ihnen zu hoch. »Wir waren wie die Jungen!« erinnert sich Sissi. Und sie sieht es noch vor sich, als sei es gestern gewesen: Wie die 13jährige Marion übermütig die höchste Kiefer hochklimmt, ein Krähenhorst ausnimmt, die Eier zum schwierigen Abstieg in ihre Backen stopft – und, unten angekommen, ihrem Gefährten Heini die Kräheneier direkt ins Gesicht prustet . . .

Die einst so eingeschüchterte Marion ist selbstbewußt geworden. Der Vater ist seit Jahren tot, die Mutter viel abwesend, die Geschwisterkonstellation neu gemischt. Die älteste Schwester Christa hatte mit 20 geheiratet und war schon mit 24 im Kindbett gestorben. Die zweitälteste Schwester Yvonne war 18, als sie heiratete und in das drei Autostunden entfernte Spanden zog. Und Maria? Maria ist inzwischen in Bethel, wo sie Anfang der 50er Jahre als über 40jährige stirbt. Der geliebte älteste Bruder Heini mußte schon mit 17 in den

Ersten Weltkrieg ziehen, und mit den übriggebliebenen Brüdern Dieter und Christoph (Toffi) verbindet die älter werdende Marion nun eine innige Freundschaft. Kommt er aus Königsberg, wo er zur Schule geht, nach Friedrichstein, bringt er seiner kleinen Schwester immer etwas mit: »Bonbons oder Patronen für die Schreckschußpistole . . .«

Alle »Großen« sind der Jüngsten inzwischen gewogen. Die einst kleine, geschurigelte Marion wächst im Kreise ihrer Lieben allmählich zu der in sich ruhenden »Autoritätsperson« heran, die sie ihr Leben lang bleiben wird. »Von klein auf Hemdchen auf Haut«, erinnert sich ihre elf Jahre jüngere Nichte Alexandra, die Tochter von Yvonne – womit sie wohl meint: Marion wußte, was sie wollte.

Wenn die vor der Ehe standesgemäß vagabundierenden großen Brüder auf der Durchreise sind zwischen Petersburg und Berlin und abends alle vor dem Kamin in Friedrichstein zusammenkommen, dann ist Marion jetzt die Wortführerin des Clans: »Also, du fuhrst zum Bahnhof und . . . Nun erzähl mal!« Am beliebtesten sind Bruder Heinis Erzählungen. »Er hatte die goldenen zwanziger Jahre in Berlin erlebt. Wenn er von den großen Aufführungen bei Max Reinhardt berichtete, dann lauschten wir gespannt und hatten das Gefühl, alles selbst erlebt zu haben. Ja, eigentlich war es fast schöner, als selbst dort gewesen zu sein.«

In diesen glücklichen Jahren mit Brüdern und Schwestern, Cousin und Cousine formt sich Marion Dönhoffs Bild von der Liebe. In ihren Erinnerungen gesteht sie: »Unser Ideal – im Scherz formuliert, aber doch irgendwie auch ernst gemeint – lautete: Wenn wir mal alt sind, stoßen wir die Angeheirateten ab und ziehen alle wieder zusammen.« Sie wird diesem Traum von der geschwisterlichen Liebe ein Leben lang nachhängen . . .

Doch zunächst holt die Realität sie ein. Das Kleeblatt wird zerrissen. Als erster geht Heini Lehndorff. Er wird in ein passendes »Landerziehungsheim« nach Roßleben in Sachsen gesteckt, »unter Jungen, mit denen er sich prügelte«. Dann geht seine Schwester Sissi. Sie kommt »in so einen Höhere-Töchter-Verein nach Montreux«. Zurück bleibt Marion. Doch nicht lange.

Aber vorher passiert noch etwas. Etwas, was einen endgültigen Schlußstrich unter ihre einsame, wilde, übermütige Kindheit zieht.

Als Lehndorff-Ersatz wird eine Cousine Kanitz nach Friedrichstein geholt, die soll nun mit Marion zusammen unterrichtet werden. Im September 1924 machen die Kinder zusammen mit Marions ältestem Bruder Heini und Freunden einen Ausflug an die Ostsee. Sie fahren mit zwei Autos, weil noch ein österreichischer Cousin und zwei Schweizer Kinder dabei sind. Auf der Rückfahrt geht hinter Königsberg ein schweres Gewitter nieder. Der ortskundige Heini fährt im ersten Wagen, mit den Erwachsenen, der fremde Chauffeur im zweiten mit den fünf Kindern hinterher. Die Kinder sind übermütig, albern und singen.

Plötzlich stößt der Chauffeur einen Schrei aus – das Auto stürzt. Im ersten Moment denkt Marion, sie seien in eine Baugrube gefallen – aber es ist schlimmer: es ist der Fluß Pregel. Marion erinnert sich auch 70 Jahre danach noch genau:

»Sofort brach wildes Durcheinander im Inneren des Wagens aus. Alles wirbelte durcheinander, der Fahrer wurde rausgeschleudert. Dann gab es einen Ruck: Das Auto setzte offenbar auf dem Grund des Flusses auf, der dort zehn Meter tief ausgebaggert ist. Luft hatte ich längst keine mehr, ich schluckte fortwährend Wasser. Es ist unglaublich, wie blitzschnell die Gedanken in Todesangst sich überstürzen. Ich mußte denken, wie dumm die Leute sind, die sagen, Ertrinken sei ein rascher Tod: Mein Gott, wie lang das dauert. Ich malte mir aus, wie traurig es für die daheim ist, wenn fünf Kinder im Saal nebeneinander aufgebahrt werden ... Da plötzlich durchzuckte es mich wie ein letzter Blitz: Das Auto war kein ganz geschlossenes Auto, es hatte ein sogenanntes amerikanisches Verdeck aus Segeltuch – und da war doch noch ein Spalt zwischen Karosserie und dem Verdeck. Ich tastete, suchte, schob mich durch und wurde nach oben gerissen. Es verging eine Ewigkeit. Endlich oben, sah ich die Scheinwerfer eines Autos, das an den Kai geschoben worden war, und hörte meinen Namen rufen. Ohne diesen Anruf meines Bruders wäre ich sofort wieder untergegangen, denn alle Kraft war verbraucht, nur Schwindel beherrschte mich. Nun aber riß ich mich zusammen und paddelte wie ein Hund zur Kaimauer, an der lange Mäntel heruntergelassen waren. Ein letzter äußerster Kraftaufwand war erforderlich, um sich an dem Mantel festzuklammern, während die oben zogen. Ich war die letzte, die lebend herauskam – nach etwa fünf Minuten, wie mein Bruder meinte.«

Zwei Kinder bleiben auf dem Grund des Pregel. Marion kommt durch, letztendlich dank ihrer eigenen Willenskraft. Aber: Sie wird nie mehr ins Wasser gehen und nie in ihrem Leben schwimmen lernen.

Das Kind Marion hat nicht nur diesen Unfall überlebt. Es hat auch die ersten harten Jahre überstanden. Bis heute vereint Marion Dönhoff all diese Spannungen und Widersprüchlichkeiten ihrer Zeit und Verhältnisse in sich – was sie manchmal lähmen, ihr aber oft auch Kraft zu Überschreitungen geben wird. Sie verkörpert Tradition und Moderne. Sie ist das Kind aus dem Schloß und der Kammer. Sie ist die Gräfin und der Outsider. Sie ist das Kulturwesen mit der Vertrautheit zur Natur. Und vor allem ist sie das, was in der modernen Psychologie die »Vatertochter« genannt wird: Die Frau, die ihr Leben lang ihr eigenes Geschlecht mißachtet und den idealisierten, fernen, väterlichen und brüderlichen Vorbildern nacheifern wird.

Der Blick vom Schloß in den Park. – Foto: Marion Dönhoff

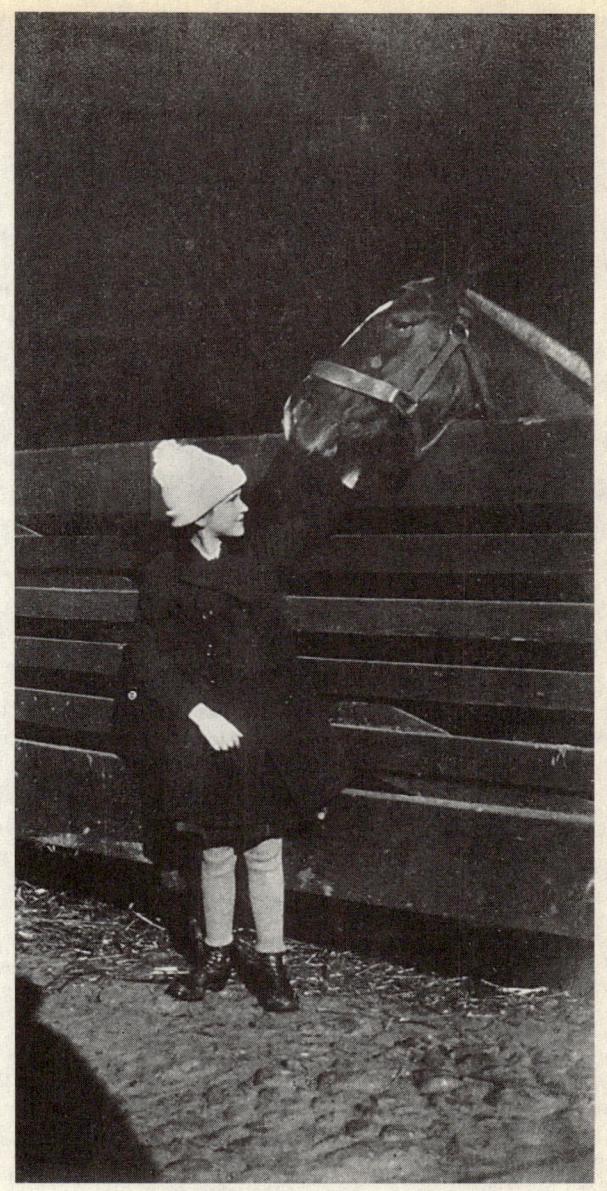

Eines der raren Kinderfotos der kleinen Komteß.

Ria Dönhoff
1926.

Die Mutter, Ria von Lepel, immer bedacht aufs Comme-il-faut.
Der Vater, Graf August Dönhoff, gelassen und weltläufig.

Die letzte deutsche Kaiserin (links) zu Besuch bei ihrer Palastdame Gräfin Dönhoff auf Schloß Friedrichstein. Unten: vorne rechts Kutscher Grenda.

10 Jahre liegen
zwischen dem
ältesten Bruder
Heini und
Marion,
der Jüngsten.

Die vier »großen« Geschwister in der Mitte und die Hausleute im Sonntagsstaat.

Im Rhythmus der Jahreszeiten
Von Marion Dönhoff

In meiner Kindheit gab es all das, was heute zum Alltagsleben gehört, noch nicht – weder Radio noch Fernsehen, ganz selten ein Auto. Wenn sich einmal ein Auto auf die Landstraßen Ostpreußens verirrt hatte, scheuten alle Pferde, und man mußte froh sein, wenn sie nicht durchgingen. Oft habe ich erlebt, daß der Bauer vom Wagen sprang, die Jacke auszog und sie dem Pferd über den Kopf hängte, damit es des Teufelswerks nicht ansichtig wurde.

Es gab keinerlei Zerstreuung in des Wortes wirklicher Bedeutung. So waren wir ganz konzentriert auf die Menschen unserer Umgebung, auf die Natur, die Tiere, vor allem unsere Pferde, Hunde und Kaninchen. Der Rhythmus des Jahres, der immer der gleiche blieb, bestimmte unser Leben, so daß die Bilder der Jahreszeiten sich tief in mein Gedächtnis eingegraben haben: Das Frühjahr, die Erlösung vom langen Winter, kündigt sich an, wenn das Wasser in den Seen und Flüssen blauer wird und das Schilf leuchtend gelb; wenn große Stürme die alten Bäume schütteln, daß die Erde bebt und einem ganz bang ums Herz wird; wenn die Krähen sich wieder sammeln auf dem Acker, der langsam fleckig wird, weil die Feuchtigkeit allmählich abtrocknet. Dann kommen bald die Kiebitze und später die Stare und Störche. Es riecht im Wald nach Frühling, und wenn die Morgensonne durch das erste Grün der Buchen fällt und hier und da ein paar Lichtreflexe auf das feierliche Dunkel der hohen Fichten setzt, dann weiß man, daß die lange Zeit des Winters vorüber ist und auch das Warten auf den neuen Herzschlag der Natur.

Es dauert ja nur wenige Tage in Ostpreußen, bis die endlos lange Starre des Winters sich in strahlende Frühlingspracht verwandelt. Dann brauchen die Kinder doppelt so lang für den Schulweg zum nächsten Dorf, weil es so faszinierend für sie ist, das Wasser aus den tiefen Wagenrinnen der grundlosen Landwege zu riesigen Pfützen

Herbstliche Überschwemmung der Pregelwiesen. – Fotos: Marion Dönhoff

Der See vor Schloß Friedrichstein.

In dieser Landschaft endete der Schloßpark.

Die Stoppelfelder nach der Ernte.

zusammenzuleiten. Die Bauern reparieren ihre Maschinen, die rostig geworden sind, und in den Dörfern stehen sie am Abend in den Vorgärten und schauen versonnen auf die frisch geharkten Beete und die ersten Knospen der Sträucher.

Wenig später findet man dann im Park die ersten Schalen der bläulichen Stareneier und hört das unersättliche Gepiepse der ausgeschlüpften Jungen. An den Grabenrändern blühen die gelben Sumpfdotterblumen, und in den Wiesen steht das bläuliche Rosa des Wiesenschaumkrauts zwischen dem hohen Gras, das sich unter der Sense leicht neigt und dann, schön geordnet, in langen Reihen – im Schwatt – zu Boden sinkt.

Die Tage vergehen wie im Fluge, und die Nächte sind kurz. Kaum hat sich der helle Himmel im Westen verdunkelt, dann geht schon im Osten die Sonne auf und spiegelt sich wider im morgendlichen Tau. Und wer wollte sie missen in seiner Erinnerung, die Zeit der großen Ernte, wenn der Wind in kleinen Wellen über die großen Roggenfelder läuft und die grau-grünlich silbernen Halme und Ähren im Rhythmus bewegt. Nur ein paar heiße Julitage: die Ähren stehen gelb und stramm, dicht wie eine Bürste, von der die eintönig ratternden Maschinen eine Bahn nach der anderen in ununterbrochener Rundfahrt abrasieren. Auf den Höfen ertönt dann das melancholische Surren der Dreschmaschinen, und zwischen den Ställen hängt der Geruch der schwitzenden Pferde, man hört das laute Knallen der Peitschen, mit dem sie immer wieder unerbittlich angetrieben, viererlang aufs Feld gejagt werden, um eine neue Ladung heranzuschaffen.

Erst wenn es Stoppelfelder gibt, Kilometer von Stoppelfeldern, über die man galoppieren kann, dann beginnt die große Zeit des Jahres. Dann muß man einen Trakehner haben, und im Herbst muß es ein Schwarzbrauner sein. Niemand hat die wirklichen Höhepunkte des Lebens je erlebt, der das nicht kennt, dieses Hochgefühl vollkommener Freiheit und Schwerelosigkeit im Sattel. Die Welt liegt einem zu Füßen, und sie ist schön und jung wie am ersten Tag, mit tausend Farben angetan und von unendlichen Gerüchen erfüllt. Man hört nur das regelmäßige Schnauben und den Hufschlag des Pferdes, das *leise Geräusch des Lederzeugs und spürt dann und wann eine kühle Luftströmung, die der Schatten einer alten Eiche am Wegrand ver-ursacht.*

Knallrot stehen die Beeren der Ebereschen gegen den lichtblauen Herbsthimmel. Die Birken werden von Tag zu Tag leuchtender in ihrem Goldgelb, und die kurzgefressenen Weiden sehen aus wie ein alter, fleckig gewordener Samt. Das ist die Zeit, wenn die Elche im Bruch noch heimlicher werden und der große Vogelzug beginnt. In rie-sigen Scharen ziehen sie dann gen Süden. Die Störche und Stare und das kleine Volk sind längst fort, wenn sich die königlichen Vögel auf-machen: die Schwäne, Kraniche und Wildgänse, die wie Perlen zu einer Schnur gereiht über den rötlichen Abendhimmel ziehen.

Es ist, als nähmen sie alles Leben und alle Freuden mit, denn jetzt beginnen schwermütige, regenreiche, dunkle Wochen. Die Wege wer-den immer grundloser, mühsam wühlen sich die Gespanne durch den aufgeweichten Rübenacker, und in den Alleen treibt der Wind die Blätter in Wirbeln zusammen. Wenn erst der November begonnen hat, dann muß man oft schon um drei Uhr die Lampen anzünden und ein Feuer im Kamin machen, um die klammen Füße und Hände zu wärmen.

Erst die Weihnachtsvorbereitungen reißen die Menschen wieder vor-übergehend aus ihrer dumpfen Teilnahmslosigkeit. Jeden Tag haben die Dorfkinder neue Ausstattungswünsche für das Krippenspiel im Gemeindehaus, zahllose Stollen und Pfeffernüsse werden für die Weih-nachtsbescherung des Dorfes gebacken, hier und da taucht am Abend der traditionelle »Schimmelreiter« auf, und zwischen das eintö-nige Getöse seines Brummbasses mischt sich das Gekreisch der Mäd-chen, die durch Bär, Storch und Schimmelreiter in Schrecken versetzt werden.

Dann beginnt die Zeit der Bücher. Mit fünfzehn Jahren habe ich alles verschlungen, was in den Bücherschränken stand. Thomas Mann, Knut Hamsun, Stefan Zweig, Franz Werfel, Leonhard Frank, Hans Fallada und natürlich Hugo von Hofmannsthal und Rainer Maria Rilke und viele Bände Dostojewski.

Aber kein Autor, auch kein Lyriker, kann poetischer sein als ein herbstlicher Morgen, an dem man noch im Dunkeln zum Pirschen aufbricht. Wenn die Sonne aufgeht und in ihren ersten Strahlen der Tau auf den Wiesen wie Diamanten funkelt, wenn der ferne See durch die Bäume schimmert, dann fühlt man sich dem Wesentlichen zum Greifen nah. Nicht nur die Augen, die solch unbefleckte Herrlichkeit schauen, nicht nur das Gehör, das die lautlose Stille aufnimmt – in solchen Momenten ist es, als sei der ganze Mensch durchlässig für das Wunder der Schöpfung.

Unnachahmlich so ein Morgen: Niemand weit und breit, die ersten Hummeln wachen auf, dann und wann springt ein Reh ab, fliegt ein Vogel auf; aber das Gewehr ist nur ein Vorwand: nur ja kein Schuß jetzt, der die heilige Stille stören könnte. Alle Wahrnehmungen verdichten sich zur Inspiration, plötzlich versteht man alles, das Leben, das Sein, die Welt. Und es gibt nur noch ein Gefühl: tiefe Dankbarkeit dafür, daß dies meine Heimat ist.

Auszug aus »Kindheit in Ostpreußen«, 1988

Die »besten Freundinnen«: Sissi (links) und Marion.

Die Jugend, 1925 bis 1929

Sissis Stimme erschaudert noch 70 Jahre später vor Bewunderung: »Es war unglaublich, daß sie Abitur machte. Sie war das erste Mädchen! Sie war die erste überhaupt, die aus dem Haus durfte! Und dann ging sie auch noch studieren . . .«

Wie setzt die 15jährige Marion Dönhoff es durch, daß sie im Jahre 1925 allein von Schloß Friedrichstein nach Berlin ziehen darf, um dort Abitur zu machen? Und danach gar noch zu studieren?! Von den drei Brüdern studieren zwei, der älteste, Heini, ist 20, als der Vater stirbt, und muß sich gleich in die Verantwortung für die Güter der Grafschaft einarbeiten. Und die beiden ältesten Schwestern heiraten früh und ohne Schulabschluß.

Natürlich ist die Mutter strikt dagegen, als die Tochter ihre hochgreifenden Absichten kundtut! Doch die Brüder halten zu dem Enfant terrible, das in Lebensstil und Auftritt eher einer der ihren ist als ein normales Mädchen. Hinzu kommt: Marion ist die erste der neuen Generation. Sie gehört zu der Frauengeneration, die die Früchte der ersten Frauenbewegung ernten kann. Die historische Frauenbewegung erreichte zu Beginn des neuen Jahrhunderts ihren Höhepunkt und sorgte mit ihren spektakulärsten Forderungen – unter anderem denen nach Frauenwahlrecht und Frauenstudium – für Furore in den Städten und im Berliner Parlament, wo ihre selbstbewußten Vorkämpferinnen ein und aus gingen. Sogar bis ins hinterste Ostpreußen dringt ihr Geist – wenn auch anscheinend nur indirekt.

Im Spätsommer 1925 werden in Schloß Friedrichstein die Koffer gepackt, Grenda persönlich bringt die Komteß zum Bahnhof von Löwenhagen – und ab geht es in die weite Welt. Halt, noch nicht direkt. Denn Marions erste Adresse in der weiten Welt ist das Mädchenpensionat von Frau von Lindeiner in Potsdam. »Die war deutschnational eingestellt und sehr streng. Auf dem Weg in die Schule mußten wir immer zwei und zwei nebeneinander durch Berlin spazieren, die Lehrerin vorne weg. Das fand ich ganz schrecklich.«

Aber vorher gibt es da noch ein anderes Hindernis zu bewältigen – die Aufnahmeprüfung fürs Lyzeum. »Ich mußte einen Aufsatz über Friedrich den Großen schreiben, das war besonders blamabel. Ich habe ihn mit Friedrich Wilhelm I., dem Soldatenkönig, verwechselt«, erzählt die Gräfin, deren bewundertes Vorbild später Friedrich der Große sein wird. Doch damit nicht genug: »Dann sollte ich fünf mathematische Aufgaben lösen. Davon habe ich nur eine einzige überhaupt angefangen . . . Und im französischen Diktat hatte ich 33 Fehler! Die dachten: Das Kind muß einen Schock haben – man wußte ja, daß ich in einen schweren Unfall verwickelt gewesen war . . . Also ließ man mich in der Klasse.«

Marion arbeitet »wie eine Verrückte« und schafft den Anschluß. Und in der verhaßten Mädchenpension wird sie schnell die »Pensionsälteste«, obwohl sie die Jüngste ist. Nun fängt sie an, den Laden »zu revolutionieren«, legt überall »kleine Minen« – und schafft nach einem Jahr den Absprung auf ein Jungengymnasium. In der Klasse ist sie unter 18 Jungen das einzige Mädchen und verschafft sich rasch Respekt – das ist die Konstellation, in der sie sich ein Leben lang wohl fühlen wird.

Gewohnt wird jetzt privat, bei einer Frau von Schrötter. »Das war angenehm, da konnte ich machen, was ich wollte.« Der »fürchterliche Mädchenbetrieb« der Frau von Lindeiner überlebt die blaublütige Revoluzzerin übrigens nur ein Jahr, dann wird die Pension geschlossen. »Zu meiner sehr großen Freude!« feixt Marion noch heute. »Das hatte ich immer angestrebt. Nur schade, daß ich es nicht mehr selbst erlebt habe. Das hätte ich zu gern!«

Wir schreiben die Jahre 1926/28. Im Berliner Amüsier- und Kulturbetrieb sind »die Goldenen Zwanziger« in voller Blüte und Marions Brüder dort gern und viel unterwegs, so manchesmal mit der kleinen Schwester im Schlepptau. Doch nahen auch schon die braunen Dreißiger ... Zwei von Marions Klassenfreunden, »zwei Pfadfinder, prächtige Jungen«, sind begeisterte Hitler-Anhänger und bestürmen die Kameradin, mit in die Partei einzutreten. »Ihre Argumente waren einleuchtend«, erinnert sich Dönhoff. »Ich hatte selbst das Gefühl, eine Kombination von Sozialismus und Nationalismus sei genau das, was jetzt not tut. Denn wie oft hatte ich zu Hause in den Städten in Ostpreußen die langen Schlangen grauer, abgehärmter Menschen gesehen, die dort anstanden, um ihre 10,50 Mark pro Woche für eine vierköpfige Familie abzuholen. Sechs Millionen Arbeitslose lebten so, mit Familien mag das wohl ein Viertel des ganzen Volkes gewesen sein. Das Bürgertum hatte durch die Inflation alle Ersparnisse eingebüßt und war völlig verarmt ...«

Doch Marion Dönhoffs Sache ist es nicht zu glauben, sie will wissen. »Ich hatte Hitler noch nie gesehen und wollte sicher sein, ehe ich irgendwelche Entschlüsse faßte. Also fuhr ich eines Tages mit dem Zug von Potsdam nach Berlin, weil Adolf Hitler dort in irgendeiner Schule eine Rede halten sollte. Er trat auf, tobte, geiferte und redete, wie ich fand, viel Unsinn. Angewidert kam ich zurück und erklärte den beiden Freunden: ›Ohne mich! Mit denen nie!‹« Aus dem Parteimitglied Dönhoff wird nichts – statt dessen wird sie eines Tages zum harten Kern des Widerstandes gegen Hitler gehören.

Auch die Kommunisten faszinieren das junge Mädchen nicht. Sie wird zwar später die »rote Gräfin« genannt werden, hält aber in Wahrheit kritische Distanz: »Das war die Zeit, in der die Demokratie aufgefressen wurde von den Radikalen: rechts die Nazis, links die Kommunisten. Jeden Tag Pöbeleien – das war intellektuell furchtbar uninteressant. Ganz wenige wußten, was Demokratie ist. Alle hatten nur noch einen Wunsch: den starken Mann am Ruder zu sehen.«

Wenn die Brüder in Berlin sind, wird mit geschliffener Klinge diskutiert, und Marion ist dabei die Freiheitlichste. Doch in einem sind sich alle schnell einig: im Widerwillen gegen Hitler. Meist trifft sich der Dönhoff-Clan bei einer Tante am Tiergarten und zieht von da los: zum Bummeln, ins Theater oder in Weinlokale. »Heute geht man in die Diskothek, damals ging man in Weinlokale. Mein jüngster Bruder war ein großer Tänzer, und wir beiden haben viel miteinander getanzt.« Auch Charleston, versteht sich. Übrigens: Will man Marion Dönhoff in diesem Punkt Glauben schenken, dann war immer irgendein »Bruder« als Anstandswauwau dabei – zumindest möchte sie diesen Eindruck erwecken, auch heute noch.

In den Ferien geht es natürlich nach Friedrichstein, im Sommer raus in die Wälder und an den langen Winterabenden rein in die Bibliothek: »Sherlock Holmes, Dostojewski und überhaupt alle Russen sowie die ganz moderne Literatur ihrer Zeit.« Im Jahre 1928 macht die so oft gescheiterte Schülerin ein brillantes Abitur. Dennoch geht der Kampf mit der Mutter weiter. Die scheint nur schwer zu verstehen, warum ihre Tochter ein anderes Leben leben will, als sie selbst es getan hat. Marion hat ganz einfach das typische Problem der meisten Töchter. »Da mußte Heini einschreiten und mit meiner Mutter sprechen.«

Der jungen Ostpreußin ist offensichtlich gar nicht so recht klar, daß ihr »Recht«, als Frau zu studieren, relativ neu und den Frauenrechtlerinnen zu verdanken ist. Ab Mitte des 19. Jahrhunderts hatten organisierte Feministinnen – mal wieder – für den Zugang von Frauen zur Bildung gekämpft und sich entsprechend als »unweibliche Blaustrümpfe« verhöhnen lassen müssen. Noch um die Jahrhundertwende mußten feministische Vorkämpferinnen – wie zum Beispiel Anita Augspurg, die erste deutsche Juristin – in der Schweiz studieren, weil sie hierzulande keinen Hörsaal betreten durften. Erst im Jahre 1902 promovierte die erste deutsche Frau, Elsa Neumann, als Ärztin in Berlin. Sie hatte als »Gasthörerin« studieren dürfen. Und erst im Jahre 1908, ein Jahr vor Marions Geburt, führte das Kultusministerium per »Erlaß« in Preußen das Recht auf das »Frauenstudium« ein, zumindest auf dem Papier. In der Praxis mußte jede einzelne Frau weiterkämpfen.

Um überhaupt studieren zu dürfen, muß Marion Dönhoff auch 1928 noch einen schweren Kompromiß eingehen: Sie muß erst ein Jahr lang auf eine standesgemäße Haushaltsschule in der Schweiz. »Ich habe das auch eingesehen«, sagt sie heute noch mit demselben treuen Augenaufschlag wie wohl auch früher. »Für meine Mutter war schließlich klar: Jede Frau muß wissen, wie ein Haushalt geführt wird. Jede Frau muß kochen können, nähen, stricken . . .« Drei Dinge helfen dem garçon manqué, das Mädchenpensionat in Samaden bei St. Moritz zu überstehen: die Gewißheit des Studiums danach, die Freiheit der Engadiner Berge und die Freundin Beatrice von Riedemann. Bea scheint sich sowenig auf die Pflichten einer Frau vorzubereiten wie Marion. »Die war künstlerisch sehr begabt und kochte immer nach Farben.«

Und Marion macht sich, Ehrensache, »immer lustig über den ganzen Betrieb«. Kochen lernt sie nie, aber stricken. Ihre größte Leistung in dieser Zeit besteht im Stricken eines Handschuhs: »Das war ein ganz fabelhafter Handschuh! Den habe ich an eine Wäscheleine gehängt und fotografiert. Aber den zweiten konnte ich schon nicht mehr, weil ich nicht mehr wußte, wie ich das gemacht hatte.«

Zur großen Erleichterung der angeödeten Internatsschülerin herrscht keine Anwesenheitspflicht beim Mittagessen. Also zieht sie schon um 12 Uhr los in die Berge, meist allein, manchmal mit einem anderen Mädchen. Wieder einmal

Der Übermut der 20er Jahre schwappt von Berlin bis Friedrichstein:
Marion auf den Schultern ihrer Brüder Christoph (links) und Heini.
Rechts: Die Komteß als einziges Mädchen in der Potsdamer Jungenklasse.

flieht Marion aus der Enge der Konventionen in die Weite der Natur.

Zum Abschluß der Schweizer Frauenzucht gibt es ein großes, großes Trostpflaster: Beatrices Vater ist Direktor der Standard Oil Company in Amerika und lädt die beiden Freundinnen 1929 zu einer Rundreise durch Amerika ein, ganz standesgemäß. Mit dieser Fahrt beginnt die reiselustige Marion Dönhoff eine Serie von Fernreisen, die sie bis zum heutigen Tag immer wieder durch die ganze Welt führen werden, vor allem nach Amerika und Afrika. Damit steht die Gräfin übrigens ganz in der Tradition der jungen Grafen der vergangenen Jahrhunderte, die vor ihrer Eheschließung gerne eine sogenannte »Kavalierstour«, damals allerdings noch per Kutsche und oft sehr beschwerlich, zu absolvieren pflegten. Die Funktion dieser »Kavalierstouren«, auf denen ein Lehrer zum Unterrichten mitreiste, ist nicht nur das Abenteuer, sondern auch die Lebenserfahrung und das Knüpfen von Kontakten, weltweit. Netzwerke bilden, wie das heutzutage heißt.

Jetzt, im 20. Jahrhundert, macht die junge Komteß ihre erste große Reise allerdings unter sehr komfortablen Bedingungen. Von der großen Depression, die Amerika schüttelt, bekommt sie nicht viel mit. Beatrices Vater mietet nämlich einen Eisenbahnwaggon, der ausgestattet ist wie eine Luxusferienwohnung: mit Wohn- und Schlafzimmer plus Küche, in der zwei Schwarze für das Essen der beiden Mädchen, einer Anstandsdame und eines Cousins sorgen. Die sechs durchkreuzen in dem »komischen Vehikel« das ganze Land, von New York bis Kalifornien, von Texas bis zum Grand Canyon, indem der Waggon an dem jeweiligen Umsteigebahnhof einfach an einen anderen Zug angehängt wird.

Der mitreisende Vetter ist Fotograf, und Marion wirft sich verstärkt in dieses neue Hobby. Sie hat seit ihrem 18. Lebensjahr eine Voigtländer, und ihre frühen Landschaftsfotos von

Ostpreußen zeigen, daß die Journalistin auch Fotografin hätte werden können: Sie hat bildnerisch einen sehr genauen Blick. Und sie ist auf Neues und auf Abenteuer aus. »Wir hatten Gott sei Dank den Vetter dabei, so daß wir nachts mit ihm ausrücken konnten. Wir sind dann in die Nachtklubs tanzen gegangen, Charleston, Tango . . . Wir haben alles gesehen, was spannend ist . . . Aber leicht zu überraschen waren wir nicht!«

Ob die jungen Damen bei ihrer Zugreise durch die Neue Welt etwas vom Rassismus mitbekommen haben? »Wenig. Zu der Zeit waren die Schwarzen noch ganz selbstverständlich unterdrückt und stellten keine Forderungen. Die Rassenunruhen begannen erst Jahrzehnte später. Aber der ja auch heute wieder starke Antisemitismus war spürbar. An den Restaurants stand zwar nicht ›Nicht für Juden‹, aber doch etwas Ähnliches, so daß jeder verstand, was gemeint war.«

Beeindruckt ist die Ostpreußin von der »unglaublichen Weite des Landes« und davon, daß sich vor den Fabriken riesige Parkplätze befinden, auf denen die Autos der Arbeiter parken. Für »ganz undenkbar« hält sie damals, daß es auch in Deutschland eines Tages so sein könnte.

Nach der Amerikareise besucht Marion Dönhoff für drei Monate ihren jüngsten Bruder Christoph (Toffi) in Ostafrika und wird auch in den folgenden Jahren regelmäßig dorthinfahren. Der fünf Jahre ältere Toffi ist »so ein Staatsexemplar: mit 16 Abitur, witzig, lebhaft, hochintelligent, fabelhaft aussehend – und ein bißchen leichtsinnig«. Da er für eine Diplomatenkarriere noch zu jung ist, geht der Tausendsassa erst einmal zu Verwandten nach Afrika und macht sich dort rasch selbständig: Er lebt als einziger Weißer mit den Massai im Reservat und redet ihnen erfolgreich aus, die Milch ihrer Kühe weiterhin auf den Boden zu melken, und erfolgreich ein, einen schwunghaften Handel mit Milch, Butter und Sahne anzufangen.

Die Chose ist ein bißchen abenteuerlich und nicht das ganz große Geschäft, aber Toffi kann davon leben – und Marion eine Zeitlang mit. Sie lebt mit ihm im Reservat in Kenia, und die beiden spielen diesmal nicht Indianer, sondern Massai. Ganz groß Furore macht die Komteß auch bei den Einheimischen, als sie einen leibhaftigen Leoparden erlegt. Denn eines Nachts legen Bruder und Schwester mitten im Dschungel einen Köder aus, hocken sich hinter einen Busch und warten . . . Ausgerechnet als Toffi gerade einmal eingenickt ist, kommt er, der Leopard. Die geübte Jägerin trifft sofort: »Er war mausetot.« Um ganz sicherzugehen, rauchen die beiden noch eine Zigarette und kommen dann langsam hinterm Busch vor . . . Später erfahren sie von den Massai, daß diese leichtsinnige Methode auch sehr leicht hätte ins Auge gehen und der Leopard als Sieger aus dem Abenteuer hätte hervorgehen können.

Ist Marion Dönhoff irgendwann einmal versucht, so wie ihr Bruder in Südafrika zu bleiben? »Nein«, sagt sie bestimmt. »Es war zwar sehr schön dort, aber die Apartheid war doch unübersehbar und ging mir auf die Nerven. Auch empfand ich die meisten Weißen dort als sehr engstirnige, rückständige Leute. Sie haben zwar für die Schwarzen gesorgt, aber sie wie Haustiere behandelt.«

Aber den geliebten Bruder stört der Rassismus wenig – im Gegenteil: er hält ihn mehr oder weniger für gottgegeben. Die beiden fetzen sich oft in der Frage, sind sich jedoch trotzdem weiterhin in Zuneigung verbunden. Marion Dönhoff bleibt ihr Leben lang engagiert für die Sache der Schwarzen und war eine der ganz wenigen Weißen, die felsenfest an die Chance für ein relativ unblutiges Ende der Rassentrennung in Afrika glaubten. Sie wird recht behalten . . . Bis heute ist Gräfin Dönhoff darum bei den Schwarzen in Afrika jederzeit so willkommen wie bei den Polen oder Russen in Osteuropa.

Übrigens – in Afrika hat die Anfang 20jährige Marion einmal aus gegebenem Anlaß eine Münze geworfen. Zahl: Ich
heirate ihn. Kopf: Ich heirate ihn nicht. Die Münze fiel auf
den Kopf. Oder auf die Zahl. Auf jeden Fall fiel sie richtig,
und vielleicht war es ja auch nur eine Interpretationsfrage . . .

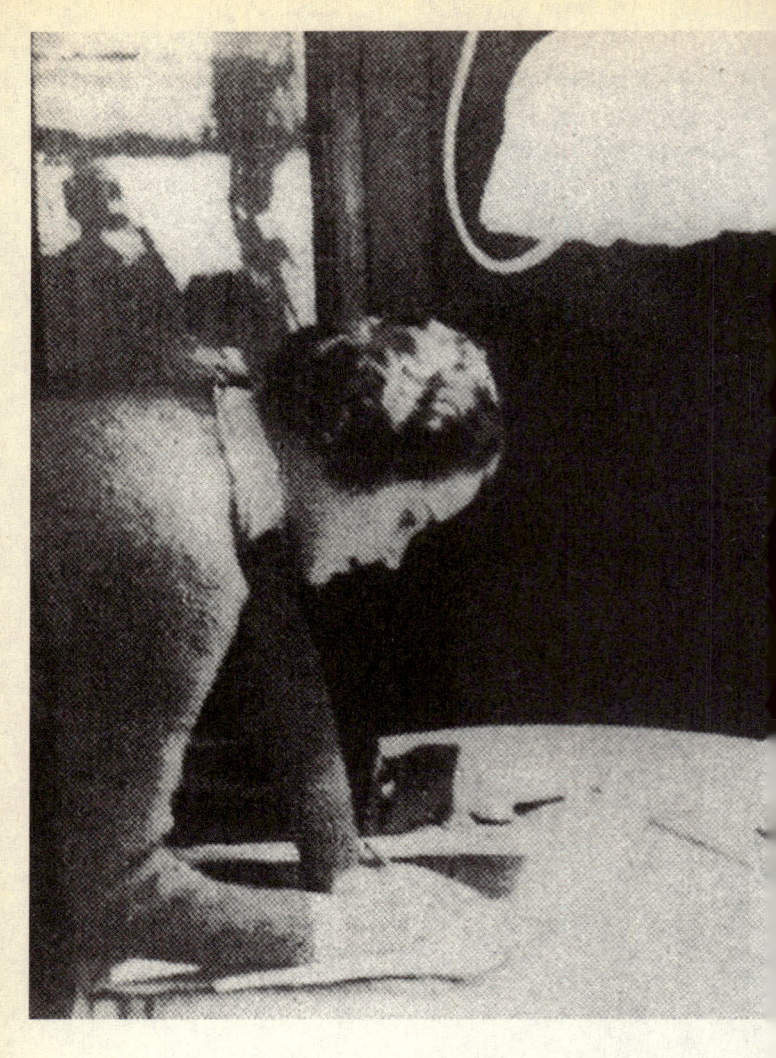

Studium in Basel. In der Schweiz trifft Marion Dönhoff nach 1933 viele,
die anders denken als die Nazis in Deutschland.

Studium und Doktorarbeit, 1930 bis 1936

30. Januar 1933. Die Nationalsozialisten ergreifen die Macht. Marion Dönhoff studiert Volkswirtschaft in Frankfurt. »Dieses Studium ergab sich bei mir ganz klarerweise, weil ja auch ökonomisch sehr schwierige Verhältnisse waren. Und ich wollte einfach mehr begreifen von den Zusammenhängen, auch für Friedrichstein.« Als Jugendliche hatte sie in den 20ern mitbekommen, wie die Fieberkurve von Arbeitslosigkeit und Inflation ins Unermeßliche eskalierte. Im Januar 1933 hat Deutschland 6 Millionen Arbeitslose. Kann nur noch »ein starker Mann« das Land retten?

Schon wenige Tage nach der braunen Machtergreifung hissen Parteigenossen und Studenten auf dem Dach der Frankfurter Universität die Hakenkreuzfahne. Marion Dönhoff entschlossen: »Ich fand, die müssen wir da runterholen!« Zu der Zeit wagt es nur noch einer, nämlich »naturgemäß ein Kommunist«, mit ihr da heraufzugehen. Der Rote und die Blaublütige kraxeln mehr schlecht als recht das steile Dach hoch . . . doch siehe da: die Braunen hatten »das Ding« vorausschauend »mit schweren Schlössern abgesichert«. Die tapferen Widerständler müssen unverrichteter Dinge wieder herunter vom Dach.

»Aber auf dem Rückweg ist es mir wenigstens gelungen, ein Plakat abzureißen, auf dem stand: ›Wider den Ungeist‹ – und darunter waren die Namen aller Professoren aufgeführt, die links oder/und jüdisch waren«, erzählt Marion Dönhoff. Sie verteilt Flugblätter, »und einmal haben wir auch auf die Nazis, die sich im Hof der Universität versammelt hatten, Stühle aus den Fenstern geworfen.« Doch der hilflose Widerstand kommt zu spät. Kurz nach der Machtergreifung werden

90 Professoren und Dozenten von der »roten Uni« verjagt, »und meine kommunistischen Kommilitonen mußten auch alle weg«. Nun hält es auch Dönhoff, die sich längst den Ruf einer »roten Gräfin« erworben hat, nicht länger. Sie geht nach Basel, um dort ihr Studium zu beenden.

Dabei hatte in Frankfurt alles so schön angefangen. Denn ausgerechnet dort trifft die junge Studentin 1932 ihre Kindheitsgefährten wieder: Cousine Sissi und Cousin Heini Lehndorff. Sissi macht eine Ausbildung als Krankenschwester und der damals noch nicht verheiratete Heini »irgendwas anderes«. »Wir waren nicht lange zusammen, aber es war sehr schön!«

In Begleitung des vertrauten Heini erwirbt Marion ihr erstes Auto: einen Opel mit offenem Verdeck, Preis 200 Mark. »Die Vorbesitzerin hatte anscheinend gefroren. Jedenfalls hatte sie sich so einen Aufbau, wie ein Schilderhäuschen, draufgesetzt. Das sah ziemlich komisch aus. Der Opel fuhr nur ganz langsam. Als ich mal mit dem nach Ostpreußen fahren wollte, mußte ich auf Westwind warten, weil der Wagen bei Gegenwind 20 Kilometer langsamer war ...«

Marion Dönhoff, das ist Legende, ist eine passionierte Autofahrerin. Und sie kennt sich aus mit den Dingern. »Ich konnte natürlich alles auseinandernehmen: Unterbrecher, Vergaser usw.« Dennoch: Als die Opelfahrerin eines Tages mit ihrem Auto zu Besuch auf Schloß Friedrichstein ist und, nicht ohne Stolz, die Mutter darin nach Berlin kutschieren will, da geht den Damen ganz einfach das Benzin aus. »Das war sehr peinlich. Ich habe ein Motorrad angehalten und bin damit zur nächsten Tankstelle.« Inzwischen hockt Gräfin Ria Dönhoff am Straßenrand ... Doch so ganz unbekannt dürfte der Ex-Palastdame die Situation nicht gewesen sein, denn schließlich war sie diese Art von Eskapaden schon von ihrem Mann, von Marions Vater, gewohnt.

In Frankfurt begibt die 21jährige Marion sich unter die Fittiche dreier hochwichtiger älterer Herren. Sie hatte, wie Freundin Sissi spitz vermerkt, »ja immer schon den Drang zu geistig höher Stehenden und war noch nie ein Flirt«. Die drei Herren sind in der Tat höher stehend: der eine, Prof. Riezler, ist der Präsident der Frankfurter Universität; der zweite, Prof. Kantorowicz, ist ein berühmter Mittelalter-Spezialist; und der dritte schließlich ist der bekannte Bankier Hahn, Besitzer der »Effekten- und Wechselbank«.

Das Herrentrio pflegt das »Stüdchen« – wie sie die junge Ostpreußin wohl in einer Verballhornung von Student-(chen) anzüglich zu nennen pflegen – mit auf seine »Weinproben« zu nehmen. Und das Stüdchen hält kräftig mit: es trinkt und spitzt die Ohren. Auch die Herren finden ihre Begleitung unterhaltsam, vor allem wenn Marion auf Fragen wie »Was würden Sie lieber sehen: einen wunderbaren Rembrandt oder ein Kalb mit zwei Köpfen?« entwaffnend handfest antwortet: »Natürlich das Kalb mit zwei Köpfen! Rembrandts habe ich schon eine ganze Reihe gesehen.«

Doch als die Nationalsozialisten an die Macht kommen, geht alles sehr schnell. Prof. Loewe, wegen dem Marion Dönhoff nach Frankfurt gegangen war, wird sofort relegiert, und auch das Weintrio und ihr Freundeskreis sind zerschlagen. »Ich habe nie einen Tag gezweifelt, daß dieser Verrückte Krieg machen würde. Er hat ja schon in den ersten sechs Wochen alles eingeleitet: den Rassenwahn, die Verfolgung Oppositioneller, die Einschränkung der Presse«, erinnert sich Marion. Widerstand leisten nur noch die Roten: »Da konnte man die lauwarmen Rechten nicht gebrauchen. Nur die Kommunisten stellten etwas auf die Beine. Ich habe mich nie mit deren Lehre identifiziert, aber was sie damals taten, das fand ich wichtig.«

Marion Dönhoff geht nach Basel, wo just zu der Zeit auch ihr Bruder Dieter arbeitet. »Das war riesig interessant da, weil sich in der neutralen Schweiz alle trafen, die zu Hause nicht geduldet waren: Die Nazis aus Österreich (das zu der Zeit noch nicht angeschlossen war), die Kommunisten aus Deutschland, die Juden . . .« Studentin Dönhoff findet rasch »einen Haufen von etwa 15 Leuten, die unglaublich viel diskutieren«.

Versteht sich auch, daß sie in Basel bei Nationalökonom Salin hört, »dem Mentor und Schirmherr meiner politisch spannungsreichen Gemeinde«. Bei ihm will sie über Marxismus promovieren, »denn das war es, was mich damals am meisten interessierte«. Doch der Professor ist weise genug, die junge Gräfin auf eine ganz andere Piste zu schicken. »Marxismus?« sagt Salin, »darüber wissen andere sicher mehr als Sie. Von Ihnen möchte ich viel lieber eine Untersuchung darüber haben, wie der Großgrundbesitz Ihrer Familie in Ostpreußen eigentlich zusammengekommen ist und wie er in den verschiedenen Jahrhunderten bewirtschaftet wurde.«

Marion Dönhoff läßt sich das nicht zweimal sagen. »Es war Frühling, daheim stand mein Pferd im Stall. Bald würden die Wildgänse das Pregeltal heraufziehen und die Störche ihre Nester auf den Ställen und Scheunen neu herrichten . . . So schloß ich messerscharf: der Professor hat vollkommen recht.«

Wie recht er hatte, begriff auch sie selbst erst viel später. Denn letztendlich verdankt die letzte Herrin von Schloß Friedrichstein es ihrem Doktorvater, daß sie von dem jahrhundertelangen Sitz der Dönhoffs »geistig Besitz ergreifen konnte, ehe er materiell verlorenging«. Und sie verdankt dieser Erfahrung auch ein neues, realistisches Geschichtsverständnis – und das am Beispiel der eigenen Familie.

»Bis dahin hatte ich, ohne viel nachzudenken, geglaubt, Geschichte sei das, was sich sozusagen an den großen Tagen der Völker, sowohl an den heroischen wie an den tragischen, auf dem, ein wenig erhabenen, Piedestal der Nation ereignet und dann von kundiger Pädagogenhand zu Leitfäden für den Unterricht an höheren Schulen zusammengefaßt wird«, schreibt sie 1964 in ihrem ersten Blick zurück (»Namen, die keiner mehr nennt«). »Jetzt aber entdeckte ich plötzlich, daß auch im Alltag, vielleicht gerade dann, Geschichte gemacht wird. Und: daß sich sehr wohl am Schicksal einer einzelnen Familie die großen Linien der historischen Strömungen feststellen lassen.« Die Familie heißt Dönhoff.

Zunächst einmal aber läßt sich die Chose ganz schwer an. Als die eifrige Studentin im Frühling 1933 wieder zu Hause auftaucht und sich nun, statt in die Ställe und Wälder, in das Archiv des Schlosses vergräbt, da schüttelt so mancher den Kopf. Und das will 'ne Komteß sein . . .?!

Von einem Familien-Archiv kann natürlich gar nicht die Rede sein. Die Dokumente und Akten, die längst vergilbten und kaum entzifferbaren Stammbäume, Kontrakte, Bilanzen, Briefe und Tagebücher stapeln sich in Kisten und Schränken des sogenannten »wüsten Saals«, einem nie zu Ende gebauten Raum im ersten Stock des Schlosses. Oder aber sie stehen, noch umständlicher, im Staatsarchiv des benachbarten Königsberg. Das Material in Friedrichstein war zum letzten Mal 80 Jahre zuvor ans Licht gezerrt worden, und das auch nur, um nach Stammbäumen, also nach der edlen Herkunft zu forschen.

Nach sechs Monaten emsigen Wühlens sitzt die Studentin noch immer zwischen Haufen ungeordneten Materials. Mutter Ria schlägt die Hände über dem Kopf zusammen: »Dieser Aktenstaub ruiniert noch deine Gesundheit!« Und Oberkutscher Grenda und Diener Fritz prophezeien: Irgendwann wird sie die Geduld verlieren, und dann haben die Hausleute den Salat: Die können dann alles wieder wegräumen . . .

Doch sie kennen ihre Marion schlecht. Nach neun Monaten ist »alles etikettiert, katalogisiert und eingeordnet«, inklusive der Briefe aller preußischen Könige an die Grafen

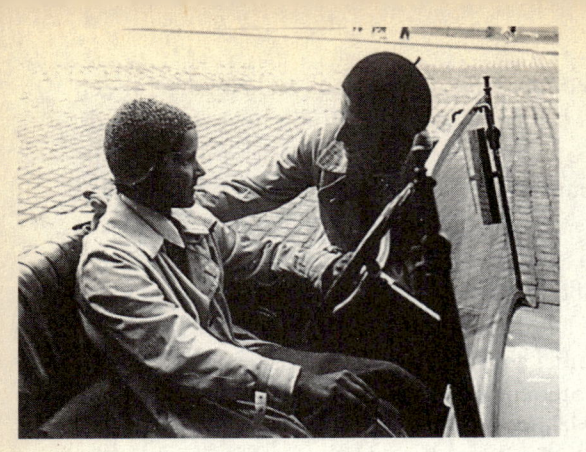

Links: Marion in ihrem ersten Auto mit Sissi Lehndorff, Marion mit Bruder Heini bei einer Filmparodie, Marion mit dem von ihr in Kenia erlegten Leoparden.
Unten: Die junge Studentin blickt auf Basel.

Dönhoff und des Kollegheftes eines der Vorfahren über eine »Vorlesung des Herrn Professor Em. Kant über die phys. Geographie«. Zwei Jahrhunderte später wird Marion Dönhoff ausgerechnet mit dem Geld des ihr 1988 verliehenen Heine-Preises (und weiterer Spenden) der Stadt Königsberg, heute Kaliningrad, das im Zweiten Weltkrieg verlorene Kant-Denkmal neu stiften. Und es wird ein ganz besonders bewegender Moment im Leben der Kant-Verehrerin sein, wenn sie im Sommer 1992 an der Enthüllung dieses Denkmals teilnimmt.

Aber noch schreiben wir das Jahr 1934. Und als der Baseler Professor nach zwölf Monaten bei seiner Doktorandin anfragt, wann er denn »endlich das erste Kapitel zu lesen« bekäme, da kann Marion nur lachen. Wenn der wüßte . . . Ein Ziel des Studiums ist allerdings bereits erreicht: »Ich hatte in diesen zwölf Monaten mehr über die Geschichte Preußens, meiner Familie und ihres Besitzes gelernt als in allen Jahren zuvor.«

Erst die Erwachsene erfährt jetzt, »warum das Arbeitszimmer meines Vaters ›Gerichtsstube‹ hieß. Dort hatte nämlich bis zum Ende des 18. Jahrhunderts die Patrimonialjurisdiktion getagt, die in bestimmten Abständen, unter Assistenz eines Justitiars aus Königsberg, zusammentrat. Da ging es um Erbfälle und Kaufverträge unter Bauern und Einsassen der Güter, um Diebstahl und Mord: ›Die Jungfraw Eysenblätter gebar ein uneheliches Kind und hat es ersäufet . . .‹«

Und auch das Haus selbst erschließt sich seiner letzten Herrin mehr und mehr durchs Aktenstudium: »Mir wurde klar, daß die riesigen Netze, die wir beim Versteckspielen auf dem Boden entdeckt hatten, zum Einlappen bei den Wolfsjagden gedient hatten. Denn noch in sämtlichen Kontrakten des 18. Jahrhunderts war zu lesen, daß alle Bauern, auch die freien, verpflichtet waren, einen Mann zur Wolfsjagd zu stellen.«

Erst Anfang des 19. Jahrhunderts wird auch in Ostpreußen die Leibeigenschaft abgeschafft. Doch gab es immer zwei entscheidende Unterschiede zwischen dem westlichen und dem östlichen Adel. Der erste ist, daß die Ritter im Osten vom Lehnsherren, in diesem Fall dem Orden, das Land für die allzeite Bereitschaft zum Ritterdienst im Konflikt- und Kriegsfall erhielten. Der zweite ist, daß die östlichen Gutsherren ihre Ländereien in der Regel nicht verpachteten, sondern selbst bewirtschafteten, also quasi Unternehmer waren.

Die Dönhoffs gehören zu der Handvoll der »großen« Namen in Ostpreußen. Sie hatten ihren »Dunehof« an der Ruhr um 1330 verlassen und waren zunächst nach Livland gegangen. Nach dem Dreißigjährigen Krieg kauft ein Graf Friedrich Dönhoff 1666 von dem verarmten Orden für 25.000 Taler 3.300 Hektar Land, mit mehreren Höfen und Dörfern, er nennt es »Friedrichstein«. Land und Leute sind durch die Schwedenkriege und Tatarenüberfälle in desolatem Zustand. Und ein halbes Jahrhundert später schüttelt auch noch die Pest das Land, jeder zweite stirbt. Gleichzeitig aber zieht Preußen aufgrund seiner liberalen Verhältnisse unter Friedrich Wilhelm I. und dessen Sohn, Friedrich dem Großen, aus ganz Europa (Glaubens-)Verfolgte an. Das Land blüht auf.

Und Friedrichstein blüht mit. Nach einer über mehrere Jahre gehenden »Kavalierstour« durch ganz Europa, die ihn auch an den französischen Hof führt, baut Friedrichs Sohn, Otto Magnus Dönhoff, Schloß Friedrichstein. Der später als das »kulturgeschichtlich bedeutendste Schloß Ostpreußens« angesehene Dönhoff-Sitz wird Anfang des 18. Jahrhunderts in nur vier Jahren unter Leitung des französischen Architekten Jean de Bodts erbaut, es hat 50 Säle und Zimmer. Drei Jahrhunderte lang werden die Dönhoffs darin leben – bis 1945 das Schloß beim Einmarsch der Russen durch Feuer vollkommen zerstört wird.

Unter den von Vater zu Sohn wechselnden Herren von Schloß Friedrichstein ist einer, der der letzten und einzigen Herrin des Schlosses besonders nahe ist: es ist Marions Großvater Graf August Heinrich Dönhoff. Der 1797 Geborene – also zehn Jahre nach der französischen Revolution und im selben Jahr wie Heinrich Heine – zieht schon mit 17 in den Krieg, sodann als Student ins aufgeklärte Königsberg und weiter nach Göttingen und Heidelberg. Mit 23 macht er die obligate »Kavalierstour«, diesmal nach Italien. Dort kommt der junge Graf in Kontakt mit dem libertären deutschen Künstlerkreis der »Nazarener«. Als er mit 24 preußischer Diplomat wird, sucht er auch in Berlin die Nähe der Libertären, hier der Romantiker um die Salons von Rahel Varnhagen und Bettina von Arnim. Denn die Hofgesellschaft langweilt den Grafen Dönhoff: »Ich kann mir mit keinem Mädchen ein vertrautes Wort erzählen, ohne daß man mir gleich den verdammten Trauring andichtet«, rapportiert die Enkelin vom Großvater. Und dieser verdammte Trauring scheint auch des Großvaters Sache nicht zu sein. Er heiratet erst spät, mit fast 50.

Nach Stationen an den Botschaften von Paris, Madrid und London wird Graf Dönhoff in den revolutionären 48er Jahren Preußens Gesandter am Deutschen Bundestag zu Frankfurt. Am bewegten 8. März 1848 hat er gerade den Vorsitz in der Paulskirche und beschließt – ohne Autorisierung aus Berlin – die Aufhebung der Pressezensur und Proklamation des Verfassungsrechts sowie ein Bundespressegesetz. Am Tag darauf drückt er den preußischen Adler samt Schwarz-Rot-Gold als nationales deutsches Symbol durch und fordert – ganz wie die Enkelin über hundert Jahre später –, »den Bundestag wenigstens temporär nach Berlin zu verlegen«.

Um das Übermaß des Gleichklangs der Seelen von Großvater und der lange nach seinem Tod geborenen Enkelin vollzumachen, steht am 31. März 1848 auch noch sein Name unter dem folgenden Beschluß der Bundesversammlung: Nämlich, »daß es eine heilige Pflicht des deutschen Volkes sei, mit allen Kräften die Wiederherstellung des Polenreiches zu bewirken, um dadurch das durch die Teilung des Polenreiches bewirkte Unrecht wiedergutzumachen«.

Sieben Tage später erklärt August Heinrich Dönhoff seinen Rücktritt. Enkelin Marion erklärt sich das so: »Ihm hatte während aller Bemühungen um die deutsche Einheit ein Reich vorgeschwebt, das sozusagen ein potenziertes Preußen hätte sein sollen, eine Krönung all dessen, wofür sein Preußen gestanden hatte. Den Ultrakonservatismus, der sich nach 1848 breitmachte, den hatte er nicht gemeint.«

Graf Dönhoff kehrt zurück in das damals noch 26 Kutschenstunden von Berlin entfernte Friedrichstein, bleibt jedoch Abgeordneter des Reichstages. Sein Nachfolger am Frankfurter Bundestag wird Otto von Bismarck.

Der frustrierte Graf, dieser »letzte Preuße« (Enkelin Marion), haßt den »Fortschrittsschwindel«, diesen »materialistischen Ehrgeiz der Leute« und die »Industriebegeisterung von Edelleuten«. Er sieht sich darin einig mit seiner Schwester Amelie. Diese geistreiche und sozial hellhörige Hofdame im Potsdamer Schloß Sanssouci pflegt mit ihrem Bruder eine über Jahrzehnte gehende Korrespondenz und schreibt ihm rund 4.000 Briefe. 1848 heißt es in einem der Briefe besorgt: »Die sozialen Zustände hier in Berlin in bezug auf die Arbeiter und die Teuerung, die Wohnungsnot und die zum Teil dadurch entstandenen Unruhen sind wirklich auf einen bedenklich abnormen Punkt gelangt.«

Zehn Jahre später, im Jahre 1859, wird der später auch von Marion so verachtete letzte deutsche Kaiser, wird Wilhelm II. geboren. Sie zitiert dazu einen Brief des mit ihren Vorfahren befreundeten Wilhelm von Humboldt an Großtante Amelie: »Die Gefahr war, da der Prinz einige Momente athemlos bleibt, nicht gering, aber bald athmete er frei und nahm die

Brust der westfälischen Amme an . . .« – Spöttisch denkt Marion Dönhoff ein Jahrhundert später laut darüber nach, »wie anders die Weltgeschichte wohl verlaufen wäre, wenn die Atemzüge des Neugeborenen noch ein paar Momente länger ausgeblieben wären . . .?«

Doch noch hockt die junge Gräfin Dönhoff zwischen den Kisten und Ordnern auf Schloß Friedrichstein, und wir schreiben die Jahre 1933/34. In Deutschland werden blutige Weichen gestellt. Ist die Studentin Dönhoff mal in einer der Bürgermeistereien der umliegenden Dörfer, so liest sie die aufschlußreichen Briefe, die die Dorfleute an Hitler geschrieben haben und die dann von Berlin zur Erledigung an den Bürgermeister des Heimatortes zurückgehen. »Da spürte man, wie stark die Erwartung war, die in diesen pseudoreligiösen Erlöser gesetzt wurde. Die Briefe waren alle im Duktus der Bibel geschrieben (Du, der du unsere Not kennst, erbarme Dich unser), ›der Führer‹ wurde stets mit ›Du‹ angeredet – wie der liebe Gott selber.«

Im März 1933 erklärt Goebbels: »Heute sind wir die Herren Deutschlands« – und morgen wollen sie die Herren der ganzen Welt sein. Bereits wenige Wochen nach der Machtergreifung werden 35 Konzentrationslager errichtet. Für alle, die politisch oder »rassisch« unliebsam sind, beginnt der nackte Terror. Die radikalen Frauenrechtlerinnen, denen die promovierende Marion Dönhoff das Recht zu studieren verdankt, gehören zu den ersten, die ins Exil fliehen müssen – und dort, wie Anita Augspurg und Lida G. Heymann in Zürich oder Helene Stöcker in New York, sterben.

1935 beendet Gräfin Dönhoff ihre Doktorarbeit über das Entstehen und die Verwaltung des Familienbesitzes über die Jahrhunderte mit summa cum laude. Nach getaner Mühe macht sie sich vom laut und lauter gröhlenden Deutschland nun erst wieder einmal auf den Weg nach Afrika, wo sie sich in den 30er Jahren häufig aufhält.

Die Verwalterin der Güter,
Ende der 30er und Anfang der 40er Jahre.

Verwaltung der Güter, 1937 bis 1939

»Die opferbereite, kühne Stellung, die Sie einnehmen, den Widerstand, der von Ihren Freunden ausgeht, bewundere ich. (. . .) Bitte, was auch geschehen möge, sehen Sie sich vor. Es gibt ein Nachher, und in diesem Nachher wird Ihnen eine große Aufgabe zufallen.« Der dies im Winter 1938 auf Umwegen an Marion Dönhoff nach Friedrichstein schreibt, heißt Carl Jacob Burckhardt. Der bekannte Historiker ist zu der Zeit Hoher Kommissar des Völkerbundes in Danzig.

Er ist oft zu Gast auf Schloß Friedrichstein und schreibt nun der »verehrten Gräfin« – nicht, ohne sie zu bitten, den Brief sofort bei Erhalt zu vernichten (daß eine Kopie erhalten blieb, ist einem Schweizer Diplomaten zu verdanken, dem Burckhardt gewisse Schriftstücke »für nach dem Krieg« anvertraute). Zu diesem Zeitpunkt also muß die damals 29jährige Marion Dönhoff schon ganz klar die Kraft zur Verantwortung und die Entschlossenheit zum Widerstand ausgestrahlt haben.

Trotz aller Vorsicht weiß sie, daß sie mit jemandem wie Burckhardt reden kann, ja muß, zumindest indirekt. »Über die Attentatspläne hat man natürlich nicht gesprochen, aber über das Deutschland danach. Denn man wußte ja: Statt Unrecht muß es wieder Recht geben, statt Totalität muß Meinungsfreiheit herrschen. Und es war klar, daß man dabei helfen mußte . . .«

Im Schloß selbst können solche Gespräche nicht mehr stattfinden, denn auch dort könnten die Wände Ohren haben. Die beiden begeben sich also in den Schutz der Natur, gehen auf Wildgansjagd. Burckhardt: »Mir ist die Fahrt im flachen Boot über die weiten überschwemmten Felder völlig gegenwärtig. Ich sehe den hellen, ockerfarbigen Streif unter dem im Westen aufgebrochenen Hochnebel. Wir fahren ständig in seiner Spiegelung in goldenen Schein. Dann spüre ich den harschen Schnee beim Aussteigen, nachher das Lagern auf dem Rücken, in den sorgfältig ausgehobenen Kuhlen in unseren über den Pelzen getragenen weißen Mänteln. (. . .) Die völlige Stille, das rasche Schwinden des Tageslichtes, den plötzlich pfeifenden Ton, dieses einzigartige Knarren: Ich sehe die Spitze der pfeilförmigen Dreieckformation der schweren Vögel, bodennah.« Die Wildgänse ziehen. Doch die Menschen sind in Unfreiheit.

Marion Dönhoff: »Daß Hitler einen Krieg anzetteln, der Jahre dauern und an dessen Ende Ostpreußen verloren sein würde, das war mir sehr bald klar.« Also kommt sie 1937 von einem ihrer vielen, langen Afrikaaufenthalte endgültig nach Ostpreußen zurück, um sich in die Verwaltung des Familienbesitzes einzuarbeiten. »Mir war ja klar, daß die Brüder gezwungen sein würden, in diesen sinnlosen Krieg zu ziehen.«

Zunächst arbeitet Marion Hand in Hand mit ihrem ältesten Bruder Heini, dem Besitzer von Friedrichstein. »Bei jedem Stall, den wir bauten, jeder Maschine, die wir in diesen Jahren kauften, sagten wir uns: Die Russen werden sich freuen . . .« Als Heini – der in der Tat schon 1939 eingezogen wird und 1942 fällt – im Jahre 1938 heiratet, da zieht Marion sich zunächst auf die 120 Kilometer entfernte Dönhoffsche Familienstiftung Quittainen zurück, die 8.000 Hektar Land und Wald umfaßt. »Ich wollte«, so ihre Begründung, »das Paar nicht stören.«

Doch dies ist nicht der einzige Grund. Die Eheschließung eines protestantischen Dönhoff mit der aus dem Rheinland stammenden, katholischen Gräfin Hatzfeldt stößt im Familienrat auf Bedenken. Der Patronatsherr von drei protestantischen Kirchen kann nicht, so räsonieren die Geschwister, eine katholische Frau heiraten. Letztendlich verzichtet Heini zugunsten des zweitältesten Dieter auf sein Erbe. Bei aller Weltoffenheit und Toleranz – die Spielregeln dürfen eben doch nicht wirklich verletzt werden.

In dem für sie in jeder Beziehung viel unbelasteteren Quittainen richtet Marion sich nach ihrem Geschmack ein. Sie zieht nicht etwa in das Schloß, sondern in das daneben liegende »Rentamt«, in dem eigentlich der »Rentmeister«, der Verwaltungschef wohnt. Zu der Zeit hat Quittainen eine Rentmeisterin.

Normal kleine und niedrige Räume ist die junge Gräfin längst von ihrem Leben in Berlin, Frankfurt und Basel gewohnt. Im Rentamt richtet sie sich gemütlich ein: Das einstöckige Haus ist mit freundlichen Möbeln und heiteren Stoffen ausgestattet, an den Fenstern Tüllgardinen und vorm Haus Malven. Die niedrigen Bücherregale sind gestapelt voll, und auf den Tischen und Kommoden stehen hübsche Leuchter und Krüge. »Es war eine sonnige Atmosphäre, regelrecht romantisch«, erinnert sich Hartmut von Hentig.

Auf dem Hof steht Marions Auto, ein grauer, offener BMW. Und wenn die Besitzerin Zeit hat, darf der kleine Neffe Stani, Sohn von Freundin Sissi und Bruder Dieter (die inzwischen geheiratet haben), auf den Beifahrersitz des Autos – und los geht's! Tante Marion bleibt für ihren Neffen Stani lebenslang »der Inbegriff eines preußischen Generals. Immer diszipliniert, nie krank – und wenn, dann war die Medizin, die für die Pferde gut war, auch für die Menschen richtig«.

Das ist die Zeit, in der Marion Dönhoff zum erstenmal Mutter wird, Mutter zweier kleiner Jungen (drei und vier Jahre alt), Karl August und Christoph von Dellingshauen. Es sind die Kinder ihrer ältesten Schwester Christa, die 1924 im Kindbett stirbt. Ganz selbstverständlich übernimmt die junge Marion den Elternpart: »Sie waren sehr an mich attachiert, und ich habe ein bißchen für sie gesorgt.« Das bedeutet für

Marion nicht nur Verantwortung und Spaß, sondern bald auch großen Schmerz, denn beide Jungen werden mit 18 und 19 in Rußland fallen.

Doch noch ist Frieden. Und die Verantwortung für die Familien- und Armenstiftung Quittainen nimmt Marion ganz gefangen. Von den insgesamt sieben Gütern der Stiftung sind drei verpachtet, vier verwaltet sie. Allein zur Beaufsichtigung der Instandhaltung aller Gebäude ist sie zweimal im Jahr eine ganze Woche in der Grafschaft unterwegs. Auch die Wälder, »ein prächtiger Mischwald«, um die sich ein Forstmeister und fünf Revierförster kümmern, sind riesig. Die Komteß fährt jetzt Motorrad, für ein Auto reicht das Benzin nicht mehr.

Wir schreiben die Jahre 1938 und 1939. Längst ist der Naziterror bis in jeden letzten Winkel des Landes gedrungen. »Man konnte mit all den Leuten, mit denen man jahrelang zusammengearbeitet hat, kein offenes Wort mehr reden.« Da genügt es schon, daß die Gräfin nie »Heil Hitler« sagt. »Aus Prinzip« grüßt sie grundsätzlich nur mit »Guten Morgen« oder »Guten Abend« oder unterschreibt, wenn es gar nicht anders geht, »Mit deutschem Gruß«. »Das war eigentlich albern, aber es gab so wenig Möglichkeiten, seinem Mißfallen Ausdruck zu verleihen. Natürlich mußte ich immer damit rechnen, daß irgendein führerbegeisterter Mann sich herausgefordert fühlte . . .«

Zunächst ist es eine führerbegeisterte Frau, die ihr zu schaffen macht, nämlich die eigene Sekretärin. »Die war eine ganz begeisterte Nazisse und hatte verlangt, daß unbedingt ein Hitlerbild in mein Büro kommt.« Was tun? »Ich habe das dann hinter mich an die Wand gehängt und gesagt: Das müssen doch die Leute, die zu mir kommen, sehen – ich kenn den ja.«

Dem Bruder Heini, der noch die Gesamtverantwortung hat, schickt Marion regelmäßig detaillierte Berichte und Abrechnungen nach Friedrichstein, in denen jeder zu fällende Baum, jeder zu erneuernde Zaun und all die kleinen und großen Probleme eines solchen Gutsbetriebes vorkommen. Später wird sie den Gutsalltag des gleichaltrigen Gefährten Heini Lehndorff, der von den Nazis ermordet wird, schildern. Die Art, wie sie seine Arbeit auf dem Gut Steinort beschreibt, sagt auch viel über sie selber aus:

»Vom frühen Morgen an war er pausenlos unterwegs auf seinem Besitz, prüfend, anregend, experimentierend. Da wurde dräniert und gebaut, wurden Weiden neu angesät, wurde Umland urbar gemacht. Und jedem, dem er begegnete – Arbeiter, Pächter, Handwerker –, ging das Herz auf, wenn der große, gutaussehende Mensch ihnen ein paar lustige Worte zurief oder seinen Tadel in wohlgezielten, heiteren Spott kleidete. Fremde sahen ihm lange nach, wenn er, das Vieh inspizierend, mit großen Schritten über die Weiden ging, vor der ›Schlippe‹, dem Weidegartentor, kurz verhielt und sich dann mit einer eleganten Flanke darüberschwang . . .«

Marion Dönhoff ist beim Inspizieren der Güter vielleicht nicht ganz so locker – schließlich hat sie ihr Frausein und eine kleine Statur zu kompensieren –, aber wir dürfen sie uns mit derselben Sorgfalt, Liebe und ganz sicherlich auch Strenge vorstellen. Und übers Gatter hat auch sie sich bestimmt geschwungen, Ehrensache. »In Ostpreußen habe ich sie nur in Reithosen erlebt«, erinnert sich der 15 Jahre jüngere, städtische Hartmut von Hentig, der in den Ferien immer von Berlin nach Ostpreußen expediert wurde. »Und wenn sie abends von der Arbeit zurückkam, nahm sie einen mit auf einen Ausritt oder auf die Pirsch. Bis zehn Uhr abends war Büchsenlicht, man saß dann da und wurde von Schnaken gestochen . . .«

Der »kleine Hentig«, dessen Vater Diplomat von Beruf und Abenteurer aus Passion war und nicht nur von Marion als »großer Held« gehandelt wird, ist von Kindesbeinen an geritten. »Ich ritt ganz gut, aber Marion fand fast alles, was ich auf dem Pferd machte, falsch. Sie verbesserte mich ununterbrochen: Schenkel vor, mehr Zügel geben, aussitzen ... Sie war immer schon sehr streng, hat das vermutlich aber selbst nie gemerkt.« Diese Strenge bekamen selbstverständlich auch und vor allem ihre Leute zu spüren.

Am 1. September 1939 überfällt Hitler Polen. Noch vor Kriegsbeginn wird Marions geliebter ältester Bruder Heini eingezogen, ebenso ihr geliebter Cousin Heini und dessen jüngerer Bruder. Wenige Tage vor dem Einmarsch in Polen treffen sich alle noch einmal in Königsberg, »in der Gewißheit, dies werde das letzte Mal sein.«

Marion Dönhoff teilt von diesem Abschied kein Wort direkt über sich und ihre Gefühle mit. Aber sie beschreibt die der anderen: »Nie werde ich den Moment vergessen, als wir vor dem Hotel Berliner Hof standen und Heinis jüngerer Bruder sich von meinen Brüdern verabschiedete. Seine letzten Worte waren: ›Auf den Barrikaden sehen wir uns wieder!‹ – und dabei leuchteten seine Augen, wie ich es seit Kindertagen an ihm nicht mehr erlebt hatte.«

Doch die Kindertage sind vorbei, und die Rasselbande von einst ist erwachsen geworden, tragisch erwachsen. Die älteste Schwester Christa ist tot, Yvonne ist verheiratet und Maria in Bethel. Die älteren Brüder sind im Krieg, den der eine nicht überleben wird, und der jüngste Bruder ist weit weg in Afrika. Die Mutter schließlich, die inzwischen manchmal »sogar ein bißchen stolz ist« auf das, was ihre jüngste Tochter geschafft hat, lebt auf dem »Witwensitz«, eine halbe Stunde von Friedrichstein entfernt. Sie wird dort noch vor Kriegsende sterben.

Und Marion? Marion kehrt zurück nach Friedrichstein und übernimmt die ganze Verantwortung. Sie wird die erste und letzte Herrin von Schloß Friedrichstein.

1938 auf Schloß Crottorf. Bruder Heini heiratet Dorothee Gräfin Hatzfeld. Rechts: Marion im Gespräch mit Romano Guardini und Bruder Dieter. Rechts ihre Mutter Ria.

Marion Dönhoff (links) auf Jagd. »Heute würde ich auf kein Tier mehr schießen – aber damals war das selbstverständlich.«

Ein Ritt durch Masuren

Ein Brief von Marion Dönhoff an ihren Bruder Dieter

27. September 1941

Nach wochenlangem Regen der erste wirklich leuchtend klare Herbsttag! Sißi und ich treffen uns am Morgen in Allenstein auf der Verladerampe des Güterbahnhofes. Soldaten, Urlauber, militärische Transporte – ein zeitgemäßes Bild. Wir satteln noch im Waggon, denn beide Pferde sind so unruhig, daß sie – einmal ihrem Gefängnis entronnen – keinen Augenblick stillhalten würden. Die Mäntel werden, sachgemäß zu einem länglichen Wulst zusammengerollt, hinten aufgeschnallt, die Satteltaschen befestigt. Dann kommen die Pferde unter großem Gewieher und Geschnaube aus dem Waggon.

Wir müssen quer durch Allenstein, um in Richtung Lanskerofen den Weg über Jommendorf-Reußen zu erreichen, eine aufregende Angelegenheit, denn bei jedem Lastwagen und jeder Elektrischen sprengt einer von uns quer über die Straße. Endlich der ungewohnten Stadt entronnen, geht es gen Süden, zunächst noch auf einer Teerstraße, eingefaßt von Ebereschen, deren grellrote Beeren selbstbewußt und fröhlich den tiefblauen Himmel anstrahlen. Aber schon vor Reußen verlassen wir diese »Kunststraße« für eine Reihe von Tagen, während deren wir sie nur gelegentlich verächtlich kreuzen.

In Reußen erklimmen wir zwischen alten Holzhäusern einen steilen, sandigen Hang, und dann liegt vor uns, in allen Farben leuchtend, der riesige Komplex der südostpreußischen Forsten, in den wir jetzt eintauchen werden. Links ein blauer See, gesäumt von dunklen Fichten, rechts ein paar Kartoffelfeuer, deren Rauchsäule steil zum Himmel ansteigt, wie ein Gott wohlgefälliges Opfer, und davor eine Birke in der letzten Vollkommenheit ihrer herbstlichen Schönheit.

Solche Bilder: das Fallen der Blätter, die blaue Ferne, der Glanz der herbstlichen Sonne über den abgeernteten Feldern, das ist vielleicht das eigentliche Leben. Solche Bilder schaffen mehr Wirklichkeit als alles Tun und Handeln – nicht das Geschehene, das Geschaute formt und verwandelt uns.

Ich bin voller Erwartung. Was werden wir noch alles schauen in diesen Tagen der reifenden Vollendung. Ich weiß nicht, ob es Dir auch so geht, daß Du manchmal das Gefühl hast, ganz dicht davorzustehen, nur noch durch einen dünnen Schleier davon getrennt zu sein – wovon eigentlich? Von der Erkenntnis? der Wahrheit? dem Leben? Ich weiß es nicht, aber ich ahne es und warte darauf mit jener Gewißheit, mit der man nur das Wunder erwartet.

Es ist unsagbar schön, auf diesem sandigen Boden zu traben, das Laub raschelt unter den Hufen – Buche und Eiche wechseln, dazwischen steht dann und wann eine Linde oder der rote Schaft einer Kiefer. An der Üstritz-Schleuse zwischen Lansker- und Üstritz-See begegnen wir einem Waldarbeiter, der uns den Weg zum Forstamt Lanskerofen zeigt. Das Forstamt liegt an einer unwahrscheinlich schönen, sehr einsamen Stelle des westlichen Lansker Sees. Es ist ganz neu gebaut. Fachwerk: weiß mit schwarzen Balken und einem tief heruntergezogenen Rohrdach. Wohnhaus und Stall gehen ineinander über, das Ganze, in Hufeisenform gebaut, bildet einen nur zum See hin offenen Hof mit einer Pumpe in der Mitte. Es ist sehr geschickt gemacht, ein wenig zu absichtlich bäuerliches Deutschtum.

Wir tränken die Pferde, und der nette Forstmeister, der eben für acht Tage von der Ostfront auf Urlaub gekommen ist, lädt uns zum Mittag ein und gibt uns ein paar landschaftliche Tips für die Weiterreise. Unter seiner Ägide entschließen wir uns denn auch endgültig für die östliche Tour, zumal er uns für die heutige Nacht bei seinem Kollegen in Hartwigswalde angesagt hat.

Dies ist der nördlichste Teil des Neidenburger Kreises – es ist echtes Masuren und wohl der ärmste Teil von Masuren. Hinter Dembenofen nach Ortelsburg zu wird der Boden immer leichter, Heidekraut und Sand, dann und wann eine krüppelige Kiefer und endlose flache Hügel mit grauem Steppengras. Es hat fast etwas Asiatisches, dieses Land – übrigens nennt auch unser Meßtischblatt einen der breiten Wege, auf dem wir ein langes Stück galoppieren, »Tatarenstraße«.

Es ist schwierig, sich in dieser Gegend zurechtzufinden, unzählige planlos angelegte und regellos benutzte Wege laufen durcheinander und sind mit unserer Karte nicht in Übereinstimmung zu bringen. Niemand fährt in der Spur des Vorgängers, jeder legt daneben eine neue Trace an, und weil »daneben« wieder ebensowenig wächst, findet dieses System nirgendwo eine Begrenzung. Schließlich landen wir schon im Dunkeln auf einer festen Straße und finden bald darauf das Forstamt Hartwigswalde, wo wir die Nacht zubringen sollen.

Der Forstmeister und seine Frau sind außerordentlich gastlich. Beide stammen aus dem Westen und sind daher etwas verwundert über die hiesige Bevölkerung, vorwiegend wohl deshalb, weil die Leute so ganz ohne Bedürfnis und ohne Ehrgeiz sind. Es ist offenbar schwierig, sie zur Arbeit zu bringen, weil ihnen der Antrieb des Verdienenwollens fehlt. Sie tun offenbar im allgemeinen nur soviel, wie nötig ist, um gerade eben den Lebensunterhalt zusammenzubringen. Ganz selten kommt es vor, daß eines der Kinder in Stellung geht oder fortzieht, um weiterzukommen und mehr zu verdienen – ein, wie ich finde, höchst sympathischer Zug. Merkwürdig: der, dem es gut geht, möchte es immer noch besser haben – genügsam ist nur der, der weiß, wie schwer es ist, sein Auskommen zu finden. Und hier, wo man 4 bis 6 Zentner Roggen vom Morgen erntet und 40 bis 50 Zentner Kartoffeln vom Morgen, hat der kleine Bauer es nicht leicht, sein Auskommen zu finden.

29. September 1941

Als wir aufbrechen, ist wieder alles weiß bereift, und wieder geht die Sonne am wolkenlosen Himmel strahlend auf. Erst gegen 10 Uhr wird es wärmer. Vor uns liegen die riesigen Forsten von Friedrichsfelde, Puppen und Johannisburg, die wir von West nach Ost durchqueren, bald auf den grünbegrasten Gestellen, bald auf kleinen verschwiegenen Sandwegen reitend. Es sind etwa 40 Kilometer, die wir auf diese Weise bis Rudzanny zurückzulegen haben.

Der weitere Verlauf des Tages stimmt uns etwas bedenklich. Wir haben nämlich beschlossen, den Beldahn-See – da dies der reizvollere Weg zu sein scheint – auf der Ostseite hinaufzureiten, und dies wiederum bedeutet, daß wir am Ende des Sees eine Fähre benutzen müssen, um nach Nikolaiken zu gelangen. Ob dieses Beförderungsmittel unseren recht schwierigen Pferden zusagen wird, ist mehr als zweifelhaft. Der See ist ewa 15 Kilometer lang – gelingt es nicht, die Pferde auf die Fähre zu bekommen, so bedeutet dies einen Umweg von 30 Kilometern, denn unterwegs gibt es keine Bleibe. Aber sei's drum, ein solcher Tag kehrt nie wieder, und der See ist so schön, daß wir uns nicht von ihm trennen mögen.

So wie man manchmal aus dem Zustand träumenden Halbschlafs mit dem Gefühl erwacht, soeben noch gewußt und erfahren zu haben, was der Inhalt des Lebens oder das Wesen der Dinge sei – so schien es mir, daß dieser See das Geheimnis aller Seen offenbaren könne. Wie aus einer fernen Sage leuchtet er aus dem feierlichen Dunkel der ihn begrenzenden Fichten hervor – unendlich erhaben über das Kleinmaß menschlichen Lebens und den Ablauf der Geschichte, erhaben auch über die vergängliche Gestalt der Landschaft, die sich in seinem Antlitz spiegelt. Keiner noch hat ihn zum Untertan machen können, niemandem hat er je Frucht getragen. Er ist sich selbst genug als Zweck und Inhalt und beharrt als letztes, unwandelbares Bild der Urschöpfung in einer Welt, die menschlicher Nützlichkeitssinn immer mehr verunstaltet. Ich verstehe sehr gut, daß es in der chinesischen und auch in der griechischen Philosophie eine Lehre gibt, wonach das Wasser die Ursubstanz aller Stoffe ist. Darum vermochte auch nur der Schöpfer ihm Gestalt zu geben, als er den Wassern befahl, sich zu scheiden. Der Mensch bleibt ihm gegenüber immer nur: Auch-Geschöpf.

Wir reiten langsam im halbverkühlten Sonnenschein des Nachmittags gen Norden, vielfach ohne Weg, entweder unmittelbar am Wasser oder durch den hohen Bestand, der bis an das oft steilabfallende Ufer heranreicht. Die Sonne färbt die Kiefernstämme glühend rot und läßt das Buchenlaub in allen Schattierungen von leuchtendem Gold bis zum tiefen Kupferton erstrahlen. Unten liegt der blaue See, eingefaßt von einem schmalen Saumlicht gelben Schilfes. Herr Gott, wie schön diese Welt ist – sein könnte ...

Schließlich kommen wir an das Ende dieser langen Landzunge und stehen vor der, sogar uns Angst und Schrecken einflößenden

Fähre. Sie ist so klein, daß gerade ein Fuhrwerk darauf paßt, von niedrigen Stangen eingefaßt, gleicht das Ganze einer schwimmenden Kinderboxe. Fürchterlich die Vorstellung, daß, wenn wir erst glücklich auf dem polternden Bretterboden gelandet sein werden, der Motor mit stoßweisem Geknatter angelassen wird. Der Bursche, der dieses Teufelswerk bedient, hat keinerlei Sinn für unsere Sorgen, er grinst nur. Wir beschwören ihn, seinen Motor ja recht leise in Gang zu setzen, er grinst wieder und ist völlig ungerührt. Später stellt sich heraus, daß er kein Deutsch versteht.

Unter großem Geschnaube, Ziehen, Klopfen und Schlagen sind beide Pferde endlich mit einem großen Satz, der sie am anderen Ende beinahe in den See befördert hätte, auf der Fähre gelandet. Vorsichtshalber schnallen wir die Satteltaschen ab, damit wenigstens etwas trockenbleibt. Der junge Mann hat inzwischen den Anker gelichtet und stößt uns mit Hilfe einer langen Stange von dem sicheren, uns so liebgewordenen Ufer ab. Meiner Stute quellen vor Angst fast die Augen aus dem Kopf, und wie gebannt starrt sie auf die sich entfernenden Bäume. Glücklicherweise übersteigt dieser Vorgang ihr Realisierungsvermögen. Der Fuchs springt derweil wie ein Floh bald nach rechts, bald nach links, ohne Sißis beruhigenden Zuspruch zu beherzigen. – Und dann setzt plötzlich mit einer lauten Fehlzündung der Zweitakter ein. Wie eine Höllenmaschine puffend und zischend, versetzt er das ganze Gefährt in eine schaukelnde Bewegung.

All diese Eindrücke auf einmal, das ist zuviel für unsere zartbesaiteten Rösser, sie strecken die Waffen und sind endgültig geschlagen. Zitternd und gottergeben wie die neugeborenen Lämmer stehen sie da mit steifen, vorgeschobenen Vorderbeinen und wagen es nicht mehr, sich zu rühren. Erleichtert erklimmen wir das neugewonnene Ufer, nachdem uns der Jüngling in summa 85 Pfennig für diese Angstpartie abverlangt hat, eine Forderung, die in keinem Verhältnis zu dem seelischen Aufwand steht.

30. September 1941
Überall graben die Leute Kartoffeln, alles, was noch oder schon laufen kann, ist unterwegs: Kinder, Frauen, Greise. Und Gefangene. Beim

Gut Wensen biegen wir nach Norden ab und folgen nun für den Rest des heutigen und einen guten Teil des folgenden Tages den russischen Stellungen der masurischen Winterschlacht vom Februar 1915. Selbst dem Laien fällt auf, daß dies klassisches Kriegsgelände ist: eine 30 bis 40 Kilometer lange, natürliche Seensperre durchzieht das teilweise wieder bewaldete Land, dessen hügelige Struktur vielfache Deckung bietet. Hin und wieder erhebt sich eine beherrschende Höhe.

Beim Dorf Seehöhe, das am Beginn des etwa 15 Kilometer langen, nur wenige 100 Meter breiten Martinshagener Sees liegt, verzeichnet unsere Karte 158 Meter Höhe. Wir erklimmen den höchsten Punkt, und das ist wahrlich eine Feldherrnposition – weit sieht man über das Land, dessen Konturen in der blauen Ferne mit dem Horizont verschwimmen. Links vor uns liegt ein riesiges Moorgebiet und hinter uns am Rande einer bewaldeten Höhe der Heldenfriedhof von Seehöhe, unendlich abseitig und einsam. Merkwürdig zu sehen, wie auf den alten, kaum eben verwachsenen Befestigungen des Weltkrieges sich schon wieder eine neue Verteidigungslinie aufbaut: Wie ein breites graues Band winden sich die Tanksperren durch das Land, an vielen Stellen findet man kreuz und quer Stacheldraht gespannt, und dort, wo der Türkle-See endet, ist ein ganzes Gehöft verbarrikadiert.

Wir haben in einem zauberhaften Birkenwalde Mittagsrast gemacht, mitten im Bestand am Rande einer kleinen Lichtung. Die Pferde sind abgesattelt und jedes an einen Baum gebunden. Sißis unerschöpfliche Vorratstasche hat eine Büchse Ölsardinen hergegeben, und sogar Schokolade hat sich angefunden. Und jetzt liegen wir auf dem Rücken, und die Sonne fällt durch das helle Blätterdach und scheint uns ins Gesicht.

Wenn ich die Augen aufmache, sehe ich den blauen Himmel und davor die weißen Stämme der jungen Birken. Von Zeit zu Zeit löst sich ein Blatt und fällt leise zur Erde. Mir kommen die Hofmannsthalschen Verse in den Sinn: »Wenn in der lauen Sommerabendfeier durch goldne Luft ein Blatt herabgeschwebt, hat dich mein Wehen angeschauert, das traumhaft um die reifen Dinge webt.« Ja, dies ist die Zeit des Reifens und der Vollendung und zugleich die Zeit des Abschiednehmens. Wie oft hat man in diesem Sommer Abschied genommen. Wie jung sie alle waren, Vettern, Brüder, Freunde – so vieles bleibt nun unerfüllt, ungetan. Die Natur ist barmherziger: sie gibt einen langen Sommer zum Reifen und schenkt die Fülle, ehe sie Stück um Stück und Blatt für Blatt wieder zurücknimmt.

Ich muß an die letzte Konfirmation in der kleinen Dorfkirche in Quittainen denken. Da standen acht Mädchen in weißen Kleidern und sechs Jungen im ersten blauen Anzug. Ich sah sie nur durch einen Schleier, denn mir wurde plötzlich ganz klar, daß keiner dieser Jungen – wie doch alle ihre Väter – noch einmal vor diesem Altar stehen würde und daß es das Los der meisten dieser kleinen Mädchen sein werde, allein zu bleiben. Der Pfarrer predigte über das Wort »Jene verlassen sich auf Roß und Wagen, wir aber denken an den Namen des Herrn unseres Gottes«. Und draußen vor der Kirche lagen Soldaten in der Sonne und warteten. Warteten, bis sie schließlich am 21. Juni zum Marsch gegen Rußland antraten. Seither nimmt man eigentlich immerfort Abschied, nicht nur von Menschen – von allem, was man liebt: den Wegen, die wir oft geritten sind, den Bäumen, unter denen wir als Kinder spielten, der Landschaft mit ihren Farben, Gerüchen, Erinnerungen.

1. Oktober 1941

Unsere Reise geht ihrem Ende entgegen – es sind nur noch 15 Kilometer bis Steinort. Noch einmal steigen wir auf eine Erhebung, die zwischen Dargalmen- und Gall-See das Land beherrscht, und nehmen Abschied von der Freiheit dieser Tage. Dann kommt das Dorf Haarschen und die Pflasterstraße, die Du kennst, vorbei an Lorcks Haus, dann die Kirsaiter Fähre und schließlich der lange Weg durch den Steinorter Wald. Und da sind auch schon die alten Eichen, ein langer silberner Faden – Altweibersommer – zieht über die Koppel, und irgendwo auf dem Hof kräht ein Hahn.

Veröffentlicht in »Namen, die keiner mehr nennt«, 1964.

Die leidenschaftlichen Reiterinnen: Sissi (links) und Marion.

»Keiner, der nicht das Leben in einem totalitären Regime erlebt hat, kann sich vorstellen, welcher Nervenanspannung die aktiven Verschwörer ausgesetzt waren. Denn nicht nur die schwer lastende Verantwortung für Gelingen und Mißlingen war eine Belastung; es kam die Sorge hinzu, was den Familien zustoßen werde, wenn das Unternehmen vorzeitig entdeckt würde.« Dies schreibt Marion Dönhoff fast ein halbes Jahrhundert danach, als sie in ihrem 1994 erscheinenden Buch »Um der Ehre willen« zum ersten Mal umfassender über ihre Erfahrungen im Widerstand berichtet. Sie porträtiert die Weggefährten, die verhaftet, gefoltert und fast alle ermordet wurden. Sie selbst ist, wie durch ein Wunder, entkommen.

Als Graf Hardenberg sie 1945 – wie alle »Übriggebliebenen« – bittet, aufzuschreiben, was jeder einzelne beigetragen hat, lehnt sie ab. »Ich begriff nicht, daß es historisch richtig ist, so etwas zu tun. Ich sagte mir: Was habe ich schon gemacht? Doch nur das, was jeder vernünftige Mensch in solchen Situationen tut . . .«

Preußische Disziplin? Adliger Hochmut? Weibliche Selbstverleugnung? Ein zu großer Schmerz, der den Blick zurück noch nicht erträgt? Oder alles zusammen? Wie auch immer, es gilt, diese hochmütige Bescheidenheit zu durchbrechen und Marion Dönhoffs Rolle im Widerstand endlich genau zu schildern – nicht nur, weil diese Zeit so entscheidend ist für sie selbst, sondern auch um der historischen Wahrheit willen.

Es ist die Zeit, »in der man sich immer all diese Hetzreden und Jubelmeldungen von Hitler und Goebbels und all diesen Verbrechern anhören mußte. Diese Mischung von Erfolg und Terror – das war ihr Erfolgsgeheimnis! Da hat sich so ein Zorn aufgespeichert und das Gefühl: Das darf so nicht weitergehen!

Allmählich wurde dann klar: Man muß ihn ausschalten – es geht gar nicht anders.«

Wer ist »man«? Dönhoff: »Das ist schwer zu vermitteln. Das war ja keine Organisation, der man beitrat. Das funktionierte ganz anders. Man kannte Leute, die dieselbe Geisteshaltung hatten wie man selbst. Zum Beispiel diese Männer, deren Porträt ich geschrieben habe.« Das sind unter anderem Axel von dem Bussche (der sich mit einer Bombe am Körper zusammen mit Hitler in die Luft sprengen wollte, was aber mal wieder die »Vorsehung« dem Führer ersparte), Adam von Trott zu Solz, Heini Graf Lehndorff oder Graf von Moltke und Peter Graf Yorck. Die beiden letzteren sind der Kopf der Gruppe, die die Nazis später den »Kreisauer Kreis« nennen werden (nach Moltkes Gut in Schlesien). Dieser Kreis ist der zivile Arm der Hitler-Attentäter vom 20. Juli. Der Kreis um Oberst Graf Stauffenberg ist der militärische Arm, der mit der Planung des eigentlichen Attentats befaßt ist.

Dönhoff: »Es war alles sehr geheim, das war das Schwierige. Wir konnten noch nicht einmal untereinander telefonieren, geschweige denn schreiben. Wenn ich zum Beispiel nach Berlin kam, durfte ich niemanden anrufen, weil man mit Recht annahm, daß alle überwacht werden, eben alle, die nicht von morgens bis abends ›Heil Hitler‹ schrien.«

So ist Marion Dönhoff zum Beispiel eng mit dem Botschafter Ulrich von Hassell befreundet, diskutiert und korrespondiert mit ihm – ohne zu ahnen, daß auch er in ihrem Widerstandskreis aktiv ist. Und auch mit Freundin Sissi Lehndorff, die inzwischen als Frau von Bruder Dieter auch ihre Schwägerin ist, spricht die Widerständlerin nicht. Selbst während ihres Fünf-Tage-Rittes im Spätsommer 1941 durch Masuren – mit dem sie in Wahrheit Abschied von der geliebten masurischen Landschaft nehmen – verlieren die beiden Frauen nicht ein einziges Wort über die Sache. Sissi, deren Bruder Heini nach dem 20. Juli erhängt wurde und die selbst

verhaftet wird, heute: »Ich war orientiert, ohne dazuzugehö-
ren.« Ob Marion bei dem Ritt 1941 etwas anzumerken war?
»Nein, nichts. Marion wirkte unverändert.«

»Wir mußten ein Doppelleben führen, von Anfang an«,
erzählt Marion Dönhoff. »Das mußten schon die Kinder. Im
Schulaufsatz wurde Hitler gepriesen, und zu Hause hörten sie
die Eltern schimpfen. Man mußte diese zwei Leben, die gar
nicht ineinanderpaßten, säuberlich trennen. Auch meinen
Leuten konnte ich nicht sagen, was ich wirklich dachte. Das
hätte die furchtbar verletzt, sie hielten Hitler ja für die Rettung . . .«

Marion Dönhoff wird das nie mehr verlieren: diese damals
so überlebensnotwendige Verschlossenheit, die ihr ja schon
in ihrer Kindheit eigen war, sowie ihre Fähigkeit, Situationen
und Menschen sehr rasch instinktiv zu erfassen: »Ich konnte
in einem Raum voller Menschen sofort sehen, wer ein Nazi
war und wer nicht.«

Während sie in Friedrichstein als die zwar nicht ergebene,
aber doch regimetreue Gutsherrin auftritt, reist sie gleichzeitig durch Ostpreußen, um die Fäden des Widerstandes zu
knüpfen. Marion Dönhoff ist auch eine der wenigen, die,
dank ihrer früheren Studien, noch in die Schweiz fahren darf,
wo sie via Burckhardt Informationen an ausländische Diplomaten weitergibt.

Die Hauptaufgabe der Gräfin aber ist die Verbindung zwischen Ostpreußen und Berlin, wo sie alle sechs Wochen bei
Peter Yorck ist. Sie knüpft Kontakte, übermittelt Informationen. »Ich mußte zum Beispiel ergründen, wer in der Provinz – man sprach ja von Ostpreußen immer als ›Provinz‹ im
Gegensatz zum ›Reich‹ – sofort nach dem Coup eliminiert
werden müßte, weil er gefährlich ist; denn jeder Gauleiter
hätte in dem Chaos nach Hitlers Tod ja den Bürgerkrieg aus-
rufen können, der Coup mußte also schlagkräftig und flä-
chendeckend sein. Gleichzeitig mußte ich rausfinden, wer

danach für den Aufbau eines freien Deutschlands brauchbar wäre. Das war ein verhältnismäßig gefährliches Geschäft, weil jeder, den man ansprach, einen auch hätte denunzieren können . . .«

Zweimal holt sie sich eine Absage. Doch sie ist es auch, die Graf Heinrich Dohna als potentiellen Chef der ostpreußischen Verwaltung nach dem geglückten Attentat vorschlägt. Stauffenberg und Moltke bitten sie, Dohna zu fragen. »Er war fabelhaft und sagte sofort: Jawohl, das mache ich.« Auch Dohna wird nach dem 20. Juli hingerichtet. Gibt Marion Dönhoff sich eine Mitschuld an seinem Tod?

Die meisten Kreisauer sind jung und adelig, so wie Marion, aber sie sind männlich. Sie ist in dieser Gruppe die einzige Frau, die Verantwortung nicht nur indirekt mitträgt, sondern selbst aktiv übernimmt. Die meisten Kreisauer kommen aus dem gleichen Stall, dem der einst führenden deutschen Elite, und gehen nicht zuletzt darum so selbstverständlich davon aus, daß sie auch wieder Verantwortung tragen werden. Doch die einzelnen, unter denen auch Gewerkschaftler waren, stellen sich dieses neue Deutschland sehr unterschiedlich vor. Einige unter ihnen glauben an Gott, andere an die Nation oder an den Sozialismus. Nur in einem sind sie sich einig: in ihrem Abscheu gegen Hitlers totalitären Staat.

Auf Friedrichstein und in Quittainen geht gleichzeitig der Alltag weiter. Die Gutsherrin ist meist schon vor sechs Uhr früh auf den Beinen und kehrt erst abends von den Werkstätten, Feldern oder Wäldern zurück. Wenn Hartmut von Hentig, der in diesen Jahren seine »Erntehilfe« (die in den Ferien für alle Schüler Pflicht ist) in Quittainen macht, morgens gegen halb sieben zum Frühstück erscheint, ist Marion schon über alle Berge. Was ihm nur recht ist, denn dann kann er um so ungestörter Essen für die französischen Gefangenen in der Gärtnerei organisieren, die in ihrem Lager nur Einheitsfraß kriegen.

Nachrichten der Brüder und Neffen von der Front sind rar, die alltäglichen Toten »auf dem Felde der Ehre« der Tageszeitung zu entnehmen. Die Stimmung wird von Tag zu Tag drückender. »Aber man redete nicht«, erinnert Hentig sich. »Stumme Wut. Ohnmachtsgefühl. Eine lähmende Trauer. Und Trauer kann so schwächend sein . . .«

Doch selbst in den traurigsten Zeiten gibt es Momente des Übermutes. So, als Marion und Hartmut im Sommer 1943 beim Abendessen sitzen und es, in den Zeiten!, Wild mit Sahnesoße und zum Nachtisch Zitronencreme gibt, daran erinnert sich der Gast noch ganz genau. Und als der Diener kurz draußen ist, sagt Marion unversehens: ›Hartmut: Bei drei! Eins . . . zwei . . . drei!‹ – und schon haben beide den Teller vorm Gesicht und ihn blitzblank geleckt.

»Es waren immer junge Menschen zu Gast«, erinnert sich Hentig, »die von Marion ungemein gefördert wurden.«

Heini Lehndorff, der Gefährte aus den Kindertagen, ist an der Front. Für ihn, der laut Marion »eigentlich ein unpolitischer Mensch war«, sind die Massaker an russischen Juden vor seinen Augen »der letzte Anstoß, sich ganz in den Dienst der Widerstandsbewegung zu stellen«. Dönhoff: »Das war für uns alle ausschlaggebend!« Dennoch hat selbst sie den Namen Auschwitz erst nach dem Krieg zum erstenmal gehört. »Man wußte, die Leute werden weggeschafft in den Osten. Aber daß es keine Arbeitslager, sondern Vernichtungslager waren, das habe ich erst nach dem Krieg erfahren. Auf die Idee, daß alle umgebracht werden, konnte kein Mensch kommen . . .«

Doch »daß ganze Dörfer aus Rache massakriert wurden, von diesen Greueltaten wußte man«. Nicht zuletzt erfährt Marion Dönhoff durch den Kreisauer Kreis davon. So schreibt Moltke, der Kopf der »Kreisauer«, im Oktober 1941 an seine Frau: »Der Tag ist so voller grauenhafter Nachrichten, daß ich nicht in Ruhe schreiben kann . . . In Serbien sind an einem Ort zwei Dörfer eingeäschert worden, 1.700 Männer und 240 Frauen sind hingerichtet – das ist die ›Strafe‹ für den Überfall auf die deutschen Soldaten. In Griechenland sind 240 Männer eines Dorfes erschossen worden, das Dorf wurde niedergebrannt. In Frankreich finden umfangreiche Erschießungen statt. So werden sicher mehr als tausend Menschen täglich ermordet – und wieder tausend deutsche Männer werden an den Mord gewöhnt. Und das alles ist noch ein Kinderspiel gegen das, was in Polen und Rußland geschieht . . .«

Seit 1938 versuchen die Leute vom 20. Juli, die mehrere gescheiterte Attentate auf Hitler unternehmen, die Engländer und Amerikaner über die Existenz des deutschen Widerstandes und dessen Bereitschaft zur Zusammenarbeit zu informieren. Sie tun dies unter Lebensgefahr. Doch die Amerikaner und Engländer lassen die Deutschen abblitzen, in London werden sie nach dem mißglückten Attentat sogar als »Vaterlandsverräter« verhöhnt.

Warum? Marion Dönhoff noch Jahrzehnte danach zornig: »Weil es den Alliierten nicht um Recht und Unrecht ging, sondern um Macht! Sie wollten die totale Erniedrigung und Unterwerfung Deutschlands, darum durfte es keinen deutschen Widerstand geben.«

50 Jahre nach Kriegsende wird Dönhoff in der ZEIT über neu aufgetauchte Dokumente im Londoner Foreign Office berichten, die beweisen, daß England seit 1938 jeden bevorstehenden Schritt Hitlers kannte, aber dennoch nicht handelte, nicht versuchte, das Schlimmste zu verhindern, mehr noch: daß sich die Engländer wissend weigerten, mit dem deutschen Widerstand zusammenzuarbeiten. Ihr Ziel: die »bedingungslose Kapitulation«.

Darüber sollte heute »England wenigstens sein Bedauern ausdrücken«, fordert Dönhoff 1995 in der ZEIT: »Bedauern wegen Verunglimpfung des deutschen Widerstandes und unterlassener Hilfeleistung. Und dann auch gleich wegen der Zerstörung der beiden schönsten und traditionsreichsten Städte wenige Wochen vor Kriegsende: Dresden, wo 40.000 Menschen in einem Flammenmeer umkamen, und Potsdam, wo ebenfalls Tausende von Zivilisten getötet wurden.«

Als im Januar 1943 die Alliierten ihre Kapitulationsbedingungen an Deutschland verkünden – unconditional surrender, die bedingungslose Kapitulation –, da ist Marion Dönhoff gerade wieder bei Peter Yorck in Berlin. »Als wir diese Nachricht im Radio hören, sagen wir wie aus einem Munde: Jetzt ist für uns alles verloren! Denn die bedingungslose Kapitulation, das war klar, würde Nazis und Anti-Nazis zusammenschweißen. Um eben dies zu verhindern, wäre es so wichtig gewesen, daß die Alliierten eine Unterscheidung zwischen Nazis und Deutschen treffen. Doch wider besseres Wissen wurde auch von den Amerikanern die Lüge aufrechterhalten, es gäbe keinen deutschen Widerstand und kein anderes Deutschland als das des Dritten Reiches.«

Die von Hitler-Deutschland verschuldeten Toten übersteigen längst eine zweifache Millionenzahl. Die Nervosität in den Widerstandskreisen steigt. Rund ein Dutzend Attentatsanschläge auf den »Führer« scheitern, manchmal aus absurden Gründen (weil eine Zündung nicht funktioniert etc.), meist jedoch an der List und Systematik, mit der »der Führer« später kommt oder früher geht oder gar nicht erst zur verabredeten Zeit auftaucht.

Als am 20. Juli 1944 die Nachricht von dem gescheiterten Attentat über den Äther geht, ist Marion Dönhoff gerade auf Gut Quittainen. Es sind die Fünf-Uhr-Nachrichten. »Der Ansager sagte nur, es habe ein Attentat auf den Führer gegeben, aber Gott sei Dank sei er verschont geblieben.« Und dann? »Dann bin ich natürlich noch vorsichtiger geworden . . .«

Zunächst führt keine direkte Spur zu ihr. Marion Dönhoff, die davon ausging, daß sie auch im Deutschland danach für

Friedrichstein verantwortlich sein würde, hatte sich nicht auf die Liste der später zu übernehmenden Posten setzen lassen. Und vielleicht hat ja auch ihr Frausein noch das seine dazugetan, daß sie beim Posten-Verteilen leer ausging . . .

Doch da ist in Quittainen ein Onkel, ein in der Wolle gewaschener Nazi und Duzfreund des berüchtigten und mächtigen Gauleiters Koch. Der läßt schon seit 1943 die Post seiner Nichte Marion bespitzeln und hat das Postamt angewiesen, alle Adressaten, an die sie schreibt, zu notieren.

Inhaltlich waren diese Briefe harmlos – sie kündigten die Ankunft in Berlin an oder gratulierten zu einem Geburtstag –, aber die Namen der Adressaten, die nach dem 20. Juli öffentlich zu Verrätern erklärt wurden, die waren ein gefundenes Fressen für den Onkel. Er nahm die Liste und reiste damit zur Gauleitung nach Königsberg. Marion berichtet: »Am nächsten Tag hatte ich bei mir abends eine Besprechung mit dem Forstmeister angesetzt, der gleichzeitig Ortsgruppenleiter war. Um acht Uhr abends läßt der Forstmeister sagen, er könne nicht kommen, die Gestapo habe eben bei ihm angerufen und um Abholung gebeten, weil sie auf dem Weg von Königsberg nach Quittainen (120 km) mit dem Auto zusammengebrochen seien und seit Stunden vergeblich versuchten, es wieder in Gang zu setzen.«

Dies ist der erste einer Kette von Zufällen, die »mein Leben gerettet haben: Als die Gestapo beim Ortsgruppenleiter angelangt war, wurde erst einmal getafelt und getrunken. Die Gespräche entwarfen offenbar ein eher ungünstiges Bild vom Onkel und ein verhältnismäßig günstiges von mir. Die Gestapisten beschlossen, am nächsten Morgen erst einmal die Leute auf dem Gutshof zu vernehmen. Vollends verwirrt waren sie, als der alte Kutscher erklärte: ›Der Graf hat zwar gesagt, wenn sie mir fragen, wen ich denn immer vom Bahnhof abhole und zur Komteß fahre, soll ich die Namen der Verräter nennen, aber das kann ich doch gar nicht – die Herres stellen sich mir ja nicht vor.‹«

Das irritiert sogar die Gestapo. Marion Dönhoff erzählt: »Sie kamen nun zu mir, wurden dabei aber auch nicht viel klüger. Schließlich nahmen sie mich mit zur Zentrale nach Königsberg. Dort wurde ich dem Chef vorgeführt, der nicht unsympathisch war. Nach etwa zwei Stunden Verhör fragte er mich: ›Wann haben Sie Schulenburg zuletzt gesehen?‹ Er war eine Woche zuvor bei mir in Quittainen gewesen, darum sagte ich nun mit besonderer Betonung auf Berlin: ›In Berlin habe ich ihn im vorigen Jahr zuletzt gesehen.‹ Im selben Moment sah ich an seinen Augen, daß ich das nicht überzeugend genug herausgebracht hatte. Rasch entschloß ich mich zur Korrektur: ›Ich habe eben nicht die Wahrheit gesagt, weil ich fürchtete, das würde Ihren Verdacht bestätigen . . .‹ Offenbar gefiel ihm das, denn nach weiteren zwei Stunden fragte er: ›Wollen Sie noch etwas hinzusetzen?‹ ›Was zum Beispiel?‹ fragte ich naiv. ›Zum Beispiel etwas über Ihren Onkel.‹ Da ging mir ein rettendes Licht auf, und ich sagte: ›Ich halte das Ganze für einen Akt persönlicher Rache – meine Familie hat mit ihm durch drei Instanzen bis zum Reichsgericht prozessiert, und er hat jedesmal verloren.‹ Daraufhin wurde ich nach Hause entlassen.«

Marion Dönhoff ist entkommen. Vielleicht auch, weil ihr als Frau das Pathos des männlichen Helden- und Bekennertums fremd ist, und sie entschlossen um ihr Leben lügt. Aber froh kann sie über ihr Entkommen nicht so recht sein, schon gar nicht »nachdem ich hörte, daß Heinrich Dohna, den ich zur Mitwirkung geworben hatte, hingerichtet worden war, obgleich er doch viel weniger beteiligt war als ich und auch weniger wußte«.

In den Wochen nach dem Attentat werden 200 Menschen hingerichtet. Ihre Familien, Hunderte von Frauen und Kindern werden verhaftet, malträtiert und zum Teil in KZs verschleppt. Unter denjenigen, die am 4. September im Berliner Gefängnis Plötzensee an einem Fleischerhaken erhängt werden, ist auch der geliebte Gefährte Heini Lehndorff. Für sein Engagement im Widerstand war Freundin Marion der erste konkrete Kontakt zu den »Kreisauern«.

Lehndorff hatte am 19. Juli 1944 erfahren, daß das Attentat am nächsten Tag passieren sollte. »Endlich!« war sein Kommentar. Gleich am Morgen begibt er sich nach Königsberg, wo er nach gelungenem Attentat zunächst einmal die Leitung des Wehrbezirkskommandos übernehmen soll. Er wartet . . . und erfährt nachmittags von dem Fehlschlag. Verzweifelt kehrt er auf Schleichwegen nach Steinort zurück. Was tun? Bleiben? Fliehen? Selbstmord machen?

Am Tag darauf fährt die Gestapo vor. Heini Lehndorff steht zufällig am Fenster. Marion Dönhoff erzählt: »Ich wußte: von denen da würde er sich nicht fangen lassen! Im Bruchteil einer Sekunde war er verschwunden. Niemand hatte gesehen, auf welche Weise, seine Frau nicht und auch die Leute nicht. Offenbar war er aus dem ersten Stock in den Park gesprungen und rannte nun dem See und dem schützenden Wald zu. Er rannte um sein Leben, denn wenige Minuten später hatten die Verfolger mehrere Wolfshunde losgelassen, die sofort die Spur aufnahmen und mit riesigen Sprüngen hinter ihm herhetzten. Bald aber hatten sie die Spur verloren, denn der Flüchtende – gleichermaßen vertraut mit Jagd und Natur – war weite Strecken am Ufer des Sees im Wasser gelaufen. – Zu Hause warteten sie klopfenden Herzens. Würde er es schaffen . . .?«

Er schafft es, meldet sich einige Stunden später jedoch freiwillig bei der Gestapo, aus Sorge um seine Familie. Zwei Wochen später flieht Lehndorff zum zweiten Mal: Er springt in Berlin aus einem Polizeiwagen. Vier Tage später muß der völlig Erschöpfte, dessen Füße wund gelaufen sind, aufgeben. Ein Förster, bei dem er anklopft, übergibt ihn der Polizei.

Heini Lehndorff wird, wie alle, schwer gefoltert und vom Volksgerichtshof zum Tode verurteilt. Seine hochschwangere Frau und seine Schwester Sissi werden verhaftet, seine drei kleinen Töchter werden ihrer Identität beraubt und namenlos verschleppt (und nur durch einen glücklichen Zufall später wiedergefunden).

Die Verzweiflung von Marion Dönhoff, die währenddessen handlungsunfähig in Quittainen sitzt, muß unendlich sein . . . Anfang September hält es sie nicht länger. Sie wagt den Gang in die Höhle des Löwen – sie will Heini noch einmal sehen.

Dazu geht die bereits Verdächtige geradewegs in den berüchtigten Volksgerichtshof in Berlin, dessen Präsident Freisler die Angeklagten niederzuschreien pflegt. »Ich dachte«, erzählt sie, »wenn ich dem Freisler erkläre, daß ich auch den Lehndorff-Sitz Steinort verwalte, dann könnte ich Heini sprechen.«

Es ist, gesteht Marion Dönhoff, das erste und letzte Mal in ihrem Leben, daß sie Angst hat, nackte Angst. »Die Gestapo war ja schon bei mir gesessen, und ich dachte, die sagen jetzt vielleicht: ›Laß die doch erst mal hierbleiben. Mal sehen, was wir aus der noch rausholen.‹« Aber sie geht trotzdem.

Es gelingt Gräfin Dönhoff tatsächlich, zu dem leitenden Staatsanwalt Schulze vorzudringen. »Er saß an seinem Schreibtisch, vor sich einen großen Stoß Akten. Als ich nach Lehndorff fragte, begann er in dem Stoß zu suchen. Während er blätterte, murmelte er: ›Dieser Stauffenberg, was für ein Dämon – jeder hat sich auf ihn bezogen.‹ Und dann: ›Ah, hier ist Lehndorff . . . Ja, den können Sie nicht mehr sehen. Der ist vor zwei Tagen hingerichtet worden.‹«

Schmerz? »Über Schmerz kann man nicht reden . . .«, sagt Marion Dönhoff. 50 Jahre danach.

»Ich will, daß sie erhängt werden, aufgehängt wie Schlachtvieh«, lautet der Befehl des »Führers«. Noch am Abend der

Hinrichtung sieht er sich den Film, der auf seine Anordnung darüber gedreht wird, an. In den Tagen darauf erhalten die Witwen eine Rechnung über die »Gebühren«: »Gebühr für Todesstrafe 300,– RM, Kosten der Vollstreckung 158,18 RM . . .«

Soweit die physische Vernichtung. Doch auch die psychologische Vernichtung wird mit Macht betrieben. Noch am Tag des Attentats erklärt Adolf Hitler, »eine kleine Clique ehrgeiziger Offiziere« habe ihm nach dem Leben getrachtet. Die Alliierten übernehmen Hitlers Version ungebrochen. Churchill geht noch weiter und erklärt am 2. August im Unterhaus, es handele sich hier lediglich »um Ausrottungskämpfe unter den Würdenträgern des Dritten Reichs«. Und am 9. August schreibt die »New York Times«, das Attentat erinnere eher an »die Atmosphäre einer finsteren Verbrecherwelt« als an »das Offizierskorps eines Kulturstaates«.

50 Jahre später wird Marion Dönhoff schreiben: »Für viele von uns Heutigen ist es unverständlich, daß der 20. Juli 1944, der als moralisch-politische Tat weit herausragt aus der deutschen Geschichte, nie wirklich in das Bewußtsein der Deutschen eingegangen ist. Beim Nachdenken über dieses Phänomen ist mir klargeworden, daß in der Politik, wie auch in der Geschichte, nicht die Fakten das Entscheidende sind, sondern die Vorstellungen, die sich die Menschen von den Fakten machen.«

Wenige Wochen nach dem gescheiterten Attentat des 20. Juli 1944 bereitet Marion Dönhoff ihre Flucht vor. Sie bittet den Freund Hartmut von Hentig, ihr Reitpferd Alarich von Schloß Friedrichstein nach Quittainen zu bringen, wo sie sich in den letzten Kriegsmonaten aufhält. Der macht sich auf den Weg und schildert ihr seinen langen Ritt in einem Brief, in dem er auch eine aufschlußreiche Bemerkung über die damalige Verfassung der Adressatin macht:

»Immer wieder muß ich an Dich denken, Marion«, heißt es da. »Die Verluste, die Enttäuschungen, die Niederlagen machen Dich hart. Du verschließt Dich. Von den Freunden erwartest Du Dir vor allem eines: Disziplin. Wer die Dinge nicht sieht, wie sie sind, hat nicht mitzureden, soll lieber schweigen. Wo andere von ›Deutschlands Tragik‹ reden, siehst Du verdiente Strafe. Du trägst schwer an allem. Vor Dir schäme ich mich meiner Lebensfreude . . .«

Das Leben hat die lebenslustige Marion Dönhoff hart gemacht. Seit Jahren ist ihr klar, daß sie die Heimat verlieren wird. Und täglich verliert sie Menschen: an der Front den Bruder Heini und die 18- und 19jährigen Neffen, für die sie an Eltern Statt getreten war; im Exil oder in Lagern jüdische Freunde; am Galgen die Gefährten des Widerstands. Am Ende ihres späten Blicks zurück schreibt sie 1994 den furchtbar lakonischen Satz: »Nichts konnte schlimmer sein, als alle Freunde zu verlieren und allein übrigzubleiben.«

Sommer 1944. Der Wahn geht dem Ende zu, das ist jedem Unverblendeten klar. Schloß Friedrichstein, das 120 Kilometer östlicher liegt als Quittainen, ist schon halb verlassen. Der älteste Bruder Heini ist tot, seine Frau, die geborene Gräfin Hatzfeldt, mit den drei Kindern in ihre rheinische Heimat zurückgegangen. Nur Bruder Dieter hält noch die Stellung.

Als Hartmut von Hentig im August Marions Alarich holt, verbringt er eine letzte Nacht in diesem »schönsten Schloß Ostpreußens«, in dem die Dönhoffs drei Jahrhunderte lang gelebt haben. Seinen Abschied von Friedrichstein schreibt er auf für Marion:

»Das Schloß hat keine Seele mehr. Von den Wänden lächelt – ein wenig verlegen – die alte Pracht auf die schweigenden Möbel herab. Die schmalen goldenen Streifen auf den Türrahmen halten die Reglosigkeit fest. Die Menschen sind ohne Mitteilung, jeder in sich verschlossen, eingefroren. Man setzt sich zu Tisch, telefoniert, legt sich schlafen. Früh geht ein Mädchen durch die Räume, öffnet die Läden und zieht die weißen Gardinen zu. Abends wird wieder verdunkelt. Mehr geschieht nicht. Und ich verstehe, was Rilke meint, wenn er von einem Haus sagt, es sehe beleidigt aus, wenn jemand in ihm gestorben ist. – Nein, das Schloß hat keine Seele mehr.«

In der kleinen Kirche von Quittainen erlebt Marion Dönhoff den letzten Totensonntag zu Hause. »Ich erinnere mich noch gut, es waren 15 Namen, die der Pfarrer verlas, als der Gottesdienst für die Gefallenen gehalten wurde. Ihre Träger waren alle in der gleichen Kirche getauft und eingesegnet worden. Er hatte damals davon gesprochen, daß das große Sterben nun bald ein Ende haben würde, aber er hatte nur insofern recht behalten, als der Krieg nun bald ein Ende haben würde, aber nicht das Sterben. Die kleinen Mädchen, die damals in ihren Konfirmationskleidern, die schwarz gefärbt worden waren (weiße brauchen sie nun doch nicht mehr, hatten die Mütter gesagt), an einem Tag im November 1944 in der alten Dorfkirche um ihre Brüder und Verlobten trauerten – sie haben selber einen zehnfach schlimmeren Tod gefunden.«

In »Namen, die keiner mehr nennt« sagt sie, was für einen Tod die Frauen starben: »Man war in jenen Jahren so daran gewöhnt, daß alles, was durch offizielle Stellen veröffentlicht oder mitgeteilt wurde, gelogen war, so daß ich zunächst auch die Bilder von Nemmersdorf für gefälscht hielt. Später stellte sich aber heraus, daß dies nicht der Fall war. Tatsächlich waren nackte Frauen in gekreuzigter Stellung ans Scheunentor genagelt, waren 12jährige Mädchen vergewaltigt worden. In Nemmersdorf fand man später 62 Frauen und Kinder erschlagen in ihren Wohnungen. Auch an den Bildern, auf denen man tote Frauen mit runtergerissenen Kleidern in den Straßen und auf Dunghaufen liegen sah, war nichts gestellt.«

Was ist bei diesen Bildern in Gräfin Dönhoff vorgegangen? Hat sie es für denkbar gehalten, auch selbst Opfer der näher rückenden russischen Soldateska zu werden? Dieser Soldaten, die – wie später bekannt wurde – nicht nur aus persönlicher Rache und Lust die Mädchen und Frauen der Besiegten vergewaltigten, sondern die von den Verantwortlichen der »Roten Armee« auch regelrecht dazu aufgefordert worden waren, die deutschen Frauen massenhaft zu »entehren« . . . Es ist wohl kein Zufall, daß Marion Dönhoff sich Jahrzehnte später mit Lew Kopelew befreunden wird – ausgerechnet mit Kopelew, der als russischer Offizier gegen die Vergewaltigung deutscher Frauen protestierte und dafür wegen »Verbrüderung mit dem Feind« ins Gefängnis kam.

In diesen letzten Monaten ist Quittainen vollgestopft mit Flüchtlingen, seit dem Frühjahr reißt der Flüchtlingsstrom aus dem Osten, auf der Flucht vor der näher rückenden Sowjet-Armee, nicht mehr ab. Die ersten sind die weißrussischen Bauern mit ihren kleinen Pferden und leichten Wagen, die Familie läuft nebenher, vorweg der Bauer mit hoher Pelzmütze. Es folgen die Litauer, dann die Memelländer und schließlich die ersten Ostpreußen aus den östlichsten Gebieten. Auch Gräfin Dönhoff bereitet die Flucht vor, heimlich, denn offiziell müssen noch immer alle an den »Endsieg« glauben. Wenn man das nicht tut, ist das »Defätismus«, und darauf steht Todesstrafe. In den letzten Wochen und Monaten war jeder Versuch, die drohende Flucht vorzubereiten, hart geahndet worden. Marion, die – nach dem warnenden Beispiel der viel zu schwer bepackten Wagen der durchziehenden Trecks – vorsorglich leichte Lattengestelle hatte bauen und Strohmatten flechten lassen, war von einem Parteifunktionär, der dies entdeckt hatte, schwer verwarnt worden. Nun plötzlich heißt es flüchten, innerhalb weniger Stunden.

24. Januar 1945. Marion Dönhoff ruft die Kreisleitung an, weil sie am nächsten Tag von Quittainen nach Friedrichstein fahren will, um dort »nach dem rechten zu sehen«. Am anderen Ende der Leitung herrscht sekundenlanges Schweigen. Dann sagt die Stimme: »Ja, wissen Sie denn gar nicht, daß der Kreis bis Mitternacht geräumt sein muß?«

»Ich ließ die Leute im Inspektorhaus zusammenrufen und erklärte ihnen, was uns allen bevorstand. Sie waren vollständig konsterniert. Man hatte ihnen so viel vom Endsieg erzählt und davon, daß ›der Führer‹ es nie zulassen werde, daß auch nur ein Fußbreit ostpreußischen Bodens verlorenginge, daß sie diese Nachricht einfach nicht fassen konnten. Alle weinten, und als mein Blick auf Frau Durittke fiel, kamen auch mir die Tränen. Frau Durittke war die Frau des Treckerführers, eine selbstbewußte und zugleich bescheidene, großartige Frau. Sie besorgte die Schweine und war stolz darauf, daß sie nie einen Arbeitstag gefehlt hatte, seit vielen Jahren. Sie und ihr Mann hatten ihr ganzes Leben lang immer nur gearbeitet, damit die Kinder es einmal besser haben sollten. Der jüngere Sohn war in Frankreich gefallen, der ältere war Unteroffizier – ein prächtiger, gerader, zuverlässiger Bursche, auf den jede Armee der Welt hätte stolz sein können. Eines Tages würde er mit Sicherheit Offizier werden, und dann hätte sich alle Plakkerei gelohnt . . . Aber nicht dieser Tag kam, sondern ein Tag im Herbst 1944. Ich sah Frau Durittke über den Hof gehen, in jeder Hand einen Eimer. Die fast schöne Frau sah alt aus, geistesabwesend, ein Gespenst ihrer Selbst. ›Um Gottes willen, Frau Durittke, was ist passiert?‹ Sie sah mich mit starren, toten Augen an, stellte die Eimer hin – und plötzlich hing sie an meinem Hals und schluchzte und schluchzte: ›Der Karl ist gefallen, heute kam die Nachricht. Nun ist alles zu Ende. Nun war alles umsonst. Das ganze Leben.‹«

Seit Monaten weiß Marion Dönhoff, daß die Flucht kurz bevorsteht. Schon lange liegt alles bereit: die Satteltasche »mit Waschsachen, Verbandzeug und meinem alten spanischen Kruzifix« sowie ein Rucksack mit Kleidung, Papieren, Fotografien, den sie später auf der Flucht zurücklassen muß. An diesem Abend nun setzt Marion sich noch einmal mit Trudchen, der Köchin, und den beiden Sekretärinnen an den Küchentisch von Quittainen. Die vier Frauen essen zusammen, ein letztes Mal. Dann stehen sie auf, lassen Teller, Bestecke und Speisen auf dem Tisch zurück und verlassen das Haus. Die Haustüre bleibt unverschlossen. Es ist Mitternacht.

Draußen hat sich inzwischen der Treck formiert. Marion sattelt ihren Alarich und reitet los. Es sind 20 Grad minus, die Schneewehen sind meterhoch, die Straße ist spiegelglatt. Für den Weg bis zum nächsten, elf Kilometer entfernten Ort, Preußisch Holland, braucht der Quittainer Treck sechs Stunden. Die Gutsherrin läßt ihr Pferd am Ortsrand bei ihren Leuten und geht gradewegs zur Kreisverwaltung. Vor dem Gebäude wirbeln ihr verkohlte, frisch verbrannte Papiere aus der Kreisleitung entgegen. Die Büros sind verlassen.

Die Quittainer sind verzweifelt. Sie wollen zurück. »Aber Sie müssen unbedingt weg! Sie sind die erste, die aufgehängt oder erschossen wird«, sagen sie besorgt zur Gräfin. »Und ihr?« fragt sie. »Wir arbeiten dann eben für die Russen und bestellen die Felder und melken die Kühe für die.« Daß es anders kommen würde, daß viele von ihnen mißhandelt, getötet oder nach Sibirien verschleppt würden, kann in dem Moment keiner ahnen. Marion Dönhoff rückblickend: »Das war ja auch absurd. Im Krieg ist alles absurd. Wenn so eine Kriegsfurie erst mal losgeht, dann ist das alles nur noch absurd und irrational.«

»Kein großer Abschied«, kommentiert Dönhoff in ihren Erinnerungen knapp. Sie besteigt Alarich und reitet los – zunächst noch in zufälliger Begleitung eines Soldaten, der wenig später von einem Offizier zurück an die Front gejagt wird; sodann in ebenso zufälliger Begleitung des Sohnes des Forstmeisters von Gut Quittainen, der im Treck der Flüchtenden auftauchte. Kurz vor Elbing wollen die zwei Rast machen, es ist zwei Uhr nachts, doch sie werden gewarnt: »Sie müssen sofort weg! Wir haben eben Befehl bekommen, die Brücke zu sprengen. Machen Sie rasch, daß Sie noch rüberkommen.« – Marion Dönhoff beginnt in »Namen, die keiner mehr nennt« ihren Bericht über ihre Flucht von Ost nach West mit diesem letzten Ritt über die Nogat:

»Es war 3 Uhr morgens. Den genauen Tag weiß ich nicht mehr, denn jene Tage waren ein einziges großes Chaos, das sich der kalendarischen Ordnung entzog. Aber daß es 3 Uhr morgens war, weiß ich, weil ich aus irgendeinem, vielleicht einem dokumentarischen Bedürfnis oder auch nur aus Ratlosigkeit nach der Uhr sah.

Seit Tagen war ich in der großen Kolonne der Flüchtlinge, die sich von Ost nach West wälzte, mitgeritten. Hier in der Stadt Marienburg nun war der Strom offenbar umgeleitet worden, jedenfalls befand ich mich plötzlich vollkommen allein vor der großen Brücke. War dieser gigantische Auszug von Schlitten, Pferdewagen, Treckern, Fußgängern und Menschen mit Handwagen, der die ganze Breite der endlosen Chausseen Ostpreußens einnahm und der langsam, aber unaufhaltsam dahinquoll wie Lava ins Tal, schon gespenstisch genug, so war die plötzliche Verlassenheit fast noch erschreckender.

Vor mir lag die lange Eisenbahnbrücke über die Nogat. Altmodische hohe Eisenverstrebungen, von einer einzigen im Winde schwankenden Hängelampe schwach erleuchtet und zu grotesken Schatten verzerrt. Einen Moment parierte ich mein Pferd, und ehe dessen Schritt auf dem klappernden Bretterbelag alle anderen Geräusche übertönte, hörte ich ein merkwürdig rhythmisches, kurzes Klopfen, so als ginge ein dreibeiniges Wesen ganz langsam über den hallenden Bretterboden. Zunächst konnte ich nicht recht ausmachen, um was es sich handelte, aber sehr bald sah ich drei Gestalten in Uniform vor mir, die sich langsam und schweigend über die Brücke schleppten: Einer ging an Krücken, einer am Stock, der dritte hatte einen großen Verband um den Kopf, und der linke Ärmel seines Mantels hing schlaff herunter.

Man habe es allen Insassen des Lazaretts freigestellt, sich aus eigener Kraft zu retten, sagten sie, aber von etwa tausend Verwundeten hätten nur sie drei diese «Kraft» aufgebracht, alle anderen seien nach tagelangen Transporten in ungeheizten Zügen ohne Essen und ärztliche Versorgung viel zu kaputt und apathisch, um diesem verzweifelten Rat zu folgen. Rat? Eigene Kraft? Die russischen Panzer waren höchstens noch 30 Kilometer, vielleicht auch nur 20 Kilometer von uns entfernt; diese drei aber waren nicht imstande, mehr als zwei Kilometer in der Stunde zurückzulegen. Überdies herrschten 20 bis 25 Grad Kälte – wie lange also würde es dauern, bis der Frost sich in die frischen Wunden hineinfraß? Hunderttausende deutscher Soldaten waren in diesen letzten sechs Monaten elendiglich umgekommen, verreckt, zusammengeschossen oder einfach erschlagen worden – und diese drei würden das gleiche Schicksal haben, gleichgültig, ob sie nun im Lazarett geblieben wären, oder ob sie sich entschlossen hatten, noch ein paar Kilometer weiter nach Westen zu marschieren. Die einzig offene Frage schien mir, ob ihr Schicksal sie schon heute oder erst morgen ereilen würde.

Mein Gott, wie wenige in unserem Lande hatten sich das Ende so vorgestellt. Das Ende eines Volkes, das ausgezogen war, die Fleischtöpfe Europas zu erobern und die Nachbarn im Osten zu unterwerfen. Denn das war doch das Ziel, jene sollten für immer die Sklaven sein, diese wollten für immer die Herrenschicht stellen.

Noch bis vor wenigen Monaten war immer von neuem versichert worden, kein Fußbreit deutschen Landes werde je dem Feinde preisgegeben werden. Aber als die Russen schließlich die ostpreußische Grenze überschritten hatten, da hieß es, jetzt müsse sich die Bevölkerung wie ein Mann erheben; der Führer, der seine Wunderwaffe eigentlich erst im nächsten Jahr hätte einsetzen wollen, um Rußland dann endgültig zu vernichten, wolle sich entschließen, sie schon jetzt vorzeitig zur Anwendung zu bringen. Der Endsieg sei nur eine Frage des Willens. So die Führung. Und die Wirklichkeit?

Für mich war dies das Ende Ostpreußens: drei todkranke Soldaten, die sich über die Nogat-Brücke nach Westpreußen hineinschleppten. Und eine Reiterin, deren Vorfahren vor 700 Jahren von West nach Ost in die große Wildnis jenseits dieses Flusses gezogen waren und die nun wieder nach Westen zurückritt – 700 Jahre Geschichte ausgelöscht.«

Die zwei Flüchtlinge, Gräfin Dönhoff und der Försterssohn, übernachten in einem verlassenen Bauernhof auf der anderen Seite. Dann geht es weiter. Nach 18 Stunden halten sie zum zweiten Mal an, werden aber kurz darauf wieder geweckt: Die Russen sind nur noch drei Kilometer entfernt!

»Ganz langsam, im Zeitlupentempo – so, als sollten die Bilder sich noch einmal ganz fest einprägen – zog ostpreußische Landschaft wie die Kulisse eines surrealistischen Films an uns vorüber. Elbing, Marienburg, mit dessen Geschichte meine Familie mehrfach verbunden war, und dann Dirschau. Dirschau sah aus wie eine gigantische Bühne für eine Freilichtaufführung von Wallensteins Lager: Menschen über Menschen in den wunderlichsten Kostümen; hie und da Feuer, an denen abgekocht wurde; der Kanonendonner war jetzt schon ganz nah . . . Mich kroch plötzlich der ganze Jammer der Menschheit an, und ich begann zu bereuen, daß ich nicht mit unseren Leuten zusammen nach Hause zurückgekehrt war.«

Die Flüchtende will nicht mehr fliehen. Sie will zurück, zurück in die Heimat. Sie fragt im nächsten Bahnhof nach einem Zug Richtung Osten. »›Was, nach Königsberg?‹ Der Mann sah mich an, als wollte ich zum Mond reisen.« Nach Osten fährt kein Zug mehr.

Am nächsten Tag beschließen die zwei, die Straße des Trecks der Verzweifelten zu verlassen. Sie reiten quer über Land. Sie sind im kaschubischen Land, dem Teil des ehemaligen »polnischen Korridors«, wo nur wenige Menschen Deutsch verstehen. Immer wieder versinken die Pferde bis zum Bauch im Schnee. Marion, die ihre Handschuhe verloren hat, sind vier Finger steif gefroren. Das Thermometer sinkt weiter, es sind 25 Grad minus, dazu peitscht ein orkanartiger Ostwind. Die Pferde verlieren beim Querfeldein zuviel Kraft, die beiden reiten zurück zur Straße.

»Wie durch einen dicken weißen Schleier sah man die unglücklichen Menschen langsam, ganz langsam vorwärts kriechen, die Mäntel vom Winde vorwärtsgepeitscht. Viele Dachkonstruktionen der Treckwagen waren zusammengebrochen. Wir reihten uns wieder ein in diesen Gespensterzug und sahen die ersten Toten am Weg liegen.

Niemand hatte die Kraft, die Zeit oder die Möglichkeit, sie zu begra-
ben. Und so ging es tagelang – wochenlang.«

Nach zwei verzweifelten Wochen kommt Marion in Varzin
an, dem Besitz des ehemaligen Reichskanzlers Otto von Bismarck. Gräfin Dönhoff hofft auf eine standesgemäße Pause.
Sie reitet geradewegs auf das Schloß zu. Auf dem Schloßhof
steht schon das Fluchtgepäck mit Bismarcks Archiv, das eva-
kuiert werden soll. Doch im Schloß weilt noch des Eisernen
Kanzlers Schwiegertochter, »eine kleine, feingliedrige,
höchst amüsante, uralte Dame, die in ihrer Jugend oft Anlaß
zu mancherlei Stirnrunzeln gewesen war: Sie hatte Jagden
geritten, Zigarren geraucht und sich durch Witz und Schlag-
fertigkeit ausgezeichnet. Auch jetzt war sie noch ungemein
fesselnd.«

Die alte Gräfin Bismarck hat sich schon ihr Grab im Park
ausheben lassen. Ihr ebenso alter Diener will auch nicht mehr
weg. Und während sich draußen der elende Flüchtlingstreck
vorbeiwälzt, ist hier drinnen im Schloß alles wie gewohnt.
Der Diener serviert, und die beiden Damen trinken einen
herrlichen Rotwein nach dem anderen, »Jahrgänge, von
denen man sonst nur in Ehrfurcht träumt«. Mit keinem Wort
wird bei Tisch erwähnt, was draußen geschieht – und noch
geschehen wird. Gräfin Bismarck erzählt munter und geistreich von den guten alten Zeiten, plaudert über den Schwie-
gervater und den kaiserlichen Hof.

Marion Dönhoff bleibt eine Nacht . . . und noch eine
Nacht . . . und tut sich auch am nächsten Tag schwer, weiter-
zureiten. Doch da ist der Gedanke an die, die vielleicht überlebt haben und im Westen warten. Und dann ist da noch ihr
Überlebenswille, dieser starrköpfige, durch nichts kleinzu-
kriegende Überlebenswille . . .

Nach einem Moment des Zögerns und einem viel zu langen Blick zurück sattelt sie Alarich und bricht wieder auf. Auf
dem halben Weg zum Gartentor des Schlosses dreht Marion

Dönhoff sich ein letztes Mal um: Da steht die alte Gräfin in der Haustür und winkt, mit einem »sehr kleinen« Taschentuch. »Ich glaube, sie lächelte sogar – genau konnte ich es nicht sehen.«

Viel später wird Marion Dönhoff schreiben: »Es hat Jahrzehnte gedauert, bis ich imstande war, für mich selbst das zu akzeptieren, was dann später kam: der Verlust der Heimat. Mir fehlen die Landschaft, die Natur, die Tiere jener untergegangenen Welt. Und auch die Geräusche, diese tausendfältigen Geräusche, die sich unverlierbar für immer ins Gedächtnis eingegraben haben. Lange Zeit hatte ich wider alle Vernunft gehofft, irgendein Wunder werde geschehen. Denn es gibt neben dem Bewußtsein des Tages eben doch auch die nächtlichen Träume . . .«

Heini Graf Lehndorff,
von den Nazis gehenkt.
Unten: Graf Schulenburg vor
Freislers Volksgerichtshof.

Peter Graf Yorck von Wartenburg, von den Nazis gehenkt.

Adam von Trott zu Solz, von den Nazis gehenkt (und rechts David Astor, Verleger und Chefredakteur des Observers).

Helmuth James
Graf von Moltke,
von den
Nazis gehenkt.

Axel von
dem Bussche –
er hat
überlebt.

Ankunft im Westen, 1945

März 1945. Nach sieben Wochen Flucht von Ost nach West, durch Eis und Schnee, vorbei an Elend und Toten, kommt Marion Gräfin Dönhoff auf Schloß Vinsebeck an. Das westfälische Wasserschloß, das am Rande des Eggegebirges liegt, wirkt von der Ferne so schön wie seit Jahrhunderten. Es ist Frühling. Die Erde riecht, die Krokusse platzen, und die Vögel zwitschern.

Die verwegen aussehende Reiterin, deren mächtige Pelzmütze hinten auf den Sattel geschnallt ist, trabt langsam über die Schloßbrücke. Schon von Ferne sieht sie Stroh aus dem Schloßportal quellen und Ofenrohre aus den Schloßfenstern qualmen. Im Schloß biwakieren Hunderte von Flüchtlingen. Der Schloßherr, Graf Metternich, ist »in ein Lager gesperrt worden, weil er als Chef der Vollblutzucht irgendeinen SS-Rang gehabt hatte – dabei spielte Politik in seinem Leben gar keine Rolle«. Auch Gräfin Metternich ist mitsamt Kindern ausquartiert.

Marion Dönhoff geht langsam durch die eigentlich große, aber jetzt chaotisch vollgestopfte Halle bis zum ersten Saal mit seinen wunderschönen Ornamenttapeten, Stuckdecken und Gemälden. »Da sehe ich einen schwarzen GI in amerikanischer Uniform auf dem Fensterbrett sitzen. Er hat ein Gewehr im Arm und ballert auf die Goldfische im Wassergraben . . .« – Dies ist für sie der Beginn der Besatzungszeit.

Es hält Marion Dönhoff nicht lange in dem von ihren Freunden verwaisten Schloß, sie macht sich auf, ihre Familie zu suchen, mit der sie in dem eine halbe Fahrstunde entfernten Brunkensen, im Haus des Grafen Görtz, verabredet ist. »Görtz galt nach damaligen Begriffen als ›halbarisch‹, wir hatten ihn während der ganzen Kriegszeit in Ostpreußen versteckt, dort guckte man nicht so genau hin.« Auch Mutter Görtz, eine geborene Meyer, ist wieder da – obwohl die Nazis sie nach Theresienstadt deportiert hatten.

Alle, die sich da in Brunkensen einfinden, und auch die, die im Laufe der folgenden Monate noch auftauchen werden, haben Schreckliches hinter sich, doch niemand spricht darüber. »Marion war eher ernst«, erinnert sich Hartmut von Hentig. »Aber der Rest war eine fidele Gesellschaft.«

Es ist wie ein Wunder, aber es ist so. Die Mehrheit des Dönhoff-Clans hat überlebt und ist schon in Brunkensen, oder es trifft einer nach dem anderen dort ein: Bruder Dieter und Ehefrau Sissi mit ihren drei Kindern, die sie noch rechtzeitig vor dem 20. Juli in den Westen gebracht hatten; Schwester Yvonne und ihr Mann, bald darauf gefolgt von Tocher Alexandra – und nur hundert Kilometer weiter, im rheinischen Crottorf, die drei verwaisten Kinder von Bruder Heini, bei denen Marion bald an »Vaters Statt« treten wird (»Ich war so eine Art Vormund«).

8. Mai 1945. Der Krieg ist zu Ende. Ein Alptraum ist vorbei, dessen Folgen Tätern wie Opfern noch lange zu schaffen machen werden. Doch zunächst geht es erst einmal ums nackte Überleben. Alle gehen auf Hamstertour, selbst Marion. Ein altes Fahrrad gegen einen Sack Kartoffeln, die Kartoffeln gegen ein Stück Speck, den Speck gegen eine Schachtel Camel . . . für die Camel: alles. Denn das Geld ist, bis zur Währungsreform 1948, nichts wert. Die Währung dieser Jahre sind die Zigaretten der Besatzer.

Einmal wird ein Sack Graupen ergattert. Sissi und Marion kochen zusammen eine Graupensuppe, bei deren Angedenken es Stani Dönhoff noch heute schüttelt. »Die hörte und hörte nicht auf, die Suppe, wir mußten tagelang davon essen.« Doch ansonsten verstand »die einzige Studierte« es bestens, sich rasch wieder aus dem Weiberkram rauszuziehen. Sissi: »Ich war immer hausfraulich und hatte den Haushalt zu versorgen. Marion unterrichtete die Kinder, sie war die Studierte.«

»Die anderen waren vollauf damit beschäftigt, was zu essen herbeizuschaffen, also war ich froh, daß ich bloß die Kinder hatte.« Doch so richtig begeistert sind weder Marion noch die Kinder von dieser Aufgabe. »Die hörten mir überhaupt nicht zu, weil alles um sie herum so aufregend war: Panzer fuhren vorbei, mal kamen Amerikaner, mal deutsche Gefangene . . .«

Und wo auf Marion Dönhoff keine große Aufgabe wartet, da schafft sie sich eine. Sie verfaßt »zwei ziemlich lange Memoranden« für die Engländer, da sie in der britisch besetzten Zone ist, und erklärt ihnen, was war, was ist und wie es werden soll. Denn schließlich ist sie es ja gewöhnt, über Politik und Verantwortung zu räsonieren, und sie stellt sich selbstverständlich in die stolze Tradition der letzten Grafen Dönhoff, die die politischen Geschicke Deutschlands mitbestimmt und geprägt hatten.

»So eine Besatzung hat natürlich keine Ahnung und macht viel Blödsinn.« Darum erläutert Gräfin Dönhoff in ihrem »Memorandum« den Engländern, die aus den bösen Deutschen nun gute Deutsche machen wollen, »wie es zu den Nazis kam, warum die Deutschen diesen Führer so verehrten, und was jetzt zu tun wäre.« – Doch die Memoranden erreichen anscheinend nie den britischen General, der reagiert zumindest nicht. Aber sie landen bei dem kleinen entschlossenen Trupp in Hamburg, der gerade dabei ist, DIE ZEIT zu planen. Doch davon später.

Bereits zum 20. Juli 1945, in dem es kaum Papier zum Schreiben, geschweige denn zum Drucken gibt, schreibt die Überlebende eine erste Dokumentation über ihre Freunde vom 20. Juli auf. Sie schafft es sogar, die Broschüre in einer Auflage von 300 Exemplaren drucken zu lassen. Ein Text, in dem Deutsche zum ersten Mal erfahren, daß die Leute vom 20. Juli keine »kleine Clique ehrgeiziger Offiziere« waren, sondern ein ernstzunehmender Kreis von Aufrechten, die ihr Leben für die Freiheit riskierten. – »Ruhe!« heißt es nun immer öfter im Haus. »Marion schreibt wieder.« Die Kinder gehen auf Zehenspitzen.

In diesem so strahlenden Sommer 1945 schnappt Marion sich irgendwann das Rad, schnallt den Rucksack um und radelt nach Bayern. Nichte Alexandra: »Niemand hat gefragt, was sie da wollte.« Und wie das Leben so spielt, radelt sie mitten in Garmisch-Partenkirchen dem »kleinen Hentig« über die Füße. Der ist inzwischen auch schon 21 und hat den Krieg als Offizier überlebt, nicht zuletzt dank Marions guter Kontakte und ihrer warmen Socken im Feldpaket. Jetzt ist Hartmut von Hentig zu Fuß auf dem Weg zur Hopfenernte . . .

Was tun nun die beiden, die sich so lange nicht gesehen haben und so viele gemeinsame Erinnerungen verbinden? Fallen sie sich auf der Hauptstraße von Garmisch-Partenkirchen in die Arme? »Umarmt? Marion . . .?« Hentig schüttelt noch 50 Jahre danach fassungslos den Kopf. »Undenkbar. Nicht mit Marion.« Also reichen die zwei sich mannhaft die Hand, tauschen die neuesten Informationen aus und gehen ihren Weg weiter: Hentig in die Hopfenernte und Marion zu einem gewissen Joachim von Busse, Ex-Oberst der Kavallerie. Hentig: »Das war wohl ihre große Liebe.« Die Liebende schweigt dazu und zieht heute wie damals den Schleier der Diskretion vor . . .

Zwei Monate später, im Oktober 1945, fährt Marion Dönhoff zum Nürnberger Prozeß: zusammen mit Axel von dem Bussche, dessen selbstmörderisches Attentat (mit der nicht explodierten Bombe am Leib) Hitler überlebt hatte, und Richard von Weizsäcker, der als Offizier dem widerständigen Kreis um Hitler-Attentäter Graf Stauffenberg nahestand.

Die drei kommen in Nürnberg an. Marion Dönhoff erinnert sich genau: »Vor dem Gerichtsgebäude – ›Palais de Justice‹

stand da eingemeißelt – standen zwei amerikanische Panzer mit Besatzung. Da höre ich plötzlich, wie der Weizsäcker zu dem von dem Bussche – oder umgekehrt – sagt: ›Die Kerle raus, und wir rein!‹ Ich verstand erst nicht, was die meinten . . .« Weizsäcker und von dem Bussche erklären, was sie meinen: Da die Nazis großes Unglück über Deutschland gebracht haben, müßten auch Leute der Widerstandsbewegung mit über die Nazis zu Gericht sitzen. Auch Marion Dönhoff findet die ganzen »Nürnberger Prozesse« höchst fragwürdig.

»Die Alliierten wollten es den Deutschen mal so richtig zeigen. Sicher, die meisten vom Widerstand waren umgekommen, aber die wenigen Überlebenden – Schlabrendorff zum Beispiel – hätten sie ruhig als Richter mit reinnehmen können. Dann wäre vielleicht auch dieser Unsinn nicht passiert, daß die Amerikaner – ungeachtet des Grundsatzes: *nulla poena sine lege* – die Nazis auf der Grundlage eines neu geschaffenen Gesetzes verurteilten. Sie hätten alle Schuldigen unschwer auf der Basis des geltenden deutschen Strafrechts verurteilen können. Sogar den Goebbels, der ›nur‹ Propaganda betrieben hatte, hätte man wegen Aufforderung zum Mord verurteilen können.«

In Nürnberg, so sieht es Dönhoff auch heute noch, »wollten sie die Guten von den Schlechten trennen. Da sie den deutschen Widerstand leugneten, gab es für sie keine Guten – und so geriet die ganze Veranstaltung zu einer Art Vernichtung der Deutschen. Die Verbrechen, die Deutsche gegen Deutsche begangen hatten, also die der Gestapochefs und Gauleiter, die ahndeten sie überhaupt nicht. Die Burschen liefen weiter frei rum und kamen erst später, bei der Entnazifizierung, dran, sind aber meist mit einem blauen Auge davongekommen. Das alles hat dazu beigetragen, daß man damals sagte: Der Teufel soll doch diesen ganzen Blödsinn holen!«

Welche Rolle spielt Marion Dönhoff zu dieser Zeit im Kreis der Gleichgesinnten? Richard von Weizsäcker erinnert sich genau: »Sie war die Anführerin von uns Jüngeren – obwohl wir so jung eigentlich auch nicht mehr waren, schließlich hatten wir im Krieg Verantwortung getragen. Aber sie war es, die fragte: Was habt ihr jetzt vor? Was wollt ihr tun?! Das war 1945 nicht anders, als es 1995 ist.«

Irgendwann Anfang 1946 erreicht Marion Dönhoff ein Telegramm von der ZEIT-Truppe aus Hamburg: »Bitte baldmöglichst nach Hamburg kommen.« – Die Aufregung in Brunkensen ist groß. Marion und Journalistin . . .? Wenige Wochen später sollte ein Abenteuer beginnen, das seit über 50 Jahren anhält und in dessen Verlauf Marion Dönhoff nicht nur eine Zeitschrift, sondern ein ganzes Land moralisch mitprägen und zu einer der in der Welt meist respektierten deutschen Stimmen werden wird.

Das Presse-Haus 1945, in das die ZEIT 1947 einzog.

Die Anfänge der ZEIT, 1946 bis 1954

Das Telegramm der vier ZEIT-Macher (die das Memorandum gelesen hatten) erreicht Marion Dönhoff im Dezember 1945. Brunkensen liegt zwischen Hannover und Göttingen. Heutzutage dauert die Reise mit dem Auto zweieinhalb Stunden. Doch im Dezember 1945 dauert sie zwei Tage. Die Reisende bewältigt die Strecke, wie damals üblich, improvisierend: mal zu Fuß, mal auf einem Bauernwagen, mal auf dem Kohlenhänger eines Güterzuges. Die Nacht verbringt sie in einem Bunker. »Da wurde furchtbar geklaut, die Leute banden sich alles fest, auch die Schuhe.«

Schließlich kommt sie in Hamburg an. »Schreiben wollte ich ja schon immer, aber ich hatte noch nie eine Zeitung von innen gesehen.« Von »Zeitung« kann hier auch eigentlich noch gar nicht die Rede sein . . .

Um nach dem Krieg überhaupt eine Zeitung machen zu dürfen, brauchen Deutsche einen »clean record«, also eine weiße Weste frei von braunen Flecken. Und sie brauchen vor allem eine sogenannte »Lizenz« der Alliierten. Diese Lizenzen werden zur Geburtsstunde fast aller auch heute noch maßgebenden Zeitungen und Zeitschriften, darunter in Hamburg die ZEIT, der »Spiegel« und der »Stern«. Die Lizenz für die ZEIT ergattern vier Männer, von denen nur zwei vom Fach sind, nämlich: Lovis H. Lorenz, der frühere Chefredakteur der »Woche«, und Ewald Schmidt (der sich später Schmidt di Simoni nennt), Verlagskaufmann und Ex-Korvettenkapitän; hinzu kommen Richard Tüngel, Architekt von Beruf und Bohemien aus Leidenschaft, sowie Gerd Bucerius, Rechtsanwalt. Bucerius wird 1957 die drei anderen Gesellschafter auszahlen und alleiniger Verleger der ZEIT bleiben.

Den vier Männern geht es damals nicht um »Marktlücken« oder »Zielgruppen« (Begriffe, die noch nicht kreiert sind), und es geht ihnen auch nicht um den Reibach – das ahnt zu der Zeit noch niemand, daß die Zeitschriften eines Tages Gold wert sein werden. Nein, es geht ihnen tatsächlich um die Sache. Bucerius: »Vor 1933 hatten wir nur an Geschäft und Beruf gedacht und die Politik und die Presse bequem anderen überlassen. So kam Hitler. Und so etwas sollte uns, dachten wir, nicht noch einmal passieren.«

Die Vier quartieren sich im Zentrum von Hamburg im sogenannten Broschek-Haus ein, in dem auch vor der Zerstörung Redaktionen residierten und eine Druckerei. Jetzt ist das fünfstöckige Backsteingebäude nur noch eine Ruine, wird aber von seinen Besetzern durchaus als Glücksfall empfunden. Einige der frühen ZEIT-Macher wohnen sogar in dem halb zerbombten, heutigen Presse-Haus, im fünften Stock zwischen Trümmern und Ratten. Tüngel wird noch lange mit der Geschichte von der Ratte »Amanda« brillieren, die es sich zur Angewohnheit gemacht hatte, ihm »gravitätisch« ins Bad zu folgen . . . Und von Kurt Marek, der später unter dem Pseudonym Ceram berühmt werden wird (»Götter, Gräber und Gelehrte«), ist überliefert, daß er auf einer Pritsche schlief, aufgeschlagen in einer doppelten Telefonzelle, aus der er die Trennwand entfernt hatte.

Eine Dönhoff kann das alles nicht abschrecken, versteht sich. Sie stellt sich bei Tüngel vor, der will sie auch gleich anstellen. Er schickt sie zum Vertragsabschluß ein Stockwerk tiefer, doch die Neue verirrt sich in der Ruine und landet versehentlich bei Hans Zehrer, der gerade an der ersten Ausgabe der »Welt« bastelt und sie ebenfalls flugs anstellen will. Da taucht Tüngel plötzlich wieder auf und schickt seine Neuentdeckung entsetzt in das richtige Büro. Inzwischen aber hat die Gräfin die Lust verloren, überhaupt einen Vertrag abzuschließen. Sie fängt einfach so bei der ZEIT an – bis heute ohne Vertrag. »Ich wollte frei sein, jederzeit zu gehen.« Anfangsgehalt der Redakteurin Dönhoff: 600 Mark.

In der Dokumentation, die zum 50. Jahrestag der ZEIT im Februar 1996 erscheint (»Die Zeit in der ZEIT«), resümiert ZEIT-Redakteur Karl-Heinz Janßen die Meinung der Pioniere über die Neue: »Trotz ihrer mangelnden journalistischen Erfahrung hatte die promovierte Volkswirtin Beachtliches einzubringen. Sie war schon vor dem Kriege durch Amerika und Schwarzafrika gereist, sie beherrschte die westlichen Sprachen (Tüngel war entzückt von ihrem Französisch), sie bewegte sich wie selbstverständlich in einem internationalen Netz von Beziehungen zu wichtigen Leuten aus Diplomatie und Presse, Universität und Kirche, auch zu Bankiers, Kaufleuten, Militärs, Künstlern. Beziehungen, die sich für die ZEIT würden nutzen lassen.«

Marion Gräfin Dönhoff selbst ist eben auch in der Stunde Null noch eine Dönhoff. »Sich ihres Wertes voll bewußt, wahrte sie Distanz zu ihrem neuen Umfeld, ließ sich nur allmählich integrieren«, kommentiert der Chronist rückblickend. Und die anderen wahren ebenfalls Distanz zu ihr. Obwohl sie über Jahrzehnte mehrfach die Anrede mit ihrem Vornamen anbietet, wird sie für die Mehrheit der ZEIT-Redaktion nie einfach die »Marion«, sondern bleibt immer »die Gräfin«.

Als Autorin taucht Dönhoff erstmals am 21. März 1946 in der ZEIT auf, also in der fünften Ausgabe, und das gleich zweimal. Unter dem Kürzel MD schreibt sie einen überraschenden Kommentar gegen das Verbot des »Helden-Gedenktages« durch die Alliierten. Sie erklärt: »Es handelte sich dabei eigentlich um den traditionellen Totensonntag. Der Tag spielte damals eine große Rolle, die Leute gingen alle zu den Gräbern. Erst Hitler hatte daraus einen ›Helden-Gedenktag‹ gemacht – und das hatte die Amerikaner nun wiederum veranlaßt, den Gedenktag einfach abzuschaffen. Ich sagte mir: Wie kommen die dazu, eine solche alte Tradition einfach zu streichen?!«

Doch auch damals können deutsche Journalisten nicht einfach schreiben, was sie wollen. Vor Druck müssen alle Texte einem »Controller« der Alliierten vorgelegt werden. Der sitzt in dem Fall zwei Straßenecken weiter und schlägt prompt die Hände über dem Kopf zusammen: Der Text muß wieder raus! Da prescht Tüngel vor und behauptet einfach, der Text sei schon gedruckt. Der Zensor gibt nach – verbittet sich aber die dreiste Behauptung, daß das neben Tüngel stehende »junge Mädchen da einen solchen Artikel geschrieben haben soll«. – Autorin Dönhoff nimmt es als Lob für ihr Erstlingswerk.

Dönhoffs zweiter Beitrag in dieser ZEIT-Ausgabe im März 1946 ist mit vollem Namen gezeichnet und trägt den Titel: »Ritt gen Westen«. Sie beschreibt darin in knappen Worten ihre Flucht und die Ankunft in Schloß Vinsebeck, und sie endet mit einer allegorischen Szene:

»Plötzlich steht droben auf dem Kamm eine einsame Gestalt, wie ein Monument vor dem hellen Himmel: ein alter Mann, grau, verhungert, in abgerissener Kleidung, auf dem Rücken ein Sack, der die letzte Habe birgt, in der Hand ein Stab. (...) Und dann bietet sich mir ein unfaßliches Bild: Den Berg herauf kommen mir, dem Ostflüchtling, vom Westen her viele solcher Gestalten entgegen, manchmal zwei oder drei, die gemeinsam ziehen und das Los der Landstraße miteinander teilen. Aber meist sind es einzelne, durch den Krieg nicht nur der Habe und Zuflucht beraubt, sondern auch der tröstlichen Gemeinschaft vertrauter Menschen. Grau, elend, abgehärmt sind ihre Gesichter, in denen die Spuren angsterfüllter Bunkernächte eingezeichnet sind. Aus ihren Augen ist die Furcht längst geschwunden, stumpfe Hoffnungslosigkeit ist eingezogen.«

Unzählige »draußen vor der Tür«, Vertriebene und Verlorene, erkennen sich in solchen Zeilen wieder. Die Frau, die in den folgenden Jahrzehnten so heftig für ihre kompromißbereite Ostpolitik angegriffen werden wird, ist gleichzeitig eine der wenigen nicht rachsüchtigen Deutschen, die neben der deutschen Schuld auch den deutschen Schmerz benennen. Jenseits aller Ideologien und Interessen wird sie – bestärkt vom Selbstbewußtsein ihrer Klasse und dem ihres guten Gewissens – in den darauffolgenden Jahren weder verdrängen noch sich in falscher Demut ducken, sondern unbeirrt kritisch berichten: über die »Nürnberger Prozesse«, gegen Pauschalverurteilungen, die dem einzelnen Unrecht tun, und gegen die Demontage deutscher Industriebetriebe. Dies alles ist in ihren Augen letztendlich nicht konstruktiv, sondern nur destruktiv.

Not und Engagement schweißen in diesen ersten Jahren die ZEIT-Gemeinschaft zusammen. Zwölf bis fünfzehn Arbeitsstunden am Tag sind die Regel – ganz wie bei den wenig später benachbarten Redaktionen von »Spiegel« und »Stern«. Wenn's mal wieder besonders spät wird, greift der früh zur Truppe gestoßene Ex-Starreporter Joseph (Jupp) Müller-Marein zum Akkordeon, und alle zusammen singen »Sah ein Knab' ein Röslein stehen« oder »Joli tambour revenant de guerre«.

Mitten in der Redaktion steht bald ein Sparschwein, »Negerkopf« genannt (wohl nach den damals üblichen, nickenden »Negerköpfen« in den Kirchen, in die man für die Mission Pfennige und Groschen warf), das alle freiwillig von ihrem kargen Lohn füttern und in das jeder greifen darf, um Besucher auszuführen. Auch die »Spesen« waren eben noch nicht erfunden und erst recht nicht die »Spesenritter«. Und, seelige Zeiten, ein jeder liest jeden Text vor dem Erscheinen und kritisiert ihn leidenschaftlich. Das alles nach dem Motto: »Laßt uns eine Zeitung machen, die uns selber gefällt!« Noch hat DIE ZEIT einen Umfang von nur acht Seiten (nicht, wie heute, bis zu 120 Seiten) und für die nächsten Jahre eine Auflage von 25.000 (nicht, wie heute, 480.000), das Papier ist rationiert.

Marion Dönhoff hat Glück. Sie gehört nicht zu den Beklagenswerten, die in einer Telefonzelle hausen müssen, sie wohnt bei den Blumenfelds in der Warburgstraße. Eric Blumenfeld, der später CDU-Abgeordneter wird, ist ein Freund von Bucerius, der sich auch in schwerster Stunde bewährt hatte. Blumenfelds dänische Mutter hatte es doch tatsächlich geschafft, ihren »halbjüdischen« Sohn Eric aus Birkenau und Buchenwald rauszuholen. Kurz vor Kriegsende kam er dann in Berlin ins Gefängnis, aus dem er von seiner späteren Frau Sibylle Brügelmann befreit und von Bucerius in Hamburg bis Kriegsende versteckt wurde.

In dem Haus der Blumenfelds bezieht Marion Anfang 1946 ein ebenerdiges Zimmer zur Straße. Frau Blumenfeld erinnert sich gut: »Es war ein spartanisches Zimmer mit einer alten Couch, in der sich die Sprungfedern durchdrückten. Gebadet wurde einmal in der Woche im Zuber, mit Brikettheizung. Aber Marion hat nie geklagt, sie war wahnsinnig bescheiden. Sie schlief auf der kaputten Couch und kam gar nicht auf die Idee, sich eine Matratze zu beschaffen. Ich sehe sie noch da sitzen: immer am Schreibtisch vor dem Fenster, da schrieb sie ihre Artikel – meist in der Nacht vor dem Druck.«

Das Leben ist für alle hart. Eines Tages wird Marion Dönhoff von einer regelrechten Hunger-Halluzination befallen: »Ich wache mitten in der Nacht auf und sehe im Halbdunkeln da eine Person an meinem Schreibtisch sitzen. Wütend sage ich: ›Was machen Sie denn da?‹ Da höre ich, wie der Person die Schreibfeder aus der Hand fällt – und dann wird sie lang und länger und verschwindet nach oben . . . Ich habe mich natürlich kolossal erschreckt.« Am nächsten Tag spricht Tüngel sie auf ihr gespenstisches Aussehen an und erfährt die Geschichte. Er begreift sofort und schickt sie zum Hochpäppeln für eine Woche zu ihrem Bruder aufs Land. »Ich hatte ja nur einen Sack Grütze, und von dem hatte ich mich die ganze Zeit ernährt . . .«

Die Kleidung ist Marion Dönhoff wie gewohnt schnuppe. Sibylle Blumenfeld: »Sie trug immer so einen alten Trenchcoat, völlig verfranst. Eines Tages sagte ich zu ihr: Liebe Marion, so kannst du nicht immer rumlaufen. – Da hat sie mich ganz erstaunt und traurig angeguckt und gesagt: Aber der ist doch aus Ostpreußen . . .« Sibylle kann sich nicht erinnern, Marion irgendwann später »jemals im Cocktailkleid erlebt zu haben. Sie hat immer nur gearbeitet oder ist spazierengegangen.«

Ursprünglich hatten die ZEIT-Macher die Volkswirtin für das Wirtschaftsressort vorgesehen. Sehr rasch aber wird klar, daß ihre Sache die Politik ist. Sie übernimmt die Verantwortung für das Politikressort, hier kommen ihr nicht nur die eigenen Lebenserfahrungen, sondern auch die internationalen Verbindungen zugute. Marion Dönhoff blickt von Anfang an weiter als die meisten Deutschen in dieser Zeit. Sie ist es eben gewohnt, in Weltmaßstäben zu denken.

Und: sie läßt es nie nur beim Schreiben bewenden; sie versucht von Anfang an, auch direkt in die Politik einzugreifen. Ganz, wie sie es von früher gewohnt ist. Ein Beispiel dafür ist die Geschichte mit Adenauer und dem »dismantling«, womit die von Deutschland an die Alliierten zu leistenden Reparationen gemeint sind, die Demontage deutscher Betriebe und Fabriken fürs Ausland. Natürlich wird die Gelegenheit genutzt, auch die deutsche Wirtschaftskonkurrenz ein für allemal »abzubauen« (das deutsche »Wirtschaftswunder« erblüht erst einige Jahre später).

Dönhoff, die das Ausmaß des dismantlings kritisch sieht, erfährt von ihrem Freund Eric Warburg – einem Hamburger Bankier, der aus dem amerikanischen Exil zurückkehrte –, es gäbe eine Möglichkeit, das dismantling zu stoppen, wie der wiederum von seinem Freund, dem amerikanischen Hochkommissar John McCloy, wisse.

Kurzentschlossen wird Dönhoff vorstellig beim Kanzler Adenauer, der die Journalistin zunächst abblitzen läßt. Erst als sie so ganz nebenher sagt: »Dann werde ich jetzt zu Kurt Schumacher gehen« (dem Vorsitzenden der SPD), wird Adenauer hellhörig. Er ruft nach seinem im Nebenzimmer sitzenden Adlatus Blankenhorn und sagt: »Jetzt wollen wir mal alles notieren, Blankenhorn.«

In den darauf folgenden Jahren wird die Journalistin Dönhoff eine der härtesten KritikerInnen des CDU-Kanzlers werden und den Begriff von der »Ära Adenauer« prägen. Doch schon diese erste Begegnung mit »dem Alten« empfindet sie als entmutigend: »Er war wie eine Wachsfigur, ohne jede menschliche Regung.«

Inzwischen ist die Auflage der ZEIT, die auch im Ausland ernst genommen wird, auf rund 80.000 Exemplare gestiegen. Doch acht Jahre nach der Gründung, im Jahre 1954, passiert etwas Einschneidendes. Während die Leiterin des Politikressorts gerade bei Bruder Dieter und dessen Frau Sissi in Irland Urlaub macht, erscheint am 29. Juli 1954 groß aufgemacht auf Seite drei der ZEIT ein Artikel mit dem Titel: »Im Vorraum der Macht«, Autor ist der im Dritten Reich berühmt gewordene Staatsrechtler Carl Schmitt, »der während der Nazizeit damit beschäftigt war, mit juristischen Argumenten die schmutzige Wäsche von Adolf weißzuwaschen. Ich hatte mich schon als Studentin unheimlich über den geärgert . . .«

Marion Dönhoff eilt nach Hamburg zurück und in die Bibliothek, um für Tüngel eine Dokumentation über Schmitt zusammenzustellen. Denn Tüngel ist es, der diese Veröffentlichung verantwortet und der, zu Dönhoffs Ärger, schon seit einigen Jahren bei Schmitt ein- und ausgeht. Dönhoff gleich am Anfang: »Wenn der Kerl jemals in der ZEIT schreiben sollte, bin ich am nächsten Tag weg.« An die rechten Schriften von Schmitt aus der Nazizeit kommt man zu der Zeit nur mit einer »Sondergenehmigung« ran, sie liegen im »Giftschrank«: »Zwei Tage lang las ich in diesen Werken und exzerpierte die schlimmsten Passagen. Auf diese Weise entstanden ungefähr zehn Seiten, die ich Tüngel zu lesen gab, weil ich dachte, ihm sei nicht klar, wer Carl Schmitt wirklich war. - Doch nach einiger Zeit kommt Tüngel mit meinen Aufzeichnungen wieder und sagt: ›Ich sehe nicht ein, warum der nicht in der ZEIT schreiben soll . . .‹«

Da reicht es Dönhoff. Sie geht zu ihrem Schreibtisch und packt ihre Sachen zusammen. Tüngel eilt hinterher und bietet der Ressortleiterin eine Korrespondentenstelle für die ZEIT in London an. »Da habe ich ihm gesagt: Wenn ich in Hamburg nicht für die ZEIT schreibe, dann will ich das auch in London nicht tun.« Tüngel fragt, wovon sie denn leben will, und sie antwortet: »Das wird sich schon finden.«

Eine Gräfin Dönhoff hat die Freiheit - und sie nutzt sie. Gewohnt, persönlich genügsam zu sein, bewegt sie sich doch lebenslang in einem Netz von Klassenbanden, das sie im Notfall immer auffangen würde. Hinzu kommen die selbsterworbenen Freunde und ausreichend Kontakte, aus denen sich neue, interessante Aufgaben ergeben könnten.

Was also tut Marion Dönhoff im August 1954? Sie begibt sich - ganz in der Tradition der Grafen Dönhoff in den vergangenen Jahrhunderten - wieder auf »Kavalierstour«. Die Reise lohnt sich, die dabei gewonnenen Erfahrungen und Beziehungen werden in den folgenden Jahren und Jahrzehnten ihre Arbeit und ihre Einsichten deutlich prägen.

Erste Station der tourenden Gräfin ist Amerika. Von dort aus schreibt sie drei große Berichte über ihr Wiedersehen mit der Neuen Welt - für die »Welt«. Danach geht sie nach London zum »Observer«, mit dessen Herausgeber David Astor sie befreundet ist, und macht ein halbjähriges, lehrreiches Praktikum bei der renommierten Wochenzeitung. Entgelt: drei Pfund pro Woche. Hinzu kommen 600 Mark monatlich von der ZEIT, die ihr, »gegen meinen Willen«, weiterhin überwiesen werden.

Letzte Station dieser modernen Kavalierstour ist das zu der Zeit wirklich aufregende Paris des Existentialismus. Gräfin Dönhoff läßt sich nicht lumpen und macht das Intellektuellen-Café »Flore« im Herzen von Saint Germain zu ihrem Stammcafé. Sechs Jahre zuvor hatte übrigens Simone de Beauvoir hier an ihrem Stammplatz im »Flore« ihr Jahrhundertwerk »Das andere Geschlecht« geschrieben. Die beiden Frauen trennt viel, aber sie haben auch einiges gemeinsam: beide sind Rollenbrecherinnen, beide sind »weiblich« und »männlich« zugleich, beide haben das Glück gepachtet. »Ich bin noch nie jemandem begegnet, der so zum Glück begabt gewesen wäre wie ich – und der sich so darauf versteift hat«, hat Simone de Beauvoir einmal gesagt. »Glück ist eine Eigenschaft«, verkündet Marion Dönhoff.

In Hamburg ist derweil Verlegenheit ausgebrochen. Im Impressum wird die Politikchefin zunächst als »verreist« vermerkt, sodann kommentarlos gestrichen. Nun melden sich plötzlich die von Bucerius bereits 1957 mit je einer Million Mark ausgezahlten Ex-Teilhaber Tüngel (damals noch amtierender Chefredakteur der ZEIT) und Schmidt di Simoni. Sie wollen sich in den Besitz der ZEIT wieder einklagen. Es kommt zum Prozeß, ausgelöst durch den eklatanten Abgang der Gräfin.

Der Jurist Bucerius gewinnt den Prozeß und holt seine beiden in die Wüste gejagten ZEIT-Pfeiler zurück: Josef Müller-Marein (der später die Dönhoff-Nichte Alexandra heiraten wird) als Chefredakteur und Marion Dönhoff als Politikchefin. Schon vor dem Eklat hatte sich abgezeichnet, was sich nun bewähren wird: Müller-Marein verkörpert die leichte Feder und das leichte Gemüt, Dönhoff steht für die politischen Inhalte und die strenge Linie. Das Gespann könnte unterschiedlicher nicht sein, ergänzt sich jedoch vortrefflich:

die Preußin als heimliche Chefredakteurin und Macherin, der Rheinländer als erfahrener Journalist und Inspirator.

In den folgenden Jahren werden »die Gräfin« und M. M. DIE ZEIT in die aufregendste Ära ihrer Geschichte führen.

1955.
Marion Dönhoff,
die Macherin
der ZEIT.

Die ZEIT-Macherin, 1955 bis 1972

Marion Dönhoff geht es gut. Auf den Fotos aus dieser Zeit sieht sie aus wie jemand, der auf dem Sprung ist – und schon angekommen. Die Mittvierzigerin ist im vollen Besitz ihrer Kräfte, sie weiß, was sie will – und sie hat das Forum, es zu sagen und zu tun. Seit 1955 ist sie, an der Seite des gern in Paris weilenden Chefredakteurs Joseph Müller-Marein, die Macherin des einzigen deutschen Blattes, das – neben dem »Spiegel« – weltweit Beachtung findet.

Unter ihrer Ägide wird die ZEIT-Auflage den Sprung von 40.000 auf 330.000 Exemplare machen. Doch noch ist die ZEIT-Truppe ein eingeschworener Familienbetrieb, und ihre feurig-strenge Anführerin schreitet morgens gerne nach Gutsherrinnenart Schlag zehn über die Gänge und fragt: »Kann ich schon mal was sehen . . .?« Versteht sich, daß »die vortreffliche Marion« selbst mit bestem Beispiel vorangeht.

»Die Respektperson«, so heißt sie auch bei ihren drei Kindern: Christian, Hermann und Christina. Marion hat nach Kriegsende zum zweiten Mal in ihrem Leben Elternpflichten übernommen, und wieder sind es die Kinder eines der Geschwister. Die drei Waisen ihres gefallenen Lieblingsbruders Heini, dessen Frau, Gräfin Hatzfeldt, wenige Jahre nach ihm starb, leben seit den Kriegsjahren auf dem mütterlichen Schloß Crottorf im Siegerland und wurden von der Familie Hatzfeldt aus dynastischen Gründen adoptiert (der einzige Sohn war als 19jähriger gefallen, und der Name sollte erhalten bleiben).

Tante Marion – die auf der Anrede »Marion« besteht – verbringt in dem Wasserschloß regelmäßig Weihnachten und andere hohe Familienfeste. Und in den Sommerferien zieht das Quartett, nicht minder regelmäßig, zum gemeinsamen

Sandburgenbauen nach Kellenhusen an der Ostsee. »Den Urlaub immer mit den Kindern zu verbringen, das war sehr nett, aber auch ein gewisses Opfer für mich, ich hätte hin und wieder auch gerne etwas anderes gemacht«, erinnert sich Marion Dönhoff. Sie hat in den Augen der Kinder eher die »Vaterrolle« als die einer Mutter, beide Seiten kommen klar damit. »In den Herbstferien kamen sie zu mir nach Hamburg. Wir hatten dann immer ein Massenlager in meinem winzigen Häuschen.« Hat sie von den Kindern auch etwas gelernt? »Geduld! Befehle, die in Ungeduld gegeben werden, sind ganz dumm.«

Die Kinder nehmen ihre »Respektperson« ernst – und die Respektperson nimmt ihre Kinder ernst. Als Dönhoff Mitte der 50er eine Diplomatenkarriere angeboten wird, berät sie sich »mit den beiden Jungen«, die damals 14 und 15 sind. Die fragen, »zu meiner Überraschung«, als erstes: »Kriegst Du denn da Pension?« Auch die fast noch wichtigere Frage des neuen Autos wird von den Knirpsen mitentschieden. Ein Mercedes? Unmöglich! Viel zu etabliert und zu spießig! Gut, dann ein Porsche.

Unter den zwei Jungen erwählt Marion ihren Favoriten (das Mädchen scheidet bei Marions Selbstverständnis als Identifikationsfigur aus). Hermann Graf Hatzfeldt rückblickend über sich: »Ich war als Kind eher still und zurückgezogen und hatte Sehnsucht nach Anerkennung und Liebe. Marion glaubte an mich.« Wie sollte sie auch nicht, war sie doch selbst einst in genau seiner Lage gewesen – die Kleinste und Schwächste im Familienverband.

»Besonders Hermann und ich haben uns aneinander attachiert«, und das ist bis heute so geblieben. Damit wiederholt Marion Dönhoff das ihr so wohlvertraute Muster der Geschwisterliebe: Der rund 30 Jahre jüngere Hermann wird über Jahrzehnte ihr Vertrauter, tritt in ihre Fußstapfen, indem er auf ihren Rat hin in Schwarzafrika und Princeton studiert.

Er ist auf vielen Empfängen und Weltreisen ihr Begleiter, ist der Mensch an ihrer Seite. »Ich hatte sozusagen die Rolle der Ehefrau mit ihr«, sagt er selbstironisch. Er heiratet, wie so viele Dönhoffs, spät.

Bei der bis in ihr hohes Alter frappanten Jugendlichkeit von Marion Dönhoff spielt nicht nur ihre innere Verfassung, sondern auch die familiäre Nähe zu immer viel jüngeren Leuten zweifellos eine Rolle. So ist für sie zum Beispiel die Offenheit bei der Begegnung mit der Protestjugend von 68 oder ihre Aufgeschlossenheit für ökologische Fragen auch deshalb eine Selbstverständlichkeit, weil sie noch im Urgroßeltern-alter Kinder beziehungsweise Gefährten in der Apo- und Grünen-Generation hat.

Auch als Marion Dönhoff früh anfängt, sich um den Nachwuchs für die ZEIT zu kümmern, setzt sie auf Jugend, auf männliche Jugend, versteht sich, und die vorzugsweise: groß, blond, blauäugig. Es ist wohl nicht ohne Symbolkraft, daß Dönhoff ihren späteren Nachfolger ausgerechnet am Tag vor dem 20. Juli zum ersten Mal trifft, »auf dem Weg zu den Stauffenbergs«. Sommer, damals noch Student mit Redakteurserfahrung (bei der Remszeitung in Schwäbisch-Gmünd), wird ihr von dem geschätzten Professor Eschenburg empfohlen. Wir schreiben das Jahr 1957, und sie ist mit dem 27jährigen am Stuttgarter Hauptbahnhof verabredet. Der hat so einen Bammel vor dem Treffen, daß er auf dem Weg extra noch mal in Bad Cannstatt aussteigt, um sich eine neue Krawatte zu kaufen.

Auf dem Bahnsteig in Stuttgart trifft der Student dann eine Gräfin Dönhoff, die – wie so oft – keinen Pfennig Geld in der Tasche hat (weil sie es immer vergißt, und weil sie es früher ja auch nicht brauchte). Sommer hat ihr für 4 Mark 50 die Weiterfahrt zu Stauffenbergs spendiert, »die sie prompt zurückerstattet hat«.

Und sie? »Ich sah ihn und wußte sofort: Der wird es. Und der paßt auch menschlich rein. Denn daß die Leute schreiben können müssen, ist klar, und viel wichtiger ist, daß das politisch-moralische Koordinationssystem stimmt und daß die Person menschlich nett ist.« Der erste Bube der Gräfin ist angeheuert . . .

Theo Sommer ist wohl derjenige in der ZEIT, der ihr in den folgenden fast 40 Jahren am nächsten ist. Und umgekehrt? Sommer: »Wir waren fast immer der gleichen Ansicht, was Themen und Haltung anging.« Doch wie immer, wenn man sich mag, kennt – und erträgt – er auch ihre Schwächen. »Ich hatte am Anfang Heidenrespekt vor ihr. Sie kann auch sehr harsch bis streng sein und neigt zur Ungerechtigkeit. Einen reinwürgen tut sie auch gerne. Geizig kann sie sein. Halsstarrig. Und nachtragend. Wenn sie einem vor drei Jahren ein Buch gegeben hat, liegt eines Tages ein Zettel auf dem Tisch: ›Wo bleibt die Rezension?!‹«

Und impulsiv kann sie sein. Sommer muß noch nach 30 Jahren lachen, wenn er daran denkt, wie einmal in den 60er Jahren noch ein 32-Zeilen-Kommentar auf Seite 1 fehlte. »Da meldete sich die Gräfin und sagte: Ach, ich glaube, es wäre jetzt mal an der Zeit, endlich die DDR anzuerkennen. Dazu könnte ich ja was schreiben.« Darauf Sommer entsetzt: »Finden Sie nicht, dazu sollten Sie besser einen Leitartikel machen?«

Dönhoff und Sommer haben sich Jahrzehnte lang gegenseitig redigiert. »Ich schrieb ihr immer mit Bleistift meine Anmerkungen auf ihr Manuskript. 70 bis 80 Prozent davon hat sie angenommen.« Denn wenn sie jemanden akzeptiert, nimmt sie ihn auch ernst, unabhängig vom Alter. Ihr Nachfolger bescheinigt ihr bis heute »ein Händchen für junge Leute« – und in der Tat scheint das Verhältnis der ganz Jungen zur »Gräfin« in der ZEIT entspannter zu sein als das der Midlifecriser . . .

»Ging man bei ›Em-Em‹ (Müller-Marein) in die Sprachschule, so ging man bei der ›Gräfin‹ in die Benimmschule des politischen Journalismus. Die schlimmste Sünde des Journalisten sei es, hat sie einem gesagt, der Eitelkeit zu frönen. Preußische Tugenden wie Fleiß, Pünktlichkeit, Selbstzucht, Unbestechlichkeit forderte sie nicht ab, sondern lebte sie vor«, weiß ZEIT-Chronist Janßen zu berichten. Und Theo Sommer fügt hinzu: »Eine ganze Generation von ZEIT-Redakteuren hat sie gelehrt, daß lesen muß, wer schreiben will – Zeitungen, Zeitschriften, Bücher. Wehe, es hatte einer versäumt, sich die englische Sonntagspresse gründlichst vorzunehmen! Vor den Meinungen hatten gefälligst die Fakten zu stehen.«

Inzwischen, wir schreiben das Jahr 1961, ist auch der zweite Bube, Hans Gresmann, und ein dritter, Haug von Kuenheim, angeheuert. Mit Kuenheim, groß, blond, blaue Augen und ebenfalls aus ostpreußischem Adel, pflegt Marion in dieser Zeit ihre Sonntagsspaziergänge am Elbufer zu machen. Worüber so geredet wurde? »Immer nur über die ZEIT!« Bei der Gelegenheit fragt sie dann, so ganz nebenher, ab, was in den wenige Stunden zuvor erschienenen (und im Hauptbahnhof erhältlichen) Sonntagszeitungen steht, die sie selbstverständlich schon längst gelesen hat – und wehe dem, der das noch nicht getan hatte. »Haug«, sagt sie dann: »Ich fürchte, Sie lesen zuwenig.«

»Auch in der Redaktion ging es damals unheimlich streng und sehr diszipliniert zu«, stöhnt Kuenheim noch 30 Jahre danach. »Wie in einem großen Seminar.« Ihr liberales, journalistisches Selbstverständnis formuliert Marion Dönhoff in dieser Zeit so: »Wir müssen die Emotionen rationalisieren. Wir müssen gegenhalten, wenn sich die Leute zuviel aufregen, und wir müssen anfeuern, wenn sie stumpfsinnig dasitzen und immer noch nicht begriffen haben, daß etwas Unerhörtes vorgeht.«

An Emotionen und Unerhörtheiten hat es in diesen späten 50er und den turbulenten 60er Jahren nicht gemangelt. Marion Dönhoff begleitet mit scharfer Kritik das Ende der

Oben: Jeden Sommer
nach Kellenhusen – hier
mit zweien der Ziehkinder,
mit Hermann und Christina.
Mitte: Der Dönhoff-Clan,
von links nach rechts (stehend):
Josef Müller-Marein,
Neffe Christian sowie die Brüder
Christoph und Dieter
Dönhoff. Sitzend: Alexandra, Marion
und Yvonne Dönhoff sowie Sissi.
Unten: Marion Dönhoff
auf Ischia.

Marion Dönhoff und Lieblingsneffe Hermann Hatzfeldt auf Tour.

1962. Marion Dönhoff (links), als Ehrendoktorin am US-Smith-Frauencollege.

1967. Die Ostpolitik: Marion Dönhoff mit Lew Besymenski in Moskau.

Marion Dönhoff in den 60er Jahren in Indien bei Ministerpräsident Nehru.

1959. Marion Dönhoff mit Karl Klasen (links) bei einer Schiffstaufe in Hamburg.

Marion Dönhoff im Gespräch mit Jawaharlal und Tochter Indira Nehru
(die später als Indira Gandhi Ministerpräsidentin wurde).

In den 70ern: Marion Dönhoff im Gespräch
mit Ralf Dahrendorf.

1967. Die Sympathisanten
der Ostpolitik auf dem
Weg nach Leningrad.
Von rechts: Körber, Kogon,
Dönhoff, Grass, Sommer,
Augstein, etc.

In den 70ern: Dönhoff mit Weizsäcker und Robert Birley, Headmaster von Eton

Marion Dönhoff mit ihren »Buben«: Theo Sommer und Haug von Kuenheim.

1986. Marion Dönhoff, Hilde von Lang (die heutige ZEIT-Verlegerin), Helmut Schmidt, Theo Sommer und der 1995 gestorbene Gerd Bucerius.

1986. DIE ZEIT wird 40. Von links nach rechts: Dieter Stolze, Marion Dönhoff, Haug von Kuenheim, Gerd Bucerius, Theo Sommer.

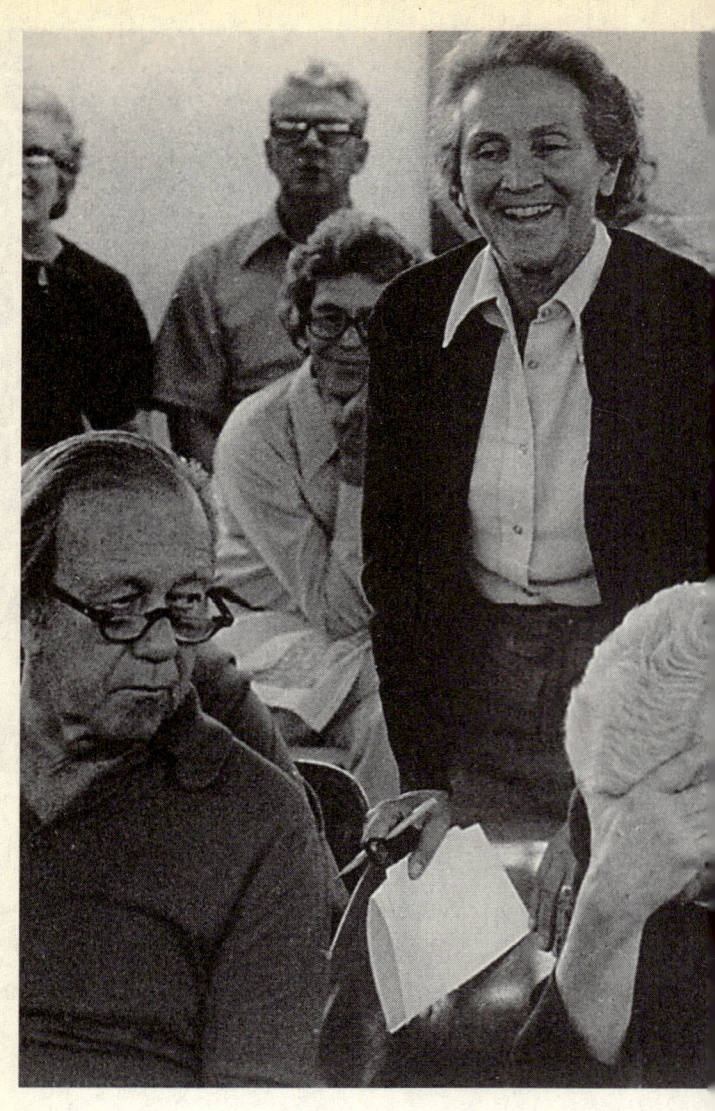

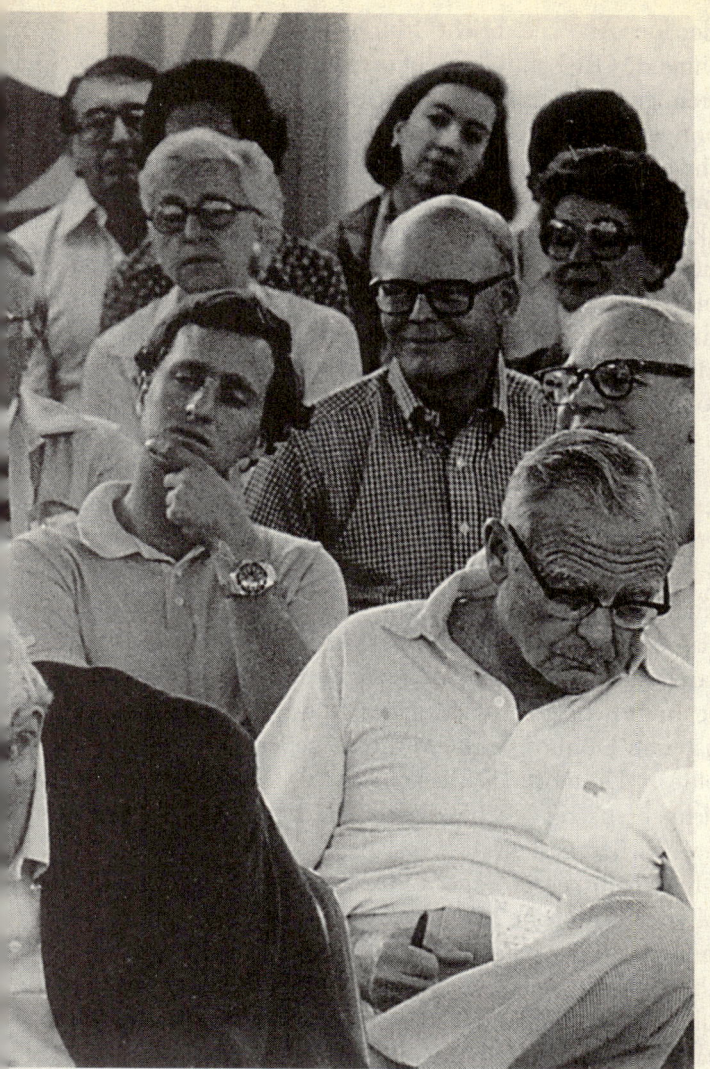

978. Marion Dönhoff auf einem Seminar im amerikanischen Aspen-Institut.

Adenauer-Ära. Sie bricht früh eine Lanze für eine versöhnende Ost-Politik, sie gibt die Hoffnung auf eine Wiedervereinigung nie auf, ohne den demagogischen Kitsch der Springer-Presse mitzumachen (über »unsere Brüder und Schwestern drüben«). Sie befürwortet vorausschauend die »Große Koalition« zwischen CDU und SPD (und damit eine zukünftige Regierungsfähigkeit der SPD), sie begleitet hellwach die Unruhen in Ungarn, der Tschechoslowakei und Polen. Sie ist entsetzt über den Vietnamkrieg, und sie sympathisiert mit der Rebellion der Jugend 1968.

In all dieser Zeit pflegt sie nicht nur ihre internationalen Kontakte – zum Beispiel ist sie mit dem Diplomaten und Historiker George F. Kennan eng befreundet und entdeckt Prof. Henry Kissinger, bevor der Außenminister wird –, sondern knüpft auch innerhalb der Bundesrepublik Verbindungen. Über Jahre sitzen um Dönhoffs Eßtisch in Blankenese einmal im Monat sechs Männer: der Physiker Carl Friedrich von Weizsäcker, der spätere Bundesbankpräsident Karl Klasen, der Wirtschaftsmanager Otto A. Friedrich sowie ein Hamburger SPD-Abgeordneter mit dem Spitznamen »Schmidt-Schnauze« (der später Bundeskanzler und noch später an Dönhoffs Seite Mitherausgeber der ZEIT werden sollte). »Dönhoffs Kaffeekränzchen« heißt es manchmal leicht abschätzig – aber in diesem Kränzchen werden so manche Weichen gestellt . . .

Innerhalb dieser sogenannten »protestantischen Mafia« halten maßgebliche Männer aus Politik und Wirtschaft und diese eine Frau Kontakt untereinander und handeln auch schon mal öffentlich, wenn es ihnen angebracht scheint. »Das Tübinger Memorandum« 1961 ist so eine Aktion dieser Mafia: Darin kritisieren namhafte Intellektuelle erstmals auf breiter Front die engherzige Ostpolitik der CDU (»Keine Experimente!«) und die hinterwäldlerische Bildungspolitik der Bundesrepublik (ein Thema, das 1968 eskalieren wird). Zu diesem Anlaß schreibt der spätere Bundespräsident Richard von Weizsäcker, damals noch von Beruf Banker, zum ersten Mal einen beachteten Artikel für die ZEIT: »Marion hat damals die ganze Seite drei damit gemacht.«

Gleichzeitig zieht Dönhoff kompetente Männer als Berater und Mitarbeiter für die ZEIT heran, darunter den Staatsrechtler Prof. Theodor Eschenburg und den Soziologen Prof. Ralf Dahrendorf. »Das waren die beiden Säulen, die der ZEIT zusätzliches Gewicht gaben«, schwärmt sie noch heute.

Marion Dönhoff vergißt nie ihre Kindheitslektion: daß das Leben einem mehr beibringt als das Lesen. Trotz ihrer Belastung als Chefredakteurin reist sie viel, tauscht sich mit Menschen aus und läßt sich besondere Ereignisse live nicht entgehen.

Als am 13. August 1961 der erste Stacheldraht für den Mauerbau gezogen wird, klingelt an diesem Sonntagvormittag kurz nach 12 Uhr bei Theo Sommer das Telefon, am anderen Ende die Gräfin: »Um halb drei geht die nächste Maschine nach Berlin. Wollen wir da nicht hin!« Wir wollen. Am Flughafen organisieren sich die beiden einen alten Käfer und schaffen es gerade noch, nach Ost-Berlin durchzuschlüpfen. Sie begeben sich mitten rein, zwischen fassungslose DDR-BürgerInnen, eisige Volkspolizisten und drohende Panzer. In ihrem darauffolgenden ZEIT-Kommentar schreibt Marion Dönhoff so zornig wie traurig: »Wir sind dem Abgrund ein gut Stück näher gerückt.«

»Unter den Talaren ist der Muff von tausend Jahren!« Herbst 1967, die APO, die außerparlamentarische Opposition, skandiert ihre ersten Slogans. Das muß einer Marion Dönhoff gefallen! Die Sympathie der ZEIT-Macherin für die gegen Verhärtungen und Autoritäten rebellierende Jugend ist so unübersehbar, daß ihre politischen Gegner sich flugs an deren Spitznamen aus längst vergangenen Frankfurter Zeiten erinnern: die rote Gräfin!

Auch ihr Verleger, Gerd Bucerius, scheint spontan angetan. Während einer Diskussion zwischen Rudi Dutschke und anderen Studentenführern mit der ZEIT-Redaktion springt der inzwischen auch schon ältere Herr plötzlich auf und jubelt, unter dem Stirnrunzeln seiner Wirtschaftsredakteure: »Sie haben ja so recht, die Jungen, sie haben ja so recht!« Na, und in Rudolf Walter Leonardts geistreich antiautoritärem Feuilleton schlagen die Wogen der Sympathie eh hoch . . .

Doch als die Empörung der Rebellen in Selbstgerechtigkeit umschlägt, Leidenschaft in Dogmatismus, und als die ersten Steine fliegen – da gehört die Gräfin zu den ersten, die warnen (»Die gesteinigte Demokratie«). Nun sitzt die ZEIT wieder zwischen allen Stühlen, wie so oft: Für Reaktionäre ist sie das »Bolschewikenblatt«, für Revoluzzer eine »Scheißliberale«.

Am 1. Juli 1968 wird Marion Dönhoff auch nominell die Chefredakteurin der ZEIT. Und am 2. Dezember 1969 wird sie 60 Jahre alt. Eine Woge von Laudatien beginnt, die sich ab nun im Fünf-Jahres-Rhythmus über die Jubilarin ergießt und von Mal zu Mal höher rauscht. Kein klangvoller Name im In- und Ausland, der da nicht dazugehören möchte – und manchmal schafft es sogar ein einzelner weiblicher Mensch, eine öffentliche Laudatio halten zu dürfen.

Im Jahre 1969 wird Willy Brandt Kanzler. Nach 25 Jahren CDU-Herrschaft der erste SPD-Kanzler der Bundesrepublik. Und der erste aus dem Exil zurückgekehrte Anti-Nazi in höchster Verantwortung. Zu dieser Kanzlerschaft hat die von Dönhoff gelenkte ZEIT viel beigetragen. Willy Brandt, der in der Adenauer-Ära oft gedemütigte Ex-Exilant und uneheliche Sohn einer Verkäuferin (Adenauer: »Brandt alias Frahm«), steht ihr auch menschlich am nächsten. Niemanden hat sie so einfühlsam und wissend porträtiert wie ihn. Ihr Nachruf zu seinem Tod 1992 beginnt mit den Worten:

»So steht er vor unseren Augen: souverän, nachdenklich, verschlossen, inspirierend, Visionen beschwörend, Loyalität erzeugend. Aber auch einsam – sehr einsam. Vor Jahren hat er einmal auf die Frage von Günter Gaus in einem Fernsehinterview geantwortet: ›Ich will es nicht dramatisieren, das mit der schwierigen Kindheit. Es war gut für mich gesorgt, das war es nicht. Aber man unterschied sich von anderen. Ich hatte viele Freunde – aber im Grund keinen, der mir wirklich nahe war . . . Lange Jahre gewohnt, mit mir allein auszukommen, fiel es mir nicht leicht, meine Gefühle und innersten Gedanken mit anderen zu teilen!‹«

Dem fügt sie hinzu: »Mit kleineren Worten läßt sich großer Schmerz wohl kaum beschreiben.« Würde Marion Dönhoff nicht auch ihre Autobiographie mit diesen Worten einleiten können . . .?

Zum 7. Dezember 1970 lädt Kanzler Brandt die Gräfin ein, mitzukommen zur Unterzeichnung der Warschauer Verträge, zu deren Zustandekommen die Journalistin so viel beigetragen hatte. »Brandt wollte vier Leute mitnehmen: Günter Grass, Siegfried Lenz, Henri Nannen und mich. Er fragte mich am Telefon Wochen vorher, und ich war begeistert, weil ich ja für Dialog und Verständigung war. Ich sagte zu. Doch als der Termin dann näher rückte, begann ich mir vorzustellen, wie das da vor sich geht. Da wurde mir klar, daß natürlich die Grenzfrage verhandelt wird. Ich hatte ja auch immer vertreten, daß wir keine Gebietsansprüche mehr erheben. Aber in Vertragsform heißt das, daß wir klar verzichten. Ich fand das richtig – aber ich wollte nicht persönlich dabei sein, wenn auf den Verlust meiner Heimat mit Sekt angestoßen wird . . . Ich hatte das Gefühl: Das halte ich nicht aus!«

Schweren Herzens entschließt Dönhoff sich im letzten Augenblick, Brandt abzusagen: »Es tut mir wahnsinnig leid, aber ich glaube, ich kann das nicht.« Sie versucht, ihm ihren

Schmerz klarzumachen, ist jedoch überzeugt, daß er ihr die Absage nie verzeihen wird.

Wenig später bekommt sie einen handgeschriebenen Brief des Bundeskanzlers: »Ich habe Sie gut verstanden und respektiere das«, heißt es darin. »Apropos Heulen muß ich Ihnen sagen: Mich kam es an, als ich die Papiere im Bundeskanzleramt für diese Sache fertig machte. Ich hoffe, Sie verstehen das. Ich habe von Warschau aus nach Hause gesprochen und hoffe, daß wenigstens Sie verstanden haben, daß ich es mir nicht leichtgemacht habe.«

Am 17. Oktober 1971 erhält Marion Gräfin Dönhoff den »Friedenspreis des Deutschen Buchhandels« für ihre »Politik der Versöhnung und Verständigung zwischen den Nationen in West und Ost«. Mehr noch: für ihre »Lebensarbeit für die Idee des Zusammenlebens der Völker ohne Gewalt«.

Viel später wird der Deutsche, der in Warschau vor dem polnisch-jüdischen Leid auf die Knie fiel, wird Willy Brandt zu der Frau, die den tiefen Schmerz um den Verlust ihrer Heimat Ostpreußen um des Friedens willen hintangestellt hat, sagen: »Sie und die ZEIT haben das Volk auf unsere Ostpolitik vorbereitet.«

Marion Dönhoff und Paul Doty bei einer Diskussion im Aspen-Institut.

Heute, 1972 bis 1996

Wir schreiben das Jahr 1972. Am Ende dieses Jahres wird Marion Dönhoff von ihrer Funktion als amtierende Chefredakteurin zurücktreten und der von ihr ausgewählte Nachfolger Theo Sommer ihren Platz einnehmen. Sie wird die erste »Herausgeberin« der ZEIT – rund 20 Jahre später sind es drei (Dönhoff, Schmidt und Sommer) –, bleibt jedoch auch dem Tagesgeschäft der Redaktion verbunden. Bis heute ist sie – so sie nicht gerade einen Vortrag in Amerika hält, eine Konferenz in Rom besucht oder ein Interview in Moskau macht – in ihrem Büro im sechsten Stock des Presse-Hauses, wo sie seit fast 50 Jahren ist.

In den 70er Jahren nutzt Dönhoff das weniger Eingebundensein in den ZEIT-Apparat zum verstärkten Reisen. Nicht selten wird sie so empfangen wie 1979 in Ägypten, wo anläßlich ihres Aufenthaltes mehrere Gespräche mit dem damaligen Staatspräsidenten El Sadat auf dem Programm stehen und die Presse jeden Schritt ihrer Visite registriert – bis hin zu der Schlagzeile des »Journal de l'Egypte«: »Gräfin Dönhoff beendet ihren Besuch in Ägypten«.

Im Ausland scheint Gräfin Dönhoff eher als Abgesandte ihres Landes denn als Journalistin einer Zeitschrift empfunden zu werden. Sie schlüpft mehr und mehr in die Haut, in der auch die (männlichen) Grafen der früheren Generationen ihrer Familie sich so gerne bewegt haben: Sie ist Diplomat, Diplomat ohne Anstellungsvertrag und ohne Weisungsgebundenheit. Und sie pflegt ihre alte Leidenschaft, die Außenpolitik.

Es ist genau die Zeit, zu der nicht nur in Deutschland die Frauen den Blick verstärkt nach innen richten: »Das Private ist politisch!« deklarieren die Feministinnen der westlichen

Welt – und meinen damit nicht etwa das Öffentlichma-
chen des Privaten à la Sensationsmedien, sondern die Tatsache, daß Frauen über das Private definiert werden: nicht der
berufliche Erfolg zählt, sondern der als Objekt der Begierde
und als Mutter. Daraus folgt, daß der Kern des klassischen
Frauenlebens sich im sogenannten »Privatbereich« abspielt:
aus »privaten« Gründen leisten Frauen Gratis- und unterbe-
zahlte Arbeit, verzichten sie auf die Hälfte der Welt und werden sie Opfer unaussprechlicher Gewalt. Als in der ersten
Hälfte der 70er Jahre der Kampf um die Abschaffung des §
218 (und damit für eine angstfreie Sexualität und selbstbe-
stimmte Mutterschaft) erstmals wieder hohe Wellen schlägt,
da gehört die ZEIT zwar zu den wenigen Stimmen, die darüber aufgeschlossen und fortschrittlich berichten, doch aus
der Feder der Gräfin ist nicht ein Wort bekannt zu diesen
»Frauenthemen«. Und dabei bleibt es auch in den darauffolgenden Jahren. Sie, die unter Männern reüssierte, hält sich,
bewußt oder unbewußt, fern vom »Weiberkram« – ganz wie
einst in Friedrichstein.

Auch als Dönhoff im November 1987 die EMMA-Redak-
tion besucht und sich dort einem Interview stellt, ist die Stimmung zwar auf beiden Seiten aufgeschlossen, jedoch spielt
sich gleichzeitig folgender Dialog ab: »Frage: Was wäre, wenn
Sie 1970 zwanzig gewesen wären? Dönhoff: Dann wäre ich
wohl bei dieser APO gewesen. Frage: Und die Frauenbewegung? Dönhoff: Wie? Frage: Und die Frauenbewegung? Dönhoff: Das kann ich mir gar nicht vorstellen, daß ich in einer
Gruppe von nur Frauen gekämpft hätte . . .«

Warum sollte sie auch. Schließlich lebte Marion Dönhoff
ein Leben lang ein Männerleben – auch wenn sie eine Frau ist.
Der Hauptteil ihres Lebens hat sich außerdem zu einer Zeit
abgespielt, in der das Frausein für eine Karrierefrau kein
Thema war, keines sein durfte. Denn wenn es eines gewesen
wäre, wäre eine solche nicht anpassungsbereite Frau rasch

zurückverwiesen worden an »ihren« Platz. Doch diese Zeiten beginnen, sich zu ändern.

Auch Marion Dönhoff selbst scheint den Konflikt irgendwie zu ahnen. Sie ist gerührt – und weiß es auch zu schätzen –, als sie auf dem EMMA-Titel im November 1987 liebevoll-ironisch als »Der Häuptling« porträtiert wird: »Wahrhaftig«, schreibt sie, »noch nie ist ein Mitglied meiner Familie so liebenswürdig geschildert worden und mit soviel Aufwand an Research und Akribie – daß das mich trifft, rührt mich zutiefst. Denn eigentlich habe ich – schon gar nicht im Hause der Feministinnen – soviel Nachsicht verdient.«

Schon 1981 will es auch die FAZ wissen und fragt Marion Dönhoff in ihrem Fragebogen, was sie an Frauen schätzt und was an Männern. »Humor« bei Männern, antwortet die Gräfin, und »Ritterlichkeit« bei Frauen. – In der Tat, da sind sich alle einig, macht sie sich nichts aus Frauen, die traditionell in der »Weiblichkeit« verhaftet sind, eben Frauen, »die sich so anstellen«. So denn überhaupt eine Frau Beachtung in ihren Augen findet, muß sie die doppelte Leistung bringen, nämlich die besten weiblichen und die besten männlichen Eigenschaften vereinen, will sagen: warmherzig und temperamentvoll sein – plus klug und chevaleresk.

Und das Männerbild der Gräfin? Da gibt es zum einen die erwähnten blauäugigen Helden, die es leicht haben bei Marion. Aber dann gibt es da noch die Anti-Helden: die Irritierteren, Sensibleren. Bei den ersteren neigt sie zur distanzlosen Bewunderung aus der Ferne, bei den zweiteren zur distanzierten Zuneigung aus der Nähe.

Die Verdrängung ihres Frauseins ist keinesfalls untypisch für ihre Frauengenerationen, die noch allein und individuell aufbrechen mußten in eine von Männern dominierte Welt. Auch Chefreporterin Nina Grunenberg, die seit 1969 bei der ZEIT ist, hat sich lange Zeit die Frage überhaupt nicht gestellt. »Mein Verhältnis zu Frauen? Darüber habe ich mir ehrlich gesagt nie Gedanken gemacht. Ich war dankbar, daß ich hier sein konnte und fand, daß es mein Recht ist.«

Und die »neuen« Frauen, die Generation der bewußten Feministinnen in der ZEIT, Redakteurinnen wie Margrit Gerste oder Susanne Mayer? Sie scheinen schon dankbar, daß überhaupt ein weiblicher Mensch in ihrer Branche eine so respektable Rolle spielt, wie Dönhoff das zweifellos tut. Daß so eine nicht auch noch Feministin ist, ja nicht sein kann und darf – das begreifen einfühlsame Feministinnen meist nur zu gut.

Die ZEIT steht weiterhin im Mittelpunkt des Lebens von Marion Dönhoff, auch wenn sie nicht mehr im Zentrum der ZEIT ist. Anfang der 80er gerät die Zeitschrift in eine Krise, Verleger Bucerius will das Redaktionsstatut kündigen, Co-Chefredakteur Stolze will das (links-)liberale Blatt auf rechten Kurs bringen. Und wer steht an der Spitze des Widerstandes? Die Gräfin! Sie ist es, die Sommer vor der »Konspiration« der anderen warnt und die der Redaktion zum »Streik« rät. – Der Konflikt wird im letzten Augenblick beigelegt, doch die guten alten Zeiten, in der die Redaktion noch ein Blatt machte, das sie »selber gerne liest«, die sind vorbei.

Seit 1975 schreibt DIE ZEIT schwarze Zahlen – und wo Gewinn ist, muß im Kapitalismus mehr Gewinn her. Das ist der Moment, wo die Gräfin es noch einmal wissen will. »Ich habe damals davon geträumt, wie es denn wäre, wenn wir wieder ein kleines Blatt machen würden, so wie früher. Eine Zeitschrift der Autoren, ohne Werbung. Ich habe mir einfach gewünscht, von diesen Scheißkerlen unabhängig zu sein – das wäre wundervoll gewesen.« Aber die anderen ziehen nicht mit. Und vielleicht ist es ja auch nur ein schöner Traum. Die Zeichen der Zeit stehen nicht mehr auf Risiko, sie stehen auf Sicherheit.

Längst sind die ZEIT-Pioniere weg oder an den Rand gedrückt und machen sich die Technokraten auch in dem immer behäbiger werdenden Wochenblatt breit. Jemand wie Dönhoff hat seit 1972 zwar den ehrenvollen Titel einer »Herausgeberin«, aber heute keine reale Macht mehr im Blatt. Ihre eigenen Texte erscheinen noch, doch darüber hinaus verfügt die Frau, die laut Wirtschaftsmagazin »Forbes« eine der »drei einflußreichsten Frauen Deutschlands« sein soll, redaktionell über keine einzige Seite in der Zeitschrift, als deren Seele sie noch immer gilt.

Um so mehr Raum bleibt der Unermüdlichen für andere Aktivitäten. In den Jahren 1988 und 1994 veröffentlicht sie (ein Vierteljahrhundert nach »Namen, die keiner mehr nennt«) erstmals wieder zwei Autorenbücher: »Kindheit in Ostpreußen« und »Um der Ehre willen: Erinnerungen an die Freunde vom 20. Juli«. Die Honorare aus diesen Bestsellern – die Bücher der Gräfin sind meist Bestseller – fließen nicht etwa in die Tasche der Autorin, sondern direkt in eine von ihr gegründete Stiftung und einen gemeinnützigen Verein.

Der von ihr vollfinanzierte Verein unterhält, wie erwähnt, in Hamburg die Wohnung, in der aus dem Gefängnis entlassene Männer Unterkunft finden. Und die Dönhoff-Stiftung finanziert Intellektuellen aus Osteuropa kurzfristige Studien- und Rechercheaufenthalte in Deutschland. Meist sind es Polen, oft auch Russen, die keine Möglichkeit haben, sich Westdevisen zu beschaffen. Und das hat nicht nur einen Vorteil für diejenigen, die die Chance haben, kommen zu können, sondern auch für die Gräfin, nach der vertrauten Devise: lernen durch leben. Am Ende eines solchen Aufenthaltes kommen die Stipendiaten gerne nach Hamburg und werden von ihr befragt, wie es denn so war und was ihnen so aufgefallen ist . . .

Die Bücher, deren Honorare Marion Dönhoff in ihre Stiftung und ihren Verein investiert, schreibt sie am liebsten in Forio auf der italienischen Insel Ischia. Dort haben sich die Dönhoff-Geschwister in den 50er Jahren auf dem Hügel des

Marion Dönhoff mit ihren Freunden Henry Kissinger und Fritz Stern.

Marion Dönhoff in ihrem ZEIT-Büro im Gespräch mit Punkern 1995.

Marion Dönhoff mit Helmut Schmidt in New York.

Marion Dönhoff mit Willy Brandt im Gespräch.

1992. Marion Dönhoff im Gespräch mit Michail Gorbatschow.

1991. ZEIT-Herausgeberin Dönhoff mit SPIEGEL-Herausgeber Augstein.

1981. Marion Dönhoff bei der Friedenspreisverleihung für Freund Lew Kopelew.

1988. Marion Dönhoff erhält in Düsseldorf den Heine-Preis. Hier im Gespräch mit Richard von Weizsäcker und Rita Süssmuth.

Marion Dönhoff auf Reisen: mit ihren Neffen Hermann und
Stanislaus (oben Mitte) sowie dessen Frau Bella in Indien

1970. Die vier Geschwister zum 70. Geburtstag von Yvonne in Forio.
Von links: Christoph (Toffi), Yvonne, Dieter, Marion

Ihre Nächsten: Lieblingsneffe Hermann Graf Hatzfeldt und Frau Angelika.

1996: Marion Dönhoff an ihrem Schreibtisch in Hamburg-Blankenese.

Städtchens ein altes Weingut gekauft und in dem von einer Mauer umgebenen, verwunschenen Garten und den rustikalen Räumen noch einmal einen Hauch von Friedrichstein aufleben lassen.

Als Marion in Forio im Sommer 1987 ihre Kindheitserinnerungen aufschreibt, lebt Schwester Yvonne noch. Sie wird von allen als warmherzig, strahlend und lässig geschildert. Hartmut von Hentig, immer wieder einmal zu Gast in Forio: »Yvonne konnte einem Penner Geld geben und sagen: ›Kaufen Sie sich eine Flasche Wein dafür.‹ – Marion hat das mißbilligt und eher erwartet, daß der Mann sich einen Laib Brot holt.«

Als Marion Dönhoff 1994 ihr bisher letztes Buch niederschreibt – ihre schmerzlichen Erinnerungen an die verlorenen Gefährten vom 20. Juli –, da ist sie allein zurückgeblieben. Keines der Geschwister lebt mehr. Sie, die ein Leben lang die Jüngste war, ist nun die Älteste in der Familie. Eine Rolle, die sie so gar nicht gewohnt ist.

Die Anekdoten über Marions alterslose Energie und Unermüdlichkeit sind Legende. Im Winter 1986 zum Beispiel – da ist sie immerhin auch schon 77 Jahre alt – ist sie zu Besuch bei MC Metternich in Klosters. MC, in der Frühe auf Skitour, findet beim Zurückkommen einen Zettel von Marion vor ihrer Haustüre: »Ich bin unangenehm hingefallen und habe mich einen Moment hingelegt.« Viel länger als einen Moment darf sie auch gar nicht liegenbleiben, denn am übernächsten Tag hat Dönhoff schon wieder eine Konferenz in Brüssel.

MC aber macht sich Sorgen und besteht darauf, daß die Freundin sich röntgen läßt. Der Arzt stellt, nach einer ersten Untersuchung, einen Riß in der Wirbelsäule fest. Marion aber tut das mit einem wegwerfenden »Ach was« und der Behauptung ab, das sei »eine ganz alte Stelle, da bin ich als Kind mal vom Pferd gefallen«. Der Arzt besteht dennoch darauf, daß sie sich ein zweites Mal und gründlicher in Davos untersuchen läßt – wo sich herausstellt, daß zwei Wirbel gebrochen sind. Jede weitere Bewegung hätte in Bruchteilen einer Sekunde zu einer Querschnittslähmung führen können . . .

Nun wird eine schimpfende Marion ins Krankenhaus gebracht, wo sie am liebsten am selben Tag wieder verschwinden würde. Nur das Defilee von Besuchern aus der ganzen Welt und ein Stapel rasch rangeschaffter Loriot-Kassetten kann die sechs Wochen lang Eingegipste trösten: »Am liebsten sehe ich die Geschichte von Müller-Lüdenscheid. Da ist was mit einem Bad, das ist wahnsinnig komisch.«

Jahre später passiert ein zweites Malheur, das beinahe ins Auge gegangen wäre, aber eben auch nur beinahe. »Fahrerflucht«, titelt »Bild« am 8.7.1994. »Gräfin Dönhoff: Führerschein weg!« Und auch das »Hamburger Abendblatt« meldet in Schlagzeilen den »Fehltritt der Gräfin«. Die hatte bei einer morgendlichen Autofahrt zum Flughafen einen Honda geschrammt, sich kurzerhand die Nummer notiert und hatte nicht auf die Polizei gewartet, sondern war weitergefahren, um das Flugzeug nicht zu verpassen. »Ich dachte, Fahrerflucht begeht nur derjenige, der flieht . . . Außerdem sollte mein Büro dann alles regeln.« Da hat die Gräfin aber die Rechnung ohne den Hausmeister Ivo H. gemacht, der zufällig des Weges kommt.

Der meldet das Unerhörte umgehend der Autobesitzerin sowie der Polizei – die die Eilige am Flughafen abfängt . . . 14.000 DM Strafe muß Marion Dönhoff zahlen – und erhält ihren so geliebten und für ihre persönliche Freiheit ganz und gar unentbehrlichen Führerschein tatsächlich zurück. Sie fährt wieder los.

Eine Marion Dönhoff hat sich der Herausforderung ihres Lebens als Frau unbewußt, aber als Mensch konsequent gestellt und sich nie gescheut, offen »männliche« Qualitäten zu haben – die sie allerdings gerne verdeckt mit einer gewissen Zartheit und Mädchenhaftigkeit. Doch sie bricht aus der Enge der Weiblichkeit aus, in die sich ihre Mutter und Großmütter noch schickten.

Im Alter schließt sich unerwartet ihr Lebenskreis. Fast ein halbes Jahrhundert nach ihrer Flucht aus der Heimat fährt sie im Sommer 1995 mit ihrem Großneffen Friedrich ins benachbarte Polen. Der Anlaß ist höchst erfreulich: Im polnischen Mikolaiki wird eine Schule nach der einst von der Königsberger Schulbank Relegierten benannt: das »Lyzeum Marion Dönhoff«, für dessen SchülerInnen die so Geehrte ein »nachahmenswertes Vorbild« ist und dessen Pädagogen und Eltern sie als »unbestreitbare Autorität« gilt. In diesen letzten Jahren sind viele Ehrungen auf Marion Dönhoff niedergeprasselt – unter anderem ist sie auch zur Professorin der Hamburger Universität ernannt worden – doch keine hat ihr soviel sichtbaren Spaß gemacht wie die Benennung einer polnischen Schule nach ihr! Eine Dönhoff ist eben der Jugend und der Heimat verbunden –, egal ob die, im Laufe der bewegten Geschichte, gerade mal wieder polnisch, deutsch oder russisch ist.

Im August 1989 war Marion Gräfin Dönhoff zusammen mit ihrem Neffen Hermann zum ersten Mal zurück in ihre – heute russische – Heimat gefahren, wo auch Hermann noch geboren ist. Die beiden reisen in einer »Ente« durch Polen, auf dem Rücksitz ein kleines Modell des in den Kriegswirren verlorengegangenen Kant-Denkmals.

Es ist, nach über 44 Jahren, ihre erste Reise zurück – eine Reise, die sie eigentlich »nie machen wollte«. »In der Zeit, in der so viel Schindluder mit den Wertvorstellungen von Heimat und Patriotismus getrieben wurde«, schreibt sie später, in dieser Zeit »hatte sich mein Heimatgefühl auf Ostpreußen reduziert. Genauer gesagt, es war zusammengeschrumpft auf meine engste Heimat Friedrichstein.« Und nun das Wiedersehen . . . Doch das Wiedersehen ist keines, zumindest nicht, was Friedrichstein anbelangt.

»Der erste Blick fällt auf den verträumten See, schön wie eh und je, zumal jetzt, da die Baumkulissen, die ihn einrahmen, vom ersten herbstlichen Glanz verklärt sind. Aber was man dann sieht oder vielmehr nicht sieht, ist unfaßlich: Das riesige Schloß ist wie vom Erdboden verschluckt, nichts ist davon geblieben, nicht einmal ein Trümmerhaufen. Wir müssen eine Weile suchen, ehe wir finden, wo genau es gestanden hat. Vom Rasenplatz, den Hecken, den Wegen ist nichts mehr zu sehen. Die alte Mühle – einfach weg, der lange Pferdestall – weg auch er. Alles ist überwuchert von Sträuchern, Brennesseln, heranwachsenden Bäumen. Ein Urwald hat die Zivilisation verschlungen.«

Mit diesen Worten schildert Marion Dönhoff in der ZEIT ihr Wiedersehen mit Friedrichstein. Und sie beschließt den Bericht über ihre Rückkehr in die Vergangenheit mit der so vernünftig klingenden Erkenntnis: »Für mich hat sich ein merkwürdiger Bedeutungswandel vollzogen. War Friedrichstein bisher eine Realität, unerreichbar zwar, aber doch existent, so ist es jetzt zu einer unwirklichen Erscheinung der Traumwelt geworden – und da ist es eigentlich ganz gut aufgehoben.«

Drei Jahre später fährt Marion Dönhoff noch einmal nach Königsberg, diesmal mit Friedrich Dönhoff. Es geht um die Einweihung des nun in Originalgröße neu in Bronze gegossenen Kant-Denkmals. »Denn so ein kleiner Kant, der im Museum steht, das geht doch nicht.« Gräfin Dönhoff hatte in der ZEIT zu Spenden aufgerufen und tatsächlich das nötige Geld zusammengebracht, so daß der Philosoph zurückkehren kann in seine Heimatstadt.

Bei der feierlichen Enthüllung scheint die Sonne, der Himmel ist strahlend blau, und die Menschen sind gerührt. Die Stifterin Dönhoff greift zum Mikrophon und sagt: »Kant liebte seine Heimatstadt Königsberg, aber er war nie ein Nationalist.« Und sie zitiert den Russen Jury Iwanow mit den Worten:»Kant gehört nicht euch und er gehört nicht uns – er gehört der Welt.« Der Rektor der Universität ist so gerührt, daß er nach der feierlichen Enthüllung auf die bis dahin unbekannte Nachbarin zugeht, sie in die Arme schließt und die einzigen Worte schmettert, die er auf Deutsch kennt: »Ich liebe Dich!«

An einem dieser drei Tage in Königsberg macht die damals 82jährige Marion zusammen mit dem 24jährigen Friedrich einen letzten Ausflug in die Vergangenheit. Begleitet von Chauffeur und Dolmetscher fährt sie noch einmal nach Friedrichstein – ein Ort, der dem russischen Taxifahrer unbekannt ist. Die Fahrt durch die so vertraute Landschaft und die Dörfer macht ihr sichtlich Spaß. Doch je näher sie dem Ort kommen, an dem die Dönhoffs über Jahrhunderte gelebt haben, um so klammer wird ihr ums Herz.

Da, wo einst das Schloß stand, steigen alle aus, auch Marion Dönhoff. Auf der Wiese weiden wieder die Kühe, der See wuchert langsam zu, kein Mensch und kein Stein weit und breit. Marion Dönhoff geht langsam über das Gelände, allein, bis hin zum See. »Hier haben wir als Kinder immer gebadet.« Da, wo sich einst das Schloßportal zum See hin öffnete, bleibt sie stehen . . . geht weiter am Ufer lang . . . hält inne . . . wie verloren.

Dann, plötzlich gibt sie sich einen Ruck, wendet sich ab, geht zurück zu den anderen und steigt wieder ins Auto. »Es war traurig zu sehen, wie alles ausgelöscht ist – wie eine Welt vollkommen ausgelöscht ist.«

Marion Dönhoff möchte noch einmal an die Kurische Nehrung, an die versandeten Ufer der Ostsee, dorthin, wo sie als Kind und junge Frau so oft so vergnügt geritten oder gefahren ist. Geritten ist sie übrigens nach dem langen, langen Ritt auf Alarich nie mehr. Reiten, das scheint für sie so unlösbar mit den sandigen Waldböden und weiten Himmeln von Ostpreußen verbunden, daß sie nach dem Ritt gen Westen nie mehr auf ein Pferd stieg.

An diesem Tag fahren sie mit dem Auto. Zwei Stunden geht die Fahrt, zunächst quer durch die Orte, die zur Zeit von Friedrichstein blühende Güter waren. Fast alles ist zerstört. Einmal steigt die einstige Herrin von Friedrichstein noch aus, sieht sich um in der Wildnis, stellt Fragen und sagt dann, ganz leise: »Hier waren mal überall Höfe . . . Die sind systematisch vernichtet worden . . .«

Das letzte Stück zur Ostsee geht quer durch einen Wald. Die kleine Truppe muß zu Fuß laufen. Marion kennt den Weg. Plötzlich stehen sie am Meer. Das sieht aus wie früher. Es riecht wie früher, und es macht dieselben Geräusche wie früher. Dem Meer ist es egal, ob es deutsch, polnisch oder russisch ist.

Dies war, wird sie später sagen, ihr letzter Besuch in der Heimat. »Ich mache das nicht noch mal.« Wie hatte Marion Dönhoff einige Jahre zuvor geschrieben? »Lange Zeit hatte ich wider alle Vernunft gehofft, irgendein Wunder werde geschehen . . . Denn es gibt neben dem Bewußtsein des Tages eben doch auch die nächtlichen Träume.« Für einen Moment lang ist der Traum Wirklichkeit – und die Wirklichkeit Traum.

Am Tag darauf fliegt Marion Gräfin Dönhoff zurück in die Stadt, die ihr auch nach einem halben Jahrhundert nie »Heimat« geworden ist. »Vielleicht«, hat sie einmal geschrieben, »vielleicht ist dies der höchste Grad der Liebe: zu lieben ohne zu besitzen.«

Zwei, drei letzte Worte ...

Alice Schwarzer: Wir haben im letzten Jahr viel Zeit miteinander verbracht und – für Ihre Verhältnisse – sehr viel miteinander geredet. Was erhoffen Sie sich von dem Projekt?

Marion Dönhoff: Sie meinen das Buch? Das war Ihr Vorschlag! Ich wäre nie auf den Gedanken gekommen, daß einer ein Buch über mich schreibt.

Alice: Sie haben dann aber in den Gesprächen viel dazu beigetragen, haben ein Stück von sich preisgegeben.

Marion: Ach, das habe ich auch in hunderten, wahrscheinlich tausenden von Artikeln getan. Da geht doch jedes Mal ein Stück vom eigenen Wesen ein.

Alice: Und was könnte ein anderer Blick auf Sie bringen?

Marion: Eine Zusammenfassung vielleicht. Keiner hat sich bisher die Mühe gemacht, alle diese Artikel zu lesen. Und wenn ein Mensch wie Sie das tut, ist das schon interessant.

Alice: Mit der Frauenfrage haben Sie sich in Ihrem Leben ja nicht gerade im Übermaß beschäftigt ...

Marion: Daß Frauen mehr Platz haben wollen und mehr Gleichberechtigung, finde ich richtig. Aber ich bin gegen die Quote, weil damit den Frauen was eingeredet wird, die es nicht von sich aus anstreben. Und wenn das dann schiefgeht, heißt es: Das haben wir ja gleich gesagt.

Alice: Ihnen mußte niemand was einreden. Sie konnten alles und haben quasi ein Männerleben gelebt.

Marion: Ich finde, es gibt keine extra Frauenleben und extra Männerleben.

Alice: Theoretisch stimmt das. Aber praktisch sieht es anders aus, gibt es Zuweisungen.

Marion: Aber diese Zuweisungen wollen wir ja nicht mitmachen.

Alice: Haben Sie es je bedauert, daß Sie auf Kinder verzichtet haben?

Marion: Nein, überhaupt nicht. Ich habe ja auch zwei Generationen von Kindern großgezogen, die mir sehr nahe waren. Ich habe nie etwas vermißt oder bedauert.

Alice: Da, wo Sie sich bewegt haben, waren Sie oft die einzige Frau.

Marion: Ja, sehr oft. Aber ich war auch schon in der Schule das einzige Mädchen in der Klasse, und auch zu Hause spielte ich mit den Jungs. Das ist mir nicht als etwas Ungewöhnliches aufgegangen.

Alice: Gab es Situationen, in denen Sie als Frau an Grenzen gestoßen sind? Wären die Männer manchmal lieber unter sich gewesen?

Marion: Nein, eigentlich nicht. Wenn die saufen wollten oder dumme Witze erzählen, dann war ich sowieso nicht mehr da.

Alice: Und wie sind die Männer mit Ihnen umgegangen? Wie mit einem Kumpel – oder wie mit einer Dame?

Marion: Doch eher mit einem gewissen Abstand, der aber immer freundschaftlich ist.

Alice: Wenn Sie als junge Frau ans Schreiben gedacht haben, gingen Sie davon aus, daß Sie »schriftstellern« werden.

Marion: Ich hatte immer den Drang, zu schreiben. Aber im Krieg war einfach keine Zeit, da war ich von morgens bis abends auf den Beinen. Zum Schriftstellern hätte es wohl auch nicht gereicht – darum habe ich großes Glück, daß ich durch Zufall die Chance hatte, Journalistin zu werden.

Alice: Sie haben zwar mit dem Journalismus Ihr Brot verdient, waren aber materiell gleichzeitig immer in einer sehr privilegierten Situation, schon qua Herkunft.

Marion: Immer privilegiert? Ich habe mein zweites Leben mit Null angefangen. Ich bekam 600 Mark im Monat, mehr hatte ich nicht. Und der Titel war eher hinderlich. Bis zum Beweis des Besseren hieß es: Was will die denn hier . . .?

Alice: Gleichzeitig waren Sie aber doch Ihr Leben lang dank Ihrer Herkunft abgesichert und hatten auch entsprechende Beziehungen.

Marion: Was heißt abgesichert? Wodurch denn? Bei meinen Freunden spielt es übrigens keine Rolle, ob ich Besitz habe oder im Armenhaus bin. Wobei das Leben im Armenhaus lästig wäre, da könnte man ja nicht mal telefonieren (lacht). Aber im Grunde ist es mir egal, ob ich arm oder reich bin.

Alice: Bei der ZEIT sind Sie zwar nicht mehr in der alltäglichen Verantwortung, aber doch noch dabei. Wird das so bleiben?

Marion: Ja, das bleibt so. Aber wenn ich eines Tages das Gefühl habe, die Kollegen fänden, sie hätten nun genug von so einem alten Herausgeber, dann schreibe ich eben woanders.

Alice: Wie gehen Sie eigentlich mit Ihrer Zeit um?

Marion: Ich bin immer außerordentlich zeitbewußt gewesen. Mir geht es furchtbar auf die Nerven, wenn jemand lange, unnütze Geschichten erzählt oder zu lange Artikel schreibt. Dann denke ich: Warum kann der das nicht kurz machen?!

Alice: Da gibt es ja des öfteren Anlaß bei der ZEIT.

Marion: Leider. Da kann ich mich eben nicht durchsetzen.

Alice: Und die gesellschaftlichen Verpflichtungen?

Marion: In Hamburg habe ich erreicht, daß ich meine Abende für mich habe, weil ich immer abgesagt habe. Nun werde ich ganz in Ruhe gelassen. Und wenn ich nicht gerade selber Gäste habe, bin ich fast jeden Abend alleine und lese oder arbeite.

Alice: Es sieht so aus, als würde unser Buch bald erscheinen. Meinen Sie nicht, daß einige Leute erstaunt gucken werden, wenn unserer beider Namen zusammen auf einem Buchdeckel stehen?

Marion: Sicher ist das so. Aber mir ist das völlig wurscht.

Im Gespräch: Marion Dönhoff und Alice Schwarzer.

Marion Dönhoff im Gespräch
mit Alice Schwarzer

Alice Schwarzer: Sie haben sich in den letzten Jahren zunehmend beunruhigt zu Fragen von Verantwortung und Moral in der Demokratie geäußert. Schon in den 50er Jahren waren Sie alarmiert. Hat sich seither nichts verändert?

Marion Dönhoff: Da hat sich Entscheidendes geändert. Und zwar seit Mitte der 60er Jahre, einmal durch die Große Koalition und dann durch die Studentenrevolte. Die Deutschen heute sind eben wirklich demokratisch. Die drei Haupthindernisse, die dem entgegenstanden, haben sie überwunden.

Erstens: den Militarismus Wilhelms II. und Hitlers, diese Begeisterung für Waffen. Wenn Sie dagegen an die »Ohne-Mich«-Bewegung in den 50er Jahren denken: Was hatte die Regierung für Schwierigkeiten, das Volk für die Wiederbewaffnung zu überzeugen, das ging jahrelang. Dann die Demonstrationen gegen den Golfkrieg. Und jetzt Vorbehalte sogar gegen deutsche Blauhelme in Bosnien.

Zweitens: Der Nationalismus ist überwunden. Viele Menschen sind schon ganz traurig, weil die jungen Leute angeblich keine nationale Identifikation haben. Dazu kann ich nur sagen: Mir hat der Adolf alles Vaterländische ausgetrieben! Bei mir geht nichts vor sich, wenn ich die Fahne sehe. Es könnte jemand genausogut ein Bettuch aufhängen. Durch das Hinzukommen der DDR mag das mit dem Nationalismus jetzt allerdings anders werden.

Drittens: Keiner will Macht haben. Die Deutschen wollten früher immerfort Macht haben. Kolonien mußte man haben, Gewehre mußten es sein, eine Flotte mußte man haben. Heute sagen die Leute: »Natürlich will ich ein zweites Auto und eine kleine Datscha irgendwo in Italien oder in

Bayern. Und jedes Jahr ein bißchen mehr Gehalt – aber Macht? Nein, das bringt nur Ungelegenheiten.«

Diese drei Dinge, die unsere Nachbarn immer so beunruhigt haben, sind erledigt. Für die Franzosen gibt es das alles noch, zwar etwas verdeckt, aber es braucht nur irgendeinen Anlaß . . . Sogar als es um Agrarpreise ging, war der Teufel los in Frankreich, es ging bis Sedan zurück, alles wurde uns wieder aufgetischt.

Schwarzer: Wo würden Sie denn heute die spezielle deutsche Problematik sehen?

Dönhoff: Noch nie hat es einen deutschen Staat gegeben, der so offen und so demokratisch war wie der heutige. Ich sehe auch keine Gefahr in diesen Rechts-Gruppen. Wenn ich einmal so einen randalierenden Haufen sehe, denke ich: Wenn ich die jetzt fragen würde, wann hat der Hitler eigentlich regiert, hätten sie keine Ahnung. Sie wüßten nicht, ob das im vorigen Jahrhundert war oder in diesem. Provozieren ist natürlich immer schön, und viele dieser armen Kerle sind ja ohne Arbeit, hängen so herum und überlegen, was für ein Ding man drehen könnte. Aber ich meine, sie sind nicht im politischen Sinn gefährlich.

Die Vorläufer der Nazis habe ich ganz anders empfunden. Damals war der Boden bereitet: durch die Wirtschaftslage, den verlorenen Krieg, die Inflation. Ich finde auch das Gejammer, wir hätten keine Außenpolitik, übertrieben. Wir haben sehr wohl eine Außenpolitik. Darin ist Kohl Gott sei Dank ganz eisern. Seine Politik hat zwei Pfeiler: Europa, also die Europäisierung Deutschlands, und die Ostpolitik. Jahrelang war doch, während aller vier Legislaturperioden der CDU, nach Osten hin alles dicht. Man wußte nichts vom Osten, es war verboten, hinzufahren, und bis Mitte der 60er Jahre gab es das »Handschellengesetz«: Jeder DDR-Funktionär, der über die Grenze kam, konnte verhaftet werden.

Schwarzer: Häufig werden Parallelen zwischen der Aufarbeitung der Stasi-Vergangenheit und der Nazi-Vergangenheit gezogen. Scheint Ihnen das gerechtfertigt?

Dönhoff: Bis zu einem gewissen Grad ist die Parallele wohl gerechtfertigt. Die Stasi hier, die Gestapo da, das war natürlich ähnlich, diese Ideologen haben die Leute drangsaliert und bespitzelt. Aber es ist natürlich falsch zu sagen, Hitler und Stalin, die sind gleich. Sicher, die Systeme waren beide totalitär organisiert, aber auf der Grundlage ganz verschiedener Wertvorstellungen. Hitler wollte Macht und hatte nur die Rasse im Sinn, etwas anderes interessierte ihn nicht. Die Sozialisten dagegen glaubten an die großen Menschheitsideale: Gleichheit, Freiheit, Brüderlichkeit – die Stalin dann pervertiert hat.

Schwarzer: Wie war das denn damals, im Anfang der Bundesrepublik?

Dönhoff: Für viele, auch für mich, war der Gedanke absurd, eine Demokratie wiederherstellen zu wollen wie die von Weimar, die doch geradewegs zu Adolf Hitler geführt, ihm wirklich den Weg bereitet hatte. Was freilich anders war: damals gab es keine Demokratie-Vorstellung. Die einen wollten die Monarchie zurückhaben, die anderen wollten die Diktatur des Proletariats errichten. Und dann Inflation, sechs Millionen Arbeitslose, Reparationen ohne Ende, der »Schandvertrag von Versailles«, da erschien Hitler als der große Retter. Nach 1945 war das ganz anders. Man wollte endlich frei sein und in einem Rechtsstaat leben. Die Leute vom 20. Juli haben viel über Verfassungsfragen nachgedacht. Man wollte Pluralismus, Freiheit, Demokratie, Offenheit, und man wollte von unten nach oben aufbauen – aber nicht das Westminster-Modell. Es ging um die Frage: Welche Transmission vom Volk zur Regierung will man? Vieles wurde da diskutiert.

Als dann Adenauer Kanzler wurde und es ihm gelang, Vertrauen für Deutschland zu schaffen in der Welt und bei den

Alliierten, da bewunderte man ihn sehr. Auch ich hatte Respekt vor ihm in den ersten Jahren. Der nahm dann nach und nach ab, aus zwei Gründen: einmal weil er nicht einmal auf die sowjetische Note von 1952 reagierte, nach Osten blieb er stur; zum anderen wegen seines undemokratischen Verhaltens 1959. Damals war ihm nur eines wichtig: an der Macht zu bleiben. Adenauers Moral hieß: Außer mir gibt es niemanden, der diese Bundesrepublik bei der Stange halten kann! Damals, im Jahr 1959, als Adenauer daranging, sich selbst zu demontieren, waren die Menschen über seinen Umgang mit der Demokratie sehr erbost. Verkehrsminister Seebohm griff in die Debatte ein. Er sagte: Adenauer ist vom Volk gewählt, und so lange Gott ihm das Ruder in der Hand läßt, wird er Kanzler bleiben! – Und das nach zehn Jahren Demokratie!

Schwarzer: Das waren noch Zeiten . . .

Dönhoff: Adenauer hatte immer einen sehr gekonnten Machtkampf geführt. Das erste Mal, daß er so richtig damit scheiterte, war 1959. Damals schrieb ich einen Artikel, dessen Titel lautete: »Mit dem Volke spielt man nicht.« Adenauer hatte nämlich im Jahr 1959 zuerst das Grundgesetz ändern wollen, dann wollte er Vizekanzler Erhardt zum Bundespräsidenten machen, dann fiel ihm plötzlich ein, daß er selbst Präsident werden wollte – wegen der Kontinuität. Zwei Monate später wollte er Kanzler bleiben, wiederum wegen der Kontinuität. Da wurden die Bürger und auch die Bürokratie ärgerlich, und die Partei überlegte, wie sie ihn loswerden könnte. Das ging aber nicht so ohne weiteres.

Als dann am 13. August 1961 der Bau der Mauer begann, war die Erregung groß. Die Stimmung war ähnlich emotional wie 1989 beim Mauerdurchbruch. Ich bin am 13. August gleich rübergeflogen, um zu sehen, was da los ist. Und Kanzler Adenauer? Alle erwarteten, daß er eine große Rede hält. Nichts dergleichen. Er sagte nur, man solle den Fall Berlin nicht hochspielen, das nütze nur der SPD. Bonn tat nichts. Das hat nicht nur mich erbost. Adenauers Devise lautete stets: Keine Experimente, alle vier Jahre CDU wählen und in der Zwischenzeit den Mund halten.

Schwarzer: Sie sind in der Ära Adenauer ja nicht nur wegen mangelnder Kaisertreue für den Kanzler unangenehm aufgefallen, sondern auch und vor allem wegen Ihrer Haltung in der Ostpolitik.

Dönhoff: Das ist richtig. Es gab von Anfang an zwei gegensätzliche Theorien. Die SPD hatte das Gefühl – und das war auch mein Gefühl –, daß man mit den Leuten der DDR und der polnischen Ostgebiete irgendwie ins Gespräch kommen muß. Die CDU unter Adenauer war über Jahrzehnte eisern der Auffassung, daß sich der Westen abschließen muß und keinerlei Beziehungen mit dem Osten pflegen darf.

Nach 1953 kam dann die Wiederaufrüstung – Begründung: Die Russen könnten ja nur in die Knie gezwungen werden, wenn der Westen stärker ist. So lautete die amerikanische Doktrin, und Adenauer schloß sich ihr an. Bis 1953 war dieses Sich-Abschirmen gegen die Infiltration des Kommunismus sicherlich richtig. Nach 1953, nach dem Aufstand in der DDR, spürte ich ganz stark, wie sich die Situation veränderte. Da bekamen die im Osten Angst vor der Infiltration westlicher Ideen. Deshalb habe ich von da an immer gesagt: »Wir müssen eine andere Art von Politik machen.« Aber jedes Abweichen von Adenauers Politik galt, wenn nicht als Verrat, so doch als minderwertig.

Der Aufstand 1953 in der DDR hatte als Demonstration gegen Normenerhöhungen begonnen und endete mit russischen Panzern gegen die Demonstranten. Das war das erste Mal, daß die beiden Seiten mit Gewalt aufeinanderstießen. Zwei Jahre später waren Bulganin und Chruschtschow im Westen. Sie waren in Genf auf einer Konferenz und renommierten, so wie sie das gern taten. Durch diese Renommiererei stellte sich heraus, daß sie in der atomaren Entwicklung sehr weit waren. Den ersten Sputnik schossen sie ja vor den Amerikanern ins All. Ich zog daraus den Schluß: Wenn beide Mächte gleich stark sind, haben wir eine pax atomica. Also müssen wir miteinander reden, es ist sinnlos, immer weiter aufzurüsten. Aber die Adenauer-Regierung glaubte nicht ans Verhandeln, sondern nur an »starke Politik«.

Schwarzer: Ab wann begannen Sie die Frage der Ostpolitik anders zu sehen als die herrschende Regierung?

Dönhoff: Für mich war von 1953 an vollkommen klar: Man muß mit dem Osten reden, man muß einen Weg finden, schließlich leben wir in der Mitte Europas. Wir sind eigentlich der Westen des Ostens und der Osten des Westens, wir können uns nicht von einer Seite isolieren; vor allem nicht, seit Chruschtschow auf dem XX. Parteitag in Moskau die Sünden Stalins aufgedeckt hatte, denn das bewies doch gewisse Sorgen.

Die DDR startete etwa zur gleichen Zeit einen großen Werbefeldzug mit dem Slogan »Deutsche an einen Tisch«. Sie hofften offenbar, die Westdeutschen zu ihren Bedingungen in Verhandlungen zu ziehen. Ich schrieb einen fervent Artikel und schlug vor, den Osten beim Wort zu nehmen, nach dem Motto: »Prima, Deutsche an einen Tisch, das wollten wir schon lange.« Ich schlug vor, daß wir rübergehen, mit Tausenden von Leuten: Akademikern, Gewerkschaftlern, Frauenorganisationen, Jugendorganisationen und testen, was dann passiert.

Daraufhin kriegte ich einen Brief vom Kaiser-Ministerium (Jakob Kaiser war gesamtdeutscher Minister auf der Grundlage des Bonner »Alleinvertretungsanspruchs«). In dem Brief wurde mir sträfliche Naivität vorgeworfen: »Unglaublich, wie können Sie denn so etwas propagieren? Das sind doch alles dialektisch geschulte Leute, da können unsere doch überhaupt nicht mithalten.«

Schwarzer: Er hielt die Menschen im Westen also für dümmer als die Ostler?

Dönhoff: Ja, offenbar. Das Bundesverfassungsgericht hat damals auch Stellung genommen, und zwar der Dritte Senat. Er bestimmte, daß es auf keinen Fall zu Berührungen mit Menschen aus dem Osten kommen dürfe, nicht einmal auf der sportlichen Ebene, denn man wisse ja nicht, was dabei herauskomme.

Schwarzer: Sie gelten als eine der Geburtshelferinnen der Ostpolitik. Die Leute, die damals auf der gleichen Seite waren, wie Egon Bahr, wurden dafür schwer kritisiert.

Dönhoff: Geburtshelferin ist nicht richtig, weil die Leute in der SPD immer schon die Ostpolitik geplant hatten: Brandt, Bahr und andere. Aber wichtig für das ganze Unternehmen war sicher, daß jemand, der mit der öffentlichen Meinung zu tun hat, diese Ansichten teilte. Willy Brandt hat mir einmal gesagt, für die Akzeptanz seiner Ostpolitik sei die Vorarbeit der ZEIT sehr wichtig gewesen.

Mir wurde damals, 1953, klar, daß die Teilung nicht von Dauer sein wird und auch eine so ahistorische Regelung wie die Teilung von Berlin keinen Bestand haben kann. Im Jahr 1956 hatte zunächst in Warschau eine Art Revolution stattgefunden, das war zuvor innerhalb des kommunistischen Systems doch ganz unvorstellbar, denn schließlich hatten die Kommunisten ja das Paradies für die Arbeiter, die klassenlose Gesellschaft, geschaffen, und nun plötzlich Aufstände in Posen. Gomulka wurde geholt, ein eher liberaler Mann. In Ungarn wurde 1956 alles noch viel deutlicher. Die Russen mußten mit Tausenden von Panzern einrücken. Russische Arbeiter und Bauern schossen auf ungarische Arbeiter und Bauern!

Ich sah, wie sich die Sache dort auflöst, wie der Terrorismus nicht mehr funktioniert. Man mußte doch versuchen, mit diesen Leuten irgendwie zu reden, statt den Vorhang dichtzumachen und zu sagen, was dahinter passiert, interessiert uns nicht. – Dann kam die Affäre mit Strauß.

Schwarzer: Die dann 1962 rasch zur »Spiegel-Affäre« eskalierte, in der »Spiegel«-Herausgeber Augstein wegen »Vaterlandverrats« verhaftet wurde. Die ZEIT hielt zum »Spiegel«. Hatten Sie damals auch persönlich Kontakt zu Augstein?

Dönhoff: Ich kannte ihn natürlich, so wie man sich unter Kollegen kennt. Augstein war verhaftet worden, und die Polizei hatte die Räume des »Spiegel« durchsucht und geschlossen. Da entschied Bucerius: Wir rücken zusammen, und die kriegen einen Teil unserer Büros. Und so wurde es gemacht.

Schwarzer: Da war der »Spiegel« noch kleiner und konnte bei der ZEIT unterschlüpfen . . .

Dönhoff: Ja, aber wir waren damals auch kleiner. Die ganze Presse hat getobt gegen Strauß und seine Lügen – ein Minister, der das Parlament belügt –, und da sagte Innenminister Höcherl, ebenfalls ein Bayer: »Wir stehen voll hinter Strauß: Hinter all seinen Leistungen, hinter all seinen Fähigkeiten, und auch hinter all seinen Fehlern!« – Da habe ich über das »Hinter Leuten stehen« einen ziemlich scharfen Artikel geschrieben: Es sei offenbar die wichtigste Beschäftigung mancher Deutscher, immer hinter jemandem zu stehen . . .

Schwarzer: Haben sich die von Ihnen Angegriffenen auch schon mal bei Ihnen gemeldet oder Sie zurückbeschimpft?

Dönhoff: Ja, Seebohm hat mich mal verklagt, und ich mußte vor Gericht. Ich hatte ihn einen alten Nazi genannt. Die genaue Formulierung weiß ich nicht mehr. Ich fand es eher komisch. Und die Richterin auch. Es ging aus wie das Hornberger Schießen. Ferner war der »Rheinische Merkur« ein Dauer-Feind von mir, seine Linie war: durch dick und dünn mit der CDU, bloß keine Diskussionen, das bringt die Leute nur in Verwirrung. Der Rheinische Merkur hat sich auch sehr aufgeregt, als Wehner 1957 in der ZEIT über Ulbricht geschrieben hat. Wir hatten ihn darum gebeten, weil er der einzige im Westen war, der Ulbricht kannte.

Schwarzer: Sie sagten mal, Adenauer sei auch menschlich oft schofel mit anderen gewesen.

Dönhoff: Ja. Sein Biograph Baring hat in seinem Buch (»Guten Morgen, Herr Bundeskanzler«) diese Seite von ihm sehr genau geschildert. Dem Adenauer machte es nichts, jemanden über die Klinge springen zu lassen, wenn es für ihn selber nützlich war.

Schwarzer: Und die von der SPD?

Dönhoff: Erler habe ich gut gekannt, auch Hans-Jochen Vogel und Johannes Rau, mit Carlo Schmid war ich befreundet. Brandt kam ja erst später, er war es dann, der mit seinen Visionen zeigte, wo es langgehen sollte. Die Leute, die mit ihm im Kabinett waren, verzweifelten wohl manchmal, weil er vom Hundertsten ins Tausendste kam und die Diskussion kein Ende fand – im Gegensatz zu Helmut Schmidt, der immer Entscheidungen getroffen hat. Brandt aber konnte die Menschen motivieren und für Dinge begeistern. Sein Kniefall 1971 in Warschau war ein absoluter Wendepunkt in der Beziehung zum Osten und in der Beurteilung Deutschlands im Westen.

Schwarzer: Und die FDP? Gab es da Leute, denen Sie verbunden waren?

Dönhoff: Verbunden eigentlich nicht. Ich bewunderte Genscher wegen seiner Intelligenz und weil er es fertiggebracht hat, die Regierung in der Ostpolitik bei der Stange zu halten. Und ich finde Hirsch einen erstklassigen Mann. Ich kannte eine Reihe Leute bei der FDP, aber keinen, von dem ich gesagt hätte, den würde ich mir als Kanzler wünschen.

Schwarzer: Gab oder gibt es auch Politikerinnen, die Sie beeindruckt haben?

Dönhoff: Ja, sicher. Rita Süssmuth finde ich hervorragend, auch Jutta Limbach. Und dann würde ich gern mal nach Kiel fahren, um die Simonis kennenzulernen. Hildegard Hamm-Brücher kenne ich gut, die hat etwas sehr Erfrischendes. Sie hat Mut und sie hat alles prima gemacht, was sie jeweils zu machen hatte. Als Bildungspolitikerin hat sie früher viel für die ZEIT geschrieben.

Schwarzer: Viele sind das nicht . . .

Dönhoff: Fallen Ihnen denn noch welche ein . . .?

Schwarzer: Marie Schlei von der SPD zum Beispiel oder Elisabeth Schwarzhaupt von der CDU, beide früher Ministerinnen . . . Aber kommen wir noch mal auf die 60er Jahre zurück. Am Anfang der 60er war die SPD ja noch nicht hoffähig, Adenauer nannte Brandt mit Vorliebe »diesen Herr Frahm« – in Anspielung auf dessen uneheliche Geburt und seine Flucht ins Exil.

Dönhoff: Das war so, bis 1966 die Große Koalition kam und Willy Brandt Außenminister wurde. Zum ersten Mal war die SPD nun an der Regierung beteiligt. Das war eine höchst merkwürdige Sache. Unser damals hervorragender Korrespondent in Bonn, Rolf Zundel, war ganz entsetzt, daß ich für die Große Koalition eintrat. Nach dem politischen Lehrbuch bedeutet Große Koalition nämlich, daß es keine Opposition gibt, was sich verheerend auswirken kann. Mir aber war nach vier CDU-Legislaturperioden klar, daß das so nicht weiterging. Ich benutzte damals einen Vergleich aus der Landwirtschaft – da komme ich ja her. Ich sagte, man muß die SPD mit einem Führpferd zusammenspannen, um vorzuführen, daß das Pferd – von dem sie alle glauben, es zieht nicht – ein ganz normales Pferd ist, das zusammen mit dem anderen führen, also regieren kann.

Das konnte sich nicht mal mein lieber Zundel vorstellen. Dabei fing es doch in der Tat nun erst an, daß man Perspektiven sah. Als neuer Außenminister meinte Brandt: Unser Ziel ist Normalisierung. Wir wollen den Osten nicht überfallen oder uns etwas zurückholen. Wir wollen mit denen reden, wie wir mit anderen Menschen reden, um zu sehen, ob wir nicht einen Zustand erreichen können, der nicht so lebensge-

fährlich ist wie der heutige, bei dem sich die beiden Deutschlands – eingegliedert in feindliche Militärallianzen und ange-
feuert durch erschreckende Feindbilder – mit geladenen
Gewehren gegenüberstehen.

Schwarzer: 1970 war die Unterzeichnung der Moskauer Verträge. Und 1971 fuhr Brandt nach Warschau zur Unterzeichnung der Ostverträge.

Dönhoff: Ja, ich hätte mitfahren sollen und sagte zunächst
begeistert zu, weil ich ja für Dialog und Verständigung bin.
Aber als der Termin dann immer näher kam, bekam ich Panik
bei dem Gedanken, nach der Unterschrift ein Glas auf den
Verlust der Heimat zu trinken.

Schwarzer: Die Vertreter der Landsmannschaften haben Sie
weiter als »Vaterlandsverräterin« beschimpft?

Dönhoff: Ich habe denen das nicht übelgenommen. Die
dachten natürlich, wenn eine aus dem Osten kommt, und
dann noch aus diesem Milieu, dann gehört die doch zu uns
und muß vorneweg marschieren.

Schwarzer: Wo ist denn der Unterschied zwischen denen
und Ihnen? Sie waren ja auch traurig, und der Verlust Ihrer
Heimat hat auch Sie geschmerzt.

Dönhoff: Ich bin politisch, und die waren unpolitisch. Die
haben gedacht, wir müssen immer wieder fordern und nie
nachgeben. Wie kommen wir denn dazu, den Polen die Ostgebiete zu schenken! Ich habe gedacht, man muß die Verhältnisse sehen, wie sie sind, und außerdem will ich nicht, daß
wieder Millionen Menschen vertrieben werden.

Schwarzer: Sind jetzt, nach der Wiedervereinigung, vielleicht
doch Dinge über Osteuropa auf den Tisch gekommen, die im
nachhinein rechtfertigen könnten, warum es falsch war, mit
»denen« zu reden?

Dönhoff: Nein, im Gegenteil, es hat sich alles bestätigt. Ich
habe immer gesagt, daß man rüsten und reden muß – also
auch Dialog und nicht nur Aufrüsten.

Schwarzer: Eine der Reaktionen auf die Große Koalition von CDU und SPD zwischen 1966 und 1969 war ja das Erstarken der APO, der außerparlamentarischen Opposition, also die Studentenrevolte von 1968.

Dönhoff: Die Studentenrevolte hat unheimlich viel verändert, hat zum Beispiel die große Sexualrechtsreform entscheidend bestimmt, also alles, was mit Sexualität zusammenhängt, Homosexualität, Unehelichkeit etc. Wenn der Deckel einmal hochgehoben wird, wird der Wunsch nach Freiheit immer größer. Das begann 1966 und fand 1968 einen gewissen Höhepunkt.

Schwarzer: Sie waren ja eine Zeitlang eine richtige Sympathisantin der APO.

Dönhoff: Oh ja, viele bei der ZEIT waren Sympathisanten! Es war ja auch das, was die ZEIT wollte: Liberalismus, Toleranz, Freiheit – das war alles eingerostet, und nun kam der neue Geist. Der führte schließlich dazu, daß die ganze Sozialgesetzgebung verändert wurde. Diese Entwicklung haben wir damals begleitet. Die ZEIT zusammen mit den Studenten, das war eine große Sache – bis die Studenten dann die Grenze überschritten und gewalttätig wurden. Es fing an bei Springer und eskalierte bis zum Attentat auf Rudi Dutschke.

Schwarzer: Es gab doch in der ZEIT auch unterschiedliche Richtungen. Die Kulturredaktion war eine Hochburg der APO . . .

Dönhoff: Nein, fast noch mehr die Politik. Es gab ja nie *die* ZEIT. Ein Kollege sagte einmal, es handelt sich eher um vier Zeitungen, die alle nur vereinigt sind durch das Datum, an dem sie erscheinen: Da ist die Politik, die immer verhältnismäßig weit nach vorne guckt, das Feuilleton, das irgendwo in den Wolken schwebt, die Wirtschaft, die konservativ ist, und dann gibt es noch ein viertes Drumherum. Oft haben die Leute das kritisiert: Wie kann denn eine Zeitung, die in der Politik für etwas eintritt, in der Wirtschaft dann etwas anderes schreiben? Dazu habe ich immer gesagt: Wenn ihr eine liberale Zeitung lesen wollt, dann müßt ihr euch damit abfinden – aber es gibt ja auch andere Zeitungen, bei denen wirklich alles aus einem Guß ist, abonniert doch die.

Schwarzer: Sie haben sehr früh, schon Anfang 68, die Befürchtung geäußert, daß dies irgendwann in Gewalt umkippt.

Dönhoff: Ich war immer in Sorge. Zuerst haben wir damals versucht, mit den Studenten, soweit das möglich war, mitzugehen und der etablierten Gesellschaft gegenüber Argumente zu finden, warum dies sein muß. Dann kam der Einbruch von Gewalt. Da wurden ja nicht nur Fenster eingeschlagen, da passierten auch ganz gemeine Sachen. Ich erinnere mich an eine Szene in Hamburg in der Aula. Ich weiß nicht mehr, ob das ein Minister war oder ein Professor, den die Studenten da fertiggemacht, wirklich kaputtgemacht haben. Der Betreffende mußte Spießruten laufen durch ein langes Spalier von Leuten, jeder schrie ihm etwas Gemeines zu.

Erst haben uns die Professoren beschimpft, weil wir zu »links« waren. Dann haben die Studenten die ZEIT beschimpft, weil sie ihnen zu »rechts« war ... Mir macht das nichts. Ich denke, der legitime Platz eines Liberalen ist eben immer zwischen allen Stühlen.

Schwarzer: Sie haben sich ja nie nur auf das Schreiben von Artikeln beschränkt, sondern immer auch Netzwerke geknüpft und Politik über persönliche Kontakte gemacht.

Dönhoff: Ich habe manchmal politische Initiativen ergriffen, so im Jahre 1956, nach dem XX. Parteikongress, als Stalin schon drei Jahre tot war. Damals habe ich vorgeschlagen: Warum fordern wir nicht die UNO auf, nach Berlin zu ziehen? Für die Stadt würde es doch viel mehr Schutz bedeuten, wenn 100 Nationen ständig rein- und rausfliegen, als wenn tausend Alliierte Truppen dort stehen. Die Idee ist eingeschlagen. Bucerius war sogar ein bißchen ärgerlich, daß ich ihm das nicht vorher gesagt hatte – er hätte das gerne in seiner Partei, der CDU, propagiert. Das hat er dann aber doch noch getan, und die Partei war auch sehr dafür. Aber wie das dann so ist, wenn man etwas zur Debatte stellt: dann gibt es 87 Änderungsvorschläge . . . 1961 habe ich dann den Vorschlag noch mal mit allem Nachdruck wiederholt – und zwar im Frühjahr, vor dem Mauerbau, als man die Unruhe schon spürte.

1992 und 1993 habe ich zwei Manifeste initiiert. Das eine hieß »Weil das Land sich ändern muß«, das andere hieß »Weil das Land Versöhnung braucht«. Normalerweise ist es nicht möglich, in einer so kurzen Frist – binnen drei Wochen – Prominente zu einem Termin zusammenzukriegen. Aber sie dachten wohl wie ich: Jetzt muß etwas geschehen, man muß was machen! Und darum kamen alle.

Schwarzer: Wie machen Sie das denn, wenn Sie jemanden für eine Sache begeistern wollen? Rufen Sie an?

Dönhoff: Ich schreibe einen Brief, weil ich besser schreiben als reden kann, und versuche, möglichst eindringlich klarzumachen, worum es geht. Danach habe ich angerufen, und alle haben zugesagt. Wir trafen uns bei Richard Weizsäcker in Bonn in seinem Amtssitz. Resultat: Das Manifest »Weil das Land sich ändern muß«. Darin schrieben sehr unterschiedliche Leute, von Edzard Reuter und Helmut Schmidt bis Wolfgang Thierse und Carl Friedrich von Weizsäcker. Dann wurde es mit Ost/West immer schwieriger, das war die zweite Initiative: »Weil das Land Versöhnung braucht«. Da schrieben Autoren wie Schorlemmer und Richard Schröder. Das waren Initiativen, von denen man sagen könnte: Da hat ein Mensch versucht, was zu machen. Er hat zwar nichts erreicht, aber immerhin . . .

Schwarzer: Sie waren in den letzten Jahren eine der ersten im politischen Journalismus, die sich besorgt über die steigende Kriminalität, Brutalität und Korruption äußerte.

Dönhoff: Wir haben uns immer lustig gemacht über Marx, der das Ende der Geschichte prophezeite und bei der Abschaffung des Privateigentums paradiesische Zustände voraussah, wo alle Menschen gleich sind, der also die Vorstellung vertrat, daß es in der Geschichte einen Endzustand gibt.

Jetzt erklärte Francis Fukoyama genau dasselbe: Er meint, Demokratie und freie Marktwirtschaft, das sei das Ende der Geschichte, denn höher geht es nicht mehr. Ich dagegen habe das Gefühl, das die Marktwirtschaft, die er so preist und die sehr effektiv ist – nie haben die Leute soviel produziert und soviel konsumiert –, den Magen kuriert, aber die Seele ruiniert. Für die Seele ist gar kein Platz in diesem System. Alles ist konzentriert auf die Wirtschaft, aufs Produzieren, Exportieren, Konsumieren. Alles andere ist an die Peripherie gedrängt: alles Humane, die Kunst, Ethik . . . Wenn es so weitergeht, wenn diese Rationalisierung, diese totale Versachlichung noch weiter zunimmt, dann wird die Verrohung keine Grenzen mehr haben.

Schon heute bringen Kinder einen Obdachlosen um, weil sie sehen wollen, wie das ist, und Passanten gehen vorbei und gucken weg. Dieser Barbarismus hat seine Ursache darin, daß alle das Produzieren und Konsumieren als Hauptsache begreifen. Genau das ist auch die Grundlage der Mafia, die eben keine ethischen Begriffe hat und nur nach Geld giert. Und wenn man dann von Ethik und Werten spricht, dann machen sich die Leute auch noch lustig darüber . . . In den letzten zehn Jahren sind in Amerika die Reichen um 20 Prozent reicher geworden und die Armen um zehn Prozent ärmer. Bei uns ist diese Kluft Gott sei Dank wesentlich geringer, aber sie spielt in diesem Prozeß eine Rolle.

Noch vor der Wende, im Frühjahr 89, als man schon sah, daß der Kommunismus zusammenbricht, schrieb ich einen Leitartikel: »Das Ende des Kommunismus – nicht der Triumph des Kapitalismus«. Mir war ganz klar, daß der

Zusammenhalt schwindet, wenn man den gemeinsamen Gegner verliert.

Schwarzer: Wie sehen Sie die Rolle der Medien bei diesem Prozeß der Entmenschlichung?

Dönhoff: Jede Gesellschaft hat die Presse, die sie sich selber schafft. Das private Fernsehen, das keine Gebühren erhebt, sondern nur von Werbung lebt, richtet sich natürlich danach, welche Sendungen am erfolgreichsten sind. Dieser Teufelskreis von Einschaltquoten und Werbung ist tödlich. Natürlich kann man nicht verlangen, daß sich die Presse irgendwelche Fesseln auferlegt, die auch sonst niemand akzeptiert.

Schwarzer: Finden Sie denn, daß die öffentlichen Sender ihre Möglichkeiten ausreichend nutzen?

Dönhoff: Ich sehe zu wenig fern, ich kann es nicht beurteilen. Ich sehe mir auch politische Sendungen nur noch selten an: das sind ja zumeist Unterhaltungssendungen geworden. Um nicht langweilig zu erscheinen, ist auch die Presse oberflächlicher geworden, mehr auf Sensationen, Enthüllungen und Spektakel ausgerichtet. Unterhaltung ist offenbar das Wichtigste.

Schwarzer: Es geht immer weniger um Inhalte, und immer mehr um Sensationen . . .

Dönhoff: . . . und um Verdächtigungen, die nicht immer ordentlich geprüft sind, um Denunziationen . . .

Schwarzer: Was kann der einzelne da noch bewirken?

Dönhoff: Ich wüßte nicht, wie man da als einzelner Einfluß haben könnte. Der Motor des Kapitalismus ist der Wettbewerb, und dieser wird angetrieben vom Egoismus. Die Demokratie basiert zwar auf dem Individuum, auf dem einzelnen, aber alle einzelnen sind ausgerichtet wie dressierte Pudel, die gelernt haben, die Pfote zu heben oder »schön« zu machen. Jetzt verlangt das Interesse, Geld zu verdienen und Karriere zu machen. Ihre Verantwortung für das Gemeinwesen sehen die meisten Bürger gar nicht mehr. Das finde ich erschreckend.

Wenn Sie das hierarchische System des Ancien régime nehmen, in dem ich aufgewachsen bin, und es mit dem fortschrittlichen egalitären System von heute vergleichen, dann hatte jenes überholte System – das ich mir nicht zurückwünsche – doch auch positive Seiten: Die Leute, die Privilegien hatten, zum Beispiel der Adel, hatten auch soziale Verpflichtungen, denn es gibt nichts umsonst – in keinem System.

Schwarzer: Was also bleibt?

Dönhoff: Es gibt auch Hoffnung. Denn wenn man lange genug Politik beobachtet, dann weiß man, daß das einzige Gesetz, das in der Geschichte Gültigkeit hat, der dialektische Umschlag ist. Die Menschen sind eben unstet – auch in der Politik gibt es Moden, genau wie bei den Röcken, die mal kurz und mal lang sind. Eines Tages hängt den Menschen plötzlich das Bisherige zum Hals heraus, und dann sagen sie: So, davon haben wir jetzt genug! Jetzt wollen wir die Dichter ehren, schöne Musik hören und weniger arbeiten.

Schwarzer: Welchen politischen Irrtümern oder Fehleinschätzungen sind Sie in diesen 50 Jahren erlegen? Was haben Sie falsch gesehen?

Dönhoff: Als der Bundeskanzler im Sommer 1990 von seinem Treffen mit Gorbatschow aus dem Kaukasus zurückkam und die Wiedervereinigung in der Tasche hatte – was uns alle sehr verblüffte –, war ich sicher, daß dies nicht den Beitritt der DDR zur Nato einschließen werde. Es schien mir undenkbar, daß die sowjetische Regierung, die 40 Jahre lang bis ins letzte Dorf die Nato verteufelt hatte, nun zulassen würde, daß diese Nato bis an ihre Grenze heranrückt. Ich schrieb eine Glosse eben dieses Inhalts, aber es war kein Platz, sie kam nicht mit. Zunächst war ich ein bißchen traurig, bis sich am nächsten Tag herausstellte, daß, entgegen meiner Meinung, die DDR sehr wohl in die Nato einbezogen wird. Ich wäre also auf dem falschen Fuß erwischt worden – Glück muß der Mensch haben.

Demokratie & Verantwortung
Auszüge von Texten aus der ZEIT
über ein halbes Jahrhundert

Die Kompaßnadel der Journalisten, DIE ZEIT, 23.10.1987

Kriegsverbrechen und das Völkerrecht, DIE ZEIT, 23.11.1950

Männer unter sich, DIE ZEIT, Juni 1953

Finis Germaniae, DIE ZEIT, 11. 7. 1957

Auflehnung – warum?, DIE ZEIT, 8.12.1967

Die Rebellion der Romantiker, DIE ZEIT, 5.1.1968

Die gesteinigte Demokratie, DIE ZEIT, 9.2.1968

Im Einklang mit der Geschichte, DIE ZEIT, 21.9.1979

Der Handel mit der Humanität, DIE ZEIT, 19.12.1986

Das Europäische Haus, 1988

Was heißt Widerstand?, DIE ZEIT, 21.7.1989

Wirklich ein gerechter Krieg? DIE ZEIT, 15.2.1991

Ein dubioser Sieg, DIE ZEIT, 15.3.1991

Weil das Land sich ändern muß, DIE ZEIT, 13.11.1992

Den Bürgern wieder Ziele setzen, DIE ZEIT, 2.3.1993

Auch die Freiheit hat ihre Grenzen, DIE ZEIT, 1.4.1994

Allein auf die Bürger kommt es an, DIE ZEIT, 16.9.1994

Reaktion auf das Kruzifix-Urteil, DIE ZEIT, 25.8.1995

Die Kompaßnadel der Journalisten

Von den Anfechtungen eines Standes
DIE ZEIT, 23.10.1987

Jeder Beruf hat seine spezifischen Anfechtungen, besonderen Probleme und immanenten Verführungen. Für den Beruf des Journalisten gilt all dies in besonderem Maße. Im Fall Barschel haben alle Medien – Tageszeitungen, Magazine, Fernsehen – dies in erschreckender Weise bewiesen.

Was ist die Aufgabe der Presse? Die übliche und wohl zutreffende Antwort lautet: zu informieren und zu kontrollieren. Kontrollieren scheint ein großes Wort zu sein, aber es gibt niemanden außer der Presse, der so gründlich und ausdauernd recherchieren könnte – auch das Parlament kann dies nicht, es hat gar nicht die Möglichkeiten dazu. Überdies besteht die Gefahr, daß die Fälle, die durchleuchtet werden müßten, unter Umständen durch parteipolitischen Kuhhandel zugedeckt werden.

Je nachdem, ob es sich um eine Boulevardzeitung, eine Illustrierte oder ein Meinungsblatt handelt, wird diese Aufgabe in verschiedener Weise erfüllt, von sensationeller Enthüllung bis zum Austausch sachbezogener Argumente. Dafür ist notwendig, daß die Journalisten, die sich dieser Aufgabe unterziehen, selbst integer sind, sich der Wahrheit und Objektivität verpflichtet wissen und zu erkennen vermögen, was Legitimität bedeutet.

Da bleibt nun freilich die uralte skeptische Frage: Was ist Wahrheit? Niemand ist ganz frei von Vorurteilen, und kaum einer der Rechercheure, der nicht auf der Jagd nach der Wahrheit – seiner Wahrheit – genau die Spuren entdeckt, die zu finden er ausgezogen war.

Legitimität, Objektivität, das sind selbstverständliche Forderungen, wenn man die Aufgabe: Information und Kontrolle, ernst nimmt. Aber wie viele Sachzwänge stehen dem entgegen. Als erstes und vor allem anderen der Zeitdruck. Das Wettrennen um Aktualität. Oft müßte manches gründlicher untersucht werden, ehe es veröffentlicht wird, aber die Konkurrenz zwischen Magazin und Illustrierter wird mit äußerster Schärfe und Verbissenheit geführt. Jeder will der erste sein, der die Geschichte bringt.

Und kommt ihm ein anderer zuvor, dann muß die Story wenigstens einen besonderen Pfiff haben. Es muß ein »Knüller« sein; da wird dann auch mal ein Gerücht anstelle von Tatsachen als Information weitergereicht. Hauptsache, keine Zeit geht verloren.

Für den Journalisten gibt es kein spezifisches Berufsbild, kein kodifiziertes Berufsethos und kein Äquivalent für den hippokratischen Eid. Es gibt also keinerlei moralisches Geländer, an dem er sich entlanghangeln kann, wenn er sich unsicher fühlt. Er hat auch keine sachbezogene Ausbildung zu absolvieren und kennt unter Umständen nur die häufig fragwürdigen Maßstäbe des Mediums, bei dem er angestellt ist.

Es ist ein merkwürdiger Beruf: Der Journalist ist einerseits »lohnabhängig«, aber er rechnet andererseits zu den freien Berufen. Er trägt in hohem Maße öffentliche Verantwortung, ist aber meist ohne Sicherung. Er soll Sachkompetenz und Sprachbegabung besitzen, Gespür haben, Intuition und Ausdrucksfähigkeit – aber niemand lehrt ihn, innerhalb welchen Spielraums er dies alles einsetzen darf oder bis an welche Grenze er seine Nachforschungen treiben kann, wo der Journalist aufhört und der Mensch beginnt und wann ein Verdacht, den er ausspricht, zur Anklage wird.

Wohin zeigt der Kompaß der Journalisten? Ich würde sagen: auf präzise Recherchen, Erforschung der Tatsachen, Gewissensprüfung und das Gemeinwohl.

Kriegsverbrechen und das Völkerrecht

DIE ZEIT, 23.11.1950

Vor einigen Tagen wurde im Rechtsausschuß der UNO über Nürnberg und die Kriegsverbrecherprozesse diskutiert. Die Meinungen prallten hart aufeinander, denn als man die neuen Rechtsgrundsätze schwarz auf weiß und neu formuliert vor sich sah, konnten sich einige des Gruselns nicht erwehren.

Mit Beginn des Koreakrieges sind allmählich allenthalben Zweifel an der Zweckmäßigkeit der Kriegsverbrecher-Rechtsprechung laut geworden. Auch in England wird dieses Thema diskutiert, seit der Flottenadmiral, Lord Cork and Orerry, am 19. Juli im Oberhaus den Antrag stellte, den sogenannten »Kriegsverbrecher-Paragraphen« abzuändern. Im *British Manual of Military Law* (wie auch im *US Basis Field Manual*) – hatte nämlich stets der Befehl des Vorgesetzten, mindestens für den Soldaten, als Exkulpation gegolten. »Als aber 1944 der Sieg in Aussicht war«, so sagte Lord Cork im Oberhaus, »wollte man den internationalen Gerichtshöfen die Vorbereitung für die Kriegsverbrecherprozesse erleichtern, und darum sei in der englischen Militärvorschrift (und auch in der amerikanischen) ein Zusatz gemacht worden, in dem es heißt, daß der Soldat nur gesetzmäßigen Befehlen (*lawful orders*) gehorchen dürfe; er werde zur Veantwortung gezogen, wenn er in Ausführung eines Befehls Taten begeht, die sowohl die unbestrittenen Gesetze der Kriegsführung verletzen wie das allgemeine Gefühl der Menschlichkeit.«

Mit dem Flottenadmiral standen die meisten Offiziere bei jener Debatte auf dem Standpunkt, dieser Zusatz untergrabe den Grundpfeiler alles Soldatischen: die Disziplin. Aber der

Lord Chancellor wandte ein, wieso eigentlich ein Soldat, der vorübergehend das Kleid des Bürgers mit der Uniform vertauscht habe, damit jeglicher Verantwortlichkeit entkleidet werde. Könne man nicht, so fragte er, auch von einem Soldaten erwarten, daß er den Gehorsam verweigere, wenn ihm der Befehl erteilt würde, Frauen und Kinder in eine Kirche zu treiben und diese dann anzuzünden? Hier wurde sehr deutlich, daß die oft abwegig anmutende Rechtsprechung der Kriegsverbrecherprozesse nicht nur das Erzeugnis weltfremder Zivilisten ist, sondern der verzweifelte und sicherlich unzulängliche Versuch, sich vor dem Rückfall in die Barbarei zu schützen.

John Osborne, der Chefkorrespondent von *Life* und *Time* in Ostasien, schrieb vor einiger Zeit: »Es ist nicht die übliche unvermeidliche Grausamkeit des Schlachtfeldes, sondern die Grausamkeit im Detail: die Zerstörung von Dörfern, in denen sich *vielleicht* der Feind verbirgt; die Beschießung von Flüchtlingen, unter denen sich *vielleicht* Nordkoreaner im anonymen Kleid des Bauern befinden oder die *vielleicht* einen feindlichen Aufmarsch gegen unsere Stellungen abschirmen . . . Und dann die Brutalität der südkoreanischen Polizei und der Marine! Sie morden, um sich die Mühe zu ersparen, Gefangene zum Verhör zu eskortieren; sie ermorden Zivilisten, nur weil sie ihnen im Wege sind oder um sich der Mühe zu entziehen, sie zu vernehmen. Und sie erpressen Informationen, die wir von den Dolmetschern benötigen, mit so brutalen Mitteln, daß man sie nicht beschreiben kann.«

In diesen wenigen Sätzen, in denen die gleichen Tatbestände angedeutet werden, derentwegen Deutsche als Kriegsverbrecher in diesen Jahren vor Gericht standen, wird die Brutalität des modernen Krieges in erschreckender Weise deutlich. Es gibt Deutsche, die heute mit einer gewissen Genugtuung beobachten, wie auch »die anderen« plötzlich in Verbrechen gegen die Menschlichkeit und in

Kriegsverbrechen verstrickt werden. Gewiß war der pharisäerhafte Hochmut, mit dem »die anderen« nach 1945 über die Besiegten zu Gericht saßen, ärgerlich, und der Dünkel, mit dem sie annahmen, es genüge, den deutschen Generalstab, die deutschen Beamten und die deutschen Industriellen zu verurteilen und den Angriffskrieg zu ächten, um Ruhe und Gerechtigkeit in der Welt wiederherzustellen, war zweifellos mehr als naiv.

Nürnberg war falsch, weil es von falschen Voraussetzungen ausging. Damals glaubte man, der Normalzustand unserer Welt sei gut und die Menschen vernünftig, und lediglich das, was in Deutschland geschehen war, sei eine Abirrung, ein Sonderfall. Und eben darum schuf man ein Sonderrecht.

Auf der Londoner Konferenz von 1945 über die Kriegsverbrecherverfahren wurde ein Viermächtebeschluß gefaßt, der die Grundlage des Statuts von Nürnberg bildete, und bei dem die Russen daran mitwirkten, diejenigen zu verurteilen, mit denen sie gemeinsam den Angriffskrieg gegen Polen vorbereitet hatten. Ob dieses Viermächtestatut tatsächlich ein Teil des Völkerrechts ist, dürfte dadurch noch zweifelhafter geworden sein. Man legte damals die sehr vagen Begriffe des Völkerrechts zugrunde und bediente sich nicht des deutschen oder angelsächsischen Strafrechts, weil man ja ganz neue Tatbestände als Verbrechen erfassen wollte, so den Angriffskrieg und die Verbrechen gegen die Menschlichkeit. Die Alliierten führten diese Gesetze – ungeachtet des Prinzips: nulla poena sine lege – mit rückwirkender Gültigkeit ein, weil sie fürchteten, sie könnten sonst der »Gesetzgeber« des verbrecherischen Staates nicht habhaft werden. Sie ließen den höheren Befehl als schuldausschließend nicht zu, weil sie glaubten, daß im Führerstaat dann außer Hitler selbst niemand zur Verantwortung gezogen werden könnte. Und die Universalität des Rechtes, das *tu quoque* – du auch – beachtete man nicht, denn es handelte sich ja um einen Sonderfall. All das war objektiv betrachtet begreiflich, aber es führte zu einer vollkommenen Verwirrung des Rechtsbewußtseins.

Zu dieser grundsätzlichen Verwirrung aller Rechtsbegriffe kommt noch die Tatsache, daß in Nürnberg das Recht, als Recht des Siegers, zu einer Funktion politischer Machtverhältnisse geworden ist. Dennoch besteht kein Zweifel darüber, daß viele verantwortungsbewußte Persönlichkeiten damals geglaubt haben, sie könnten mit Hilfe der neuen Prinzipien dem Chaos in der Welt steuern. Heute wissen wir, daß es wichtiger ist, die Kontinuität des Rechts durch die allgemeine Verwirrung der Angriffe zu retten, auch wenn dabei einige Halunken ihrer Strafe entgehen, als zu versuchen, sie alle mit einem Sonderrecht dingfest zu machen.

Männer unter sich

DIE ZEIT, Juni 1953

Da hat nun jahrhundertelang die Schweiz als der demokratische Musterstaat schlechthin figuriert – in unseren Lesebüchern, in unserer Vorstellung und in den meisten politischen Diskussionen. Für viele mag es daher eine Überraschung gewesen sein, anläßlich der Volksabstimmung über das Frauenstimmrecht im Kanton Genf zu erfahren, daß die Schweiz das einzige Land Europas ist, in dem die Frauen kein Stimmrecht haben. Auch diesmal ist der Vorschlag, das Wahlrecht der Frauen einzuführen, wieder abgelehnt worden – obgleich es in Artikel 2 der Allgemeinen Deklaration der Menschenrechte, wie sie von den Vereinten Nationen ausgearbeitet wurden, heißt: »Alle Rechte und Freiheiten . . . ohne Rücksicht auf Rasse, Religion, Geschlecht . . .«

Bisher haben alle jene, die bei einem Vergleich mit der Musterdemokratie Helvetia ungünstig abschnitten, sich damit getröstet, daß es so untadelig demokratisch eben nur in einem Staat mit vier Millionen Einwohnern zugehen könne. Und meist sprach man dann weiter über die Demokratie der griechischen Stadtstaaten, den Begriff der *polis* . . .

Über all diesen gescheiten Betrachtungen vergaß man ganz, daß die Schweiz der einzige Staat in Europa ist, in dem die Frauen nicht wählen dürfen. Vielleicht aber ist das am Ende der Grund dafür, daß die Schweiz auch der einzige Staat ist, in dem die Demokratie nun wirklich vorbildlich funktioniert? Solange nämlich die Männer – die an der Macht sind – in dem einen Interesse vereint sind, ungeteilt diese Herrschaft zu behaupten, ist wenigstens eine gewisse Garantie für Beständigkeit gegeben.

254

Finis Germaniae

DIE ZEIT, 11.7.1957

Vielen – auch manchem, der nicht zur SPD gehört – ist der Zorn flammend rot ins Gesicht gestiegen beim Lesen jener Worte, die Konrad Adenauer in Nürnberg sprach: »Wenn die SPD die Regierung übernimmt, so bedeutet das den Untergang Deutschlands« – wörtlich: den Untergang Deutschlands! *Finis Germaniae!*

Kann man sich vorstellen, daß der vom Kanzler so geschätzte *Macmillan* je sagen (ja, auch nur denken) würde, Englands Untergang stehe bevor, wenn Labour ihn ablöse? Gewiß besteht in England Einigkeit über die Außenpolitik, und ein Wechsel der Regierung würde daher nicht wie in Deutschland eine totale Veränderung der außenpolitischen Linie mit sich bringen; aber schließlich steht ja noch gar nicht fest, daß die SPD eine solche Veränderung auch tatsächlich durchführen würde.

Während es also noch keineswegs sicher ist, daß die Opposition das Konzept der Außenpolitik verderben würde, läßt sich bereits mit Sicherheit sagen, daß der Regierungschef das Klima der Innenpolitik ruiniert hat. Man denke: so ruhige, besonnene Politiker wie Wilhelm Kaisen und Otto Suhr sagten das Essen beim Bundesrat ab, weil sie mit Konrad Adenauer nicht an einem Tisch sitzen wollen!

Es heißt, Feldherren gewönnen ihre Schlachten meist deshalb, weil der Gegner Fehler mache, und nur selten deshalb, weil sie überlegen seien – auch im Wahlkampf hat diese Regel schon oft ihre Gültigkeit bewiesen.

Auflehnung – warum?

Funktion und Brüchigkeit unserer politischen Institutionen
DIE ZEIT, 8.12.1967

Ein paar Stichworte, die noch vor kurzem unbekannt waren oder belächelt wurden, beherrschen heute die politische Diskussion in der Bundesrepublik: außerparlamentarische Opposition, etablierte Gesellschaft, Establishment . . . Es sind Chiffren für ein gewisses Unbehagen an der Demokratie, das am deutlichsten von den rebellierenden Studenten artikuliert wird, das aber auch das Thema so mancher politischen Konferenzen und Seminare bildet.

Der Vorwurf lautet, die Regierung in der pluralistischen Demokratie stütze automatisch die Interessen der Stärkeren, und darum tendiere alles dazu, die Macht in den Händen derer zu bestätigen, die sie bereits besitzen – während die nicht zugkräftig organisierten Außenseiter der Gesellschaft, zum Beispiel die Neger und Armen in Amerika, einfach vergessen würden.

Die Devise der Rebellen lautet darum: Wir müssen einen Weg finden, um die Konzeption des Gemeinwohls an die Stelle der konkurrierenden Gruppeninteressen zu setzen. Dies aber sei nur möglich, wenn das Modell der Gesellschaft von Grund auf geändert werde, und zwar im Sinne des Marxismus, denn nur er stelle die gesamtgesellschaftlichen Interessen – das Gemeinwohl – in den Mittelpunkt.

Diejenigen, die die Gesellschaft reformieren und die Welt verändern wollen, bleiben freilich die Antwort schuldig auf die Frage, wer denn bestimmen solle, was das Gemeinwohl jeweils gebietet. Wer ist objektiv, gerecht, altruistisch genug, um die Stimme des Gemeinwohls zu verkörpern?

Rund um die Welt manifestiert sich die Auflehnung der jungen Generation gegen die totale Versachlichung der menschlichen Gesellschaft durch Technologie, Automation, Kybernetik – die doch zugleich ihre Götter sind –, gegen die Entfremdung des Menschen in einer a-humanen Welt, gegen die Bombe, die ihren Schatten über diese Generation wirft. In hochgestimmteren Zeiten hätte man vom »Aufbruch der Jugend« gesprochen – aber solches Pathos ist angesichts der phrasenlosen, einstweilen noch auf Gewalt verzichtenden, rationale Aufklärung erstrebenden Avantgarde fehl am Platze. Was sie wollen? *»Frei sein von geistigem Drill, kommerzieller Manipulation und äußerer Autorität.«*

In diesen Wünschen steckt ein gut Teil utopischer Vision – aber wohin käme die Wirklichkeit ohne Visionen? Wichtig ist jetzt nur zweierlei: daß die Studenten wirklich an den großen Fragen bleiben, nachdenken, analysieren, diskutieren und sich nicht durch Podiums- und Fernsehauftritte in die Rolle von Zirkusattraktionen manipulieren lassen. Und ferner, daß die vielgeschmähte etablierte Gesellschaft sich nicht daran stößt, daß die studentische Vorhut häufig über das Ziel hinausschießt. Daß sie sich also nicht mit Entrüstung und Ordnungsrufen begnügt, sondern überlegt, wieviel in der Tat bei uns reformbedürftig ist.

Die Rebellion der Romantiker

Unruhe an den Universitäten:
Vage Visionen sind kein Ersatz für konkrete Ziele
DIE ZEIT, 5.1.1968

Ein Berliner berichtete kürzlich, daß in der Kneipe, in der er zuweilen abends noch ein Bier trinkt, neuerdings junge Künstler mit Bart und langen Haaren nicht mehr geduldet werden. Mit dem Ruf »Studenten raus!« werden sie von den Arbeitern vertrieben. Der Unmut über die Studenten, »die für unser gutes Geld studieren«, »die erst einmal was lernen sollten, ehe sie sich wichtig machen« – dieser Unmut ist groß, übrigens unter Arbeitern und Bürgern gleichermaßen. Bei den Arbeitern wird er zwar deutlicher artikuliert, aber vielleicht nur darum, weil die Bürger der studentischen Aufsässigkeit noch ratloser gegenüberstehen als jene.

Viele Menschen verstehen gar nicht, worum es eigentlich geht und wie es überhaupt zu solch radikaler Rebellion kommen konnte. Mancher erinnert sich seiner eigenen Studienzeit und schüttelt den Kopf. Daß schon Kafka genau die Situation des modernen Menschen beschrieben hat, gegen die jene Studenten heute rebellieren, das wird im allgemeinen nicht zur Kenntnis genommen.

Was wir seit Monaten sehen, sind ärgerliche, zuweilen kindische Störungen von Vorlesungen und Universitätsfeiern und neuerdings nun auch von Gottesdiensten. Was wir seit Monaten hören, ist dies: Alle vorhandenen Institutionen, von den Parteien bis zu den Gewerkschaften, verstehen sich als Gegebenheiten, und niemand stellt sie mehr in Frage, darum ist die gesellschaftliche Struktur erstarrt und kann nur mehr durch Revolution, nicht mehr durch Reform verändert werden. Aufklärung wird gepredigt; Aufklärung als Selbstzweck und Revolution als Mittel zum Zweck. Aber Zielvorstellungen, die gibt es offenbar noch nicht, die sollen sich wohl unterwegs erst finden.

Mit dem Wunderglauben von Romantikern erhoffen die jungen Moralisten das Heil von der »Bewußtwerdung«. Sie meinen, sie hätten den langen Marsch bereits angetreten, der zur idealen Gesellschaft führt, die ohne Establishment ist, ohne Lug und Trug, wo die Bürokratie keinen Einfluß hat, der Mammon keine Rolle spielt, und wo die Studenten mehr wissen als die Professoren. Es ist offenbar eine neue Variante charismatischer Erlösungsvorstellung.

Die Rebellen sind eine merkwürdige Mischung von idealistischen Utopisten und glaubenslosen Realisten. Die Ideologien der anderen nehmen sie mit Sarkasmus auseinander, selber aber glauben sie an so irreale Dinge wie an das Ende der Herrschaft des Menschen über den Menschen, an das Ende von Verlogenheit und Konformismus, von Bürokratie und Entfremdung. Sie glauben an die Magie der Aufklärung. Sie sind auf eine nur noch als irrational zu bezeichnende Weise für Vernunft und Bewußtwerdung.

Vielleicht ist dies der neueste Schabernack, den die List der Idee ausgeklügelt hat: der romantische Wunderglaube an die Aufklärung – ein wahrhaft dialektisches Produkt der spätmarxistischen Epoche.

Ist dies also ein neuer romantischer Aufbruch der Jugend, wie es an der Schwelle des Jahrhunderts die Jugendbewegung war? Damals, als man mit steifen Kragen und den Schnürstiefeln auch die muffige bürgerliche Moral ablegte und Schillerkragen und Sandalen zur Weltanschauung wurden, hätte der Vers »*Unter den Talaren der Muff von tausend Jahren*« ebenso den Protest gegen das Bestehende zum Ausdruck gebracht wie heute. Nur daß damals die Devise nicht Aufklärung hieß, sondern gerade umgekehrt Anti-Aufklärung.

Und wiederum ein dreiviertel Jahrhundert zuvor – die hundertfünfzigste Wiederkehr des Wartburgfestes wurde ja gerade vor wenigen Monaten gefeiert – war die deutsche Jugend schon einmal zu neuen Ufern aufgebrochen. In romantischer Verklärung und mystischer Frömmigkeit hatten damals die Burschenschaften zwar nicht die Erneuerung der Gesellschaft, aber die Erneuerung des Vaterlandes auf ihre Fahnen geschrieben.

In diesem Monat finden an verschiedenen Universitäten AStA-Wahlen statt. Viel wird für die Zukunft davon abhängen, daß die Studentenschaft sich nicht aufspalten läßt in eine uninteressierte apathische Majorität und in eine aktive, extreme Minorität, die sich immer radikaler gebärdet, immer extravagantere Provokationen ersinnen muß, um den allmählich abstumpfenden Bürger dauernd von neuem zu verblüffen.

Die Radikalen haben viel erreicht. Sie haben Tabus beseitigt und an manchen Stellen die Schallmauer durchbrochen, aber sie sind auf dem besten Wege, das Gewonnene wieder aufs Spiel zu setzen. Jetzt müßten die erkämpften Positionen erst einmal gefestigt und ausgebaut werden.

Politische Romantik, die nach den Sternen strebt, um die leider stets und immer unvollkommene Wirklichkeit zu verbessern, und die gar nicht merkt, wie diese Wirklichkeit dabei ruiniert wird – von dieser Therapie haben wir nun wirklich genug gehabt.

Die gesteinigte Demokratie

Wenn der Terror die Freiheit bedroht
DIE ZEIT, 9.2.1968

Es ist immer so: Wenn man in einem engagierten Meinungs-streit nicht einseitig Stellung bezieht, dann wird man von bei-den Kontrahenten als Verräter abgestempelt. Dies ist der Grund, warum die ZEIT unter heftigen Beschuß geraten ist: Studenten sind entrüstet, Professoren empört – Briefe, Anru-fe . . . Jede Seite meint, daß nicht ihr, sondern nur der ande-ren Gerechtigkeit widerfahre. »Ihr seid Reaktionäre, Teil des Establishments«, so höhnen die einen. »Ihr helft mit, die Ord-nung und die Autorität des Staates zu untergraben«, zürnen die anderen.

Es ist nicht angenehm, zwischen allen Stühlen zu sitzen. Andererseits: Dies ist der einzig legitime Platz für unabhän-gige Beobachter. Vielleicht darf man einmal versuchen zu schildern, wie sich das Problem der rebellierenden Jugend aus dieser Perpektive ausnimmt.

Da sind zunächst die Allerjüngsten – die Bremer Schüler –, die in tagelangen Tumulten 115 Straßenbahnen und 45 Busse demolierten und die Stadt an den Rand des Chaos brachten. Ein Redaktionsmitglied der ZEIT hat drei Tage an Ort und Stelle zugebracht und vom Senatspräsidenten bis zu den Schülervertretern alle Beteiligten gesprochen. Sein Resümee: Bremen hat ein ausgesprochen fortschrittliches Schulsystem; der staatsbürgerliche Unterricht ist besonders ausgeprägt, und die Lehrerschaft zum großen Teil aufgeschlossen und modern. Die führenden Schülergruppen sind engagiert, nicht in den Kategorien rechts oder links, sondern einfach politisch interessiert und ganz wach.

Die Aussage dieser Schüler: »Zu Hause können wir nicht über Politik reden, die Alten sprechen immer nur von Autorität und lesen nur *Bild*.« Und: »Wenn wir das demokratische Modell, so wie es in der Schule gelehrt wird, mit der verfilzten Wirklichkeit unserer Stadt vergleichen, dann kann man nur sagen, hier werden nicht auf demokratische Weise Konflikte ausgetragen, sondern nur Rollen gespielt.«

Beweis: Das ist – vielmehr das war bis zu den Unruhen – der Herr Boljahn, der gleich mit drei Sesseln im Establishment sitzt. Boljahn war erstens Fraktionsvorsitzender der SPD und somit als Abgeordneter dem Ganzen verantwortlich; er war zweitens im Aufsichtsrat der Straßenbahn AG und hat als solcher der Fahrpreiserhöhung um rund 30 Prozent zugestimmt, die er doch in seiner dritten Eigenschaft im Interesse der Arbeiter auf ihre Notwendigkeit hätte prüfen müssen. Denn wie sich hinterher herausstellte, war die Erhöhung offenbar gar nicht unumgänglich, sonst hätte man sie ja nicht angesichts der Proteste wieder aufheben können.

Die »Erwachsenen« hatten sich so an den Klüngel gewöhnt und daran, alles nach taktischen Gesichtspunkten zu beurteilen und nach Opportunität zu entscheiden, daß die Revolte der Jungen der Demokratie wahrscheinlich nur guttun wird – trotz der beschädigten Fahrzeuge.

Nicht das gleiche läßt sich von den Attacken der Studenten auf die Schaufenster der »Morgenpost« und anderer Springer-Filialen in Berlin sagen, die sie in nächtlichen Aktionen mit Steinen einwarfen. Das war eine vorsätzliche und geplante, präzis konzertierte Terroraktion. Ihr war ein *teach-in* im Auditorium maximum der Technischen Universität vorangegangen, bei dem der Arbeitskreis »Springer-Tribunal« der »Kritischen Universität« in einem selbst gedrehten Lehrfilm vorführte, wie man Molotow-Cocktails anfertigt. Und damit auch jeder wirklich die Nutzanwendung ziehen konnte, öffnete das letzte Bild des Films den Blick auf das Axel-Springer-Hochhaus in Berlin.

Bisher galt der Grundsatz, Argumente seien die Waffen des Geistes. Daß Studenten statt dessen Steine benutzten, ist eine bedenkliche Entfremdung von ihrer ursprünglichen Existenz. Wir haben in dieser Zeitung vom ersten Tage an versucht, Verständnis für die Rebellion der Studenten zu wekken, weil wir – wie sie – der Meinung waren, es sei dringend notwendig, die Universitäten zu modernisieren, zu vergrößern und die Allmacht der Ordinarien abzubauen. Von dem allen aber ist jetzt kaum mehr die Rede. Seit Monaten sind Paritäten und Machtergreifung den meisten Studenten die Hauptsache.

Gewiß, vieles ist höchst unzulänglich in unserem Staat. Und darum ist es großartig, daß die Jungen kritisch sind und wachsam, daß sie die ältere Generation – die oft Tradition mit altem Trott verwechselt – zwingt, alles wieder einmal zu durchdenken und zu überprüfen, auch in der Universität, damit nicht die alten Zöpfe durch die Jahrhunderte geschleppt werden, obwohl sie längst hinderlich geworden sind.

Es ist unerhört und wirklich ein Justizskandal, wenn in Berlin die Staatsanwaltschaft, die mit der Ermittlung der Polizisten beauftragt war, die am 2. Juni Studenten mißhandelt hatten, das Verfahren einstellt, mit der Begründung, es sei nicht möglich, die Polizisten zu ermitteln. Und dies, obgleich ein großes Photo vorlag, auf dem drei ganz deutlich zu erkennende Polizisten einen am Boden liegenden Studenten treten und schlagen.

Dies ist, was die Orientierung so schwer macht: Weder Reaktionäre noch Extremisten treten in Reinkultur auf, beide verbrüdern sich gern mit den ihnen jeweils »nützlichen Idioten«, wie Lenin das nannte.

Im Einklang mit der Geschichte

Dankrede zum Erasmus-Preis für »DIE ZEIT«
DIE ZEIT, 21.9.1979

Für einen Liberalen kann nicht, wie für einen Konservativen, der Wille zum Bewahren an erster Stelle stehen; er muß immer wieder alles von neuem durchdenken, es verwandeln, vieles ergänzen, manches weglassen, um im Einklang mit der Geschichte zu bleiben, die ja ein Prozeß ist und kein Zustand. Und auch die Dogmen und Heilsbotschaften der Linken sind nicht seine Sache, denn für den Liberalen gibt es kein System, das einen befriedigenden Endzustand garantiert.

Ein tiefer, bedeutungsvoller Einschnitt in der Geschichte der Bundesrepublik war zweifellos die revolutionäre Studentenbewegung der ausgehenden sechziger Jahre. Sie war revolutionär in ihrem Impetus und reformistisch in ihrer Wirkung. In der Tat hatte sich der Muff von tausend Jahren unter den Talaren – und nicht nur dort – angesammelt, wie die Studenten auf Spruchbändern reimten, die sie vor dem Einzug der Talar- und Barett-geschmückten Professoren entrollten. Dieses mittelalterliche Zeremoniell, dem niemand ansehen konnte, daß zwei Weltkriege über Europa hingegangen sind, bezeugte in der Tat, wieviel unreflektierte Autorität sich über die Zeiten hinweggerettet hatte.

Nachdem der Anfang einmal gemacht war, wurden bald überall die Fenster geöffnet und frische Luft hereingelassen – die allerdings viele als gefährliche Zugluft empfanden. Das Erziehungssystem wurde reformiert, viele sagen – vielleicht mit Recht – zu Tode reformiert, das politische Strafrecht revidiert, und im Bereich des Sittlichkeitsstrafrechts schränkte der Staat seine Rolle als Sittenhüter weitgehend ein. Das Verhältnis der Geschlechter zueinander, wie auch die Beziehungen der Generationen zueinander, wandelten sich von Grund auf; überholte Traditionen, die aber vielen ans Herz gewachsen waren, verschwanden über Nacht.

Noch selten ist eine so weitgehende Revolution so unblutig verlaufen, denn gewöhnlich pflegen solche Wandlungen mit Bürgerkrieg und Blutvergießen verbunden zu sein. Aufruhr freilich fand auch diesmal statt, und schmerzhaft war der Prozeß ohnehin. Oft wurden die Grenzen des normalen Anstandes weit überschritten und häufig Wertvolles zugleich mit sinnlos Gewordenem über Bord geworfen.

Zum Schrecken vieler Professoren war die ZEIT in den ersten Jahren auf Seiten der Studenten, zwar immer wieder warnend, dies alles sei nur vertretbar, solange nicht Gewalt angewendet werde, aber es konnte nicht ausbleiben, daß auch bei uns die Jungen, vom allgemeinen Rausch der Revolution und der Lust am Verändern angesteckt, zuweilen absurde Artikel schrieben. Der Leser der ZEIT hat in jenen Jahren manches in Kauf nehmen müssen – Klagen, zumal der Professoren, wurden laut, auch Ärger darüber, daß, wie es hieß, im »linken Feuilleton« ganz andere Meinungen vertreten wurden als im »rechten Wirtschaftsteil«. Der Einwand, dies liege a) in der Natur der Sache und b) zählten in einer liberalen Zeitung nur Argumente, keine Befehle, fiel nicht immer auf fruchtbaren Boden.

Als dann schließlich manche Studenten in immer größere Verwirrung gerieten, Pflastersteine und Eisenstangen an die Stelle von Diskussionen traten, mußte jede Sympathie verlöschen. Einige junge Leute schlossen sich damals der beginnenden Terroristenszene an, andere beschlossen, den langen Marsch durch die Institutionen anzutreten, um das bestehende System von innen heraus aus den Angeln zu heben.

Manche Leute gáben uns die Schuld an der Entwicklung, weil wir für Gelassenheit plädiert und davor gewarnt hatten, durch scharfes Durchgreifen, harte Sondergesetze und strikte polizeiliche Maßnahmen eine Eskalation in Gang zu setzen, die dann nicht mehr zu stoppen sei. Zwischen Permissiveness und Repression die rechte Grenze zu finden, das ist die Aufgabe einer liberalen Zeitung – aber wer könnte behaupten, daß er sie stets optimal zu lösen imstande sei?

Die Sorge vor dem langen Marsch durch die Institutionen veranlaßte im Januar 1972 Willy Brandt, den damaligen Regierungschef, und die Länderregierungen zu dem unseligen Radikalenerlaß, der von den Linken sehr bald als Berufsverbot abgestempelt wurde. Mitte der siebziger Jahre waren diese Stimmen zu einem so gewaltigem Chor angeschwollen, daß die Bundesrepublik mancherwärts als Polizeistaat verunglimpft wurde.

Wieder einmal schien sich unser Grundsatz zu bestätigen, daß es nicht auf das Ziel ankommt – weil schließlich jeder hehre Ziele hat –, sondern vielmehr auf die Mittel und Methoden, mit denen das Ziel erreicht werden soll. Immer wieder warnten wir vor dem Eifer der Staatsschützer. Die Leitartikel der ZEIT von Theo Sommer trugen damals Titel wie »Eine Demokratie zu Tode schützen?«, »Die Deutschen im Zerrspiegel« . . .

Mitte der siebziger Jahre waren dann Zorn und Haß auf beiden Seiten so hochgestiegen, daß für Vernunft nur noch wenig Spielraum blieb. Schlag auf Schlag folgten 1977 die heimtückischen Morde an Generalbundesanwalt Buback, dem Bankier Ponto und dem Industrieführer Schleyer. Die Verwirrung war ohne Grenzen – so schrieben 28 evangelische Theologiestudenten anerkennende Worte an den mutmaßlichen Mörder des Generalbundesanwalts Buback und schickten ihm 28 rote Rosen. Kein Wunder, daß in der Öffentlichkeit der Schrei nach Vergeltung laut wurde: Man möge die inhaftierten Terroristen als Geiseln betrachten, so hieß es, neue Gesetze erlassen, keine Gnade üben.

Die Deutschen vertrauen gern darauf, der Staat werde die Grundrechte des Bürgers schon verteidigen, aber auf die Idee, daß die Bürger unter Umständen die Grundrechte auch gegen den Staat verteidigen müssen, kommen sie gar nicht. Da muß dann neben den Intellektuellen eine liberale Presse in Aktion treten, denn die Regierenden – gleichgültig, welche Partei am Ruder ist – neigen dazu, im Konflikt zwischen dem Staatsschutz und den Freiheitsrechten der Bürger, dem Staatsschutz den Vorrang zu geben.

Allerdings müssen die Zeitungsleute, die solches unternehmen, gute Nerven haben und ertragen können, daß sie von den Linken als Reaktionäre beschimpft und von den Rechten als Kommunisten verdächtigt werden. Aber schließlich: Der legitime Platz der Liberalen ist nun einmal zwischen allen Stühlen. Wir fühlen uns dort ganz wohl.

Der Handel mit der Humanität

Vom Mißbrauch der Menschenrechte
DIE ZEIT, 19.12.1986

Erst nach dem Zweiten Weltkrieg, als jene Völker aufgrund ihrer Leistungen während des Krieges ihr Recht reklamierten und der Schock des Holocaust ein Menetekel aufgerichtet hatte, postulierten 1945 die UN-Charta und 1948 die Allgemeine Menschenrechtserklärung eine grundsätzlich Änderung. Seither haben die Menschenrechte ohne Ausnahme universell rechtliche Geltung.

Längst aber zeichnet sich ein Mißbrauch anderer Art ab: Schon sind viele der Versuchung erlegen, mit dem Finger nur auf die Verletzungen zu weisen, die der Feind begeht, sie aber in den eigenen Reihen gütig zu übersehen. Es ist die alte Geschichte vom Balken im eigenen Auge und vom Splitter im Auge des anderen.

Die Gefahr, daß Interessen und Moral bewußt oder auch unbewußt miteinander vermengt, ja verwechselt werden, ist ständig präsent. Man erregt sich nur über das, was den eigenen Interessen schadet. Solche Fälle erscheinen dann als Bestätigung dafür, daß der Feind wirklich böse ist. Dort aber, wo durch eigene Verletzung der Menschenrechte dem Feind Schaden und einem selbst darum vermeintlich Nutzen erwächst, schaut man gar nicht erst hin. So kommt es denn, daß die Reagan-Administration rechte Diktatoren wie die Präsidenten von Südkorea oder wie einst Marcos – von dem Vizepräsident Bush sagte, er achte ihn wegen »seiner Anhänglichkeit an die demokratischen Prinzipien« – unterstützt hat, während linksorientierte Gewaltherrscher als Bösewichte verfolgt werden.

Jeane Kirkpatrick, die frühere amerikanische Botschafterin bei den Vereinten Nationen, hat sogar eine Theorie für diese Praxis erfunden. Sie nämlich teilt die Diktaturen in autoritäre und totalitäre ein: Die Autoritären haben ähnliche Interessen wie die Vereinigten Staaten und sind im Prinzip umgänglich – zwar dulden sie Brutalitäten, aber sie sind lernfähig und können sich zu Demokratien entwickeln. Die Totalitären dagegen »kreieren« die Brutalitäten mit Fleiß – sie bleiben unbelehrbar und verändern sich nie.

Wiederum anders steht es, wo es sich um Verletzungen der Menschenrechte an einem neutralen Ort handelt – in einer Region also, die mit dem Zweikampf der Supermächte nichts zu tun hat. Da sind dann beide Supermächte geneigt, die Augen zuzudrücken. Die Massenmorde in Kambodscha oder Uganda, das Massenelend in Äthiopien haben die Weltpolitik nicht sonderlich beschäftigt. Ja, das verbrecherische System Pol Pots in Kambodscha hat sogar mit Hilfe Amerikas seinen Sitz in den Vereinten Nationen behalten.

Kein Hahn krähte danach, als Tibet 1950 von China überfallen, ausgeplündert und annektiert wurde – wobei himmelschreiende Verbrechen begangen worden sind und die Bevölkerung jahrelang auf alle nur erdenkliche Weise gequält und erniedrigt wurde. Ganz anders in Afghanistan. Es ist gut, daß immer wieder auf den grausamen und ruchlosen Krieg aufmerksam gemacht wird, den die Sowjets dort mit wirklich verbrecherischen Mitteln gegen die Zivilbevölkerung und mit abgefeimten Tricks ausgerechnet gegen Kinder führen, gleichwohl wünschte man sich, daß solches Augenmerk in alle Himmelsrichtungen ginge.

Vielleicht muß man sich einmal fragen, ob eine Regierung wirklich die Aufgabe hat, auf den moralischen Status anderer Länder einzuwirken. Hat sie neben ihrer Verantwortung für die Sicherheit des eigenen Landes, für die Intakthaltung seiner Institutionen und die politische und moralische Freiheit seiner Bürger wirklich auch noch Verantwortung für andere? Weiter: Müssen unsere moralischen Normen, die tradierten Werte unserer Gesellschaft, automatisch auch für andere verbindlich sein? Und schließlich: Ist es denn eine offenkundige Wahrheit, daß die Demokratie, so wie wir sie verstehen, unbedingt die Zukunft der ganzen Menschheit sein muß?

Immer sollte versucht werden, einzelnen Unterdrückten und Verdammten zu ihrem Recht zu verhelfen – sei es durch die genannten Organisationen, sei es durch Regierungsinitiativen; diese freilich haben im allgemeinen nur dann Sinn, wenn sie auf diskrete Weise erfolgen und nicht mit großem Getöse in aller Öffentlichkeit.

Ganz verfehlt ist es, wenn Regierungen auf fremde Staaten einzuwirken versuchen, um diese zur Änderung ihres Systems und auf diese Weise zur Einhaltung der Menschenrechte zu veranlassen; da landet man sehr bald bei *covert action*, bei geheimen Machenschaften, und am Schluß ist dann jedes Mittel recht. Über Nicaragua sagte Präsident Reagan neulich in einem Interview mit dem mexikanischen *Excelsior*: »Wenn die Sandinisten die Demokratie nicht einführen, ist die einzige Alternative, daß die Contras sich durchsetzen und die Sache übernehmen (*have their way and take over*).« Was das heißt, kann man sich unschwer vorstellen, denn schon heute werden Contras auf amerikanischem Boden ausgebildet, um dann zu Hause ihre Regierung zu stürzen.

Spätestens hier wird deutlich, daß Antikommunismus nicht mit Demokratie identisch ist. Ob eine Demokratie, die nur mit Lug und Trug ihr Ziel erreicht, besser ist als die Unmoral, gegen die sie zu Felde zieht – diese Frage ist im Gegensatz zu den anderen leicht zu beantworten. Die wirksamste Waffe unserer westlichen Welt sind und bleiben Offenheit und das feste Beharren auf den moralischen Werten, für die wir stehen.

Das Europäische Haus

Wenn ich mich frage, was bei der Gestaltung des neuen europäischen Hauses zu bedenken ist, dann meine ich, wir müssen vor allem dafür sorgen, daß nicht wieder Haß und Angst in das Mauerwerk hineinkriechen, damit wir nicht noch einmal von jenem Teufelskreis verhext werden, der uns jahrelang in Bann gehalten hat.

Es fing doch an mit der Verteufelung des anderen, dadurch wurde Haß erzeugt, daraus folgte Angst, und die führte dann zu neuer Eskalation. Haß und Rachsucht sind genauso gefährlich wie Raketen. Denn man muß sich klar darüber sein, daß in der Geschichte nicht die objektiven Fakten entscheidend sind, sondern die subjektiven Vorstellungen, die sich die Menschen von den Fakten machen.

Wie aber kann Verteufelung verhindert werden? Wir müssen verhindern, daß bewußt oder zufällig Feindbilder entstehen und gepflegt werden – also jene schwarz-weiß-Malerei, die da sagt: Wir wollen ja nur das Gute, aber der andere, der läßt uns nicht in Frieden leben, der rüstet, weil er uns überfallen will. Oder: Meine Guerillas sind Freiheitskämpfer, Eure sind Terroristen.

Feindbilder gehören zu den ältesten Waffen der Menschheit: In primitiven Gesellschaften wird der Nachbarstamm als übermächtig und brutal geschildert, um die eigene Sippe zu solidarisieren. Aber die hochentwickelten Industriegesellschaften der Supermächte verhalten sich nicht anders: Sie hetzen die eigene Bevölkerung gegen den vermeintlichen Feind auf, um sie für den totalen Widerstand zu motivieren.

Der eine agitiert dabei gegen »das Reich des Bösen«, der andere gegen die »kriegslüsternen Imperialisten«.

Also: Wir dürfen nicht zulassen, daß dieser Unsinn, der im Moment, Gott sei Dank, weitgehend überwunden ist, wieder einreißt. Andererseits dürfen wir nicht meinen, daß in dem Neuen Haus eitel Harmonie herrschen wird und sich alle auf das gleiche Koordinationssystem einigen können. Nein, Rivalität wird es immer geben – muß es auch geben.

Wenn wir an die beiden heute vorherrschenden Grundtypen denken: Kapitalismus und Sozialismus, so meine ich, wir brauchen beide, denn jeder in seiner Weise steht für etwas Nützliches, Unentbehrliches. Der Kapitalismus für Marktwirtschaft, der Sozialismus für soziale Gerechtigkeit und den Schutz der Schwachen. Wir brauchen sie beide, und zwar nebeneinander und gleichzeitig. Nur, wenn beide zur gleichen Zeit wirken und miteinander rivalisieren, bietet dies eine gewisse Gewähr dafür, daß die spezifischen Sünden, die jedem dieser Systeme innewohnen, minimiert werden.

Denn darüber muß man sich klar sein, jedes dieser beiden Systeme hat seine besondere Anfechtung, aus der ganz bestimmte Sünden erwachsen: Für den Kapitalismus ist es der Egoismus, der ja der Motor des Systems ist und der ohne die Kontrolle durch den Sozialismus zum ökonomischen Darwinismus – zum survival of the fittest – degeneriert wäre.

Für den marxistischen Sozialismus, so wie wir ihn jetzt kennengelernt haben, besteht die Anfechtung der unlimitierten Macht, die, wenn sie, von allen abgeschirmt, für sich allein agieren kann, all die Sünden gebiert, die sich jetzt herausstellen: Repression, Korruption, Lug und Trug.

Was das Neue Haus braucht, ist also Pluralismus und Objektivität statt Feindbilder. Der schrankenlose Antikommunismus, wie er mancherwärts praktiziert wurde, war ebenso verderblich wie die Verteufelung des Kapitalismus als System der Ausbeutung. Es waren der Sozialismus und die

Gewerkschaften, die verhindert haben, daß der Manchester-Liberalismus des vorigen Jahrhunderts zur Ausbeutung geführt hat; sie waren es, die dazu beigetragen haben, daß eine soziale Marktwirtschaft entstand.

Und der marxistische Kommunismus erhofft sich jetzt die Rettung eines demokratischen Sozialismus durch Einführung der Marktwirtschaft, die er vom Kapitalismus entlehnt.

Keines von beiden Systemen ist im Besitz der alleinigen Wahrheit – wir brauchen sie beide.

Was heißt Widerstand?

Von Deserteuren, dem Nationalkomitee und dem 20. Juli
DIE ZEIT, 21.7.1989

Im Artikel 20 des Grundgesetzes hat die Bundesrepublik – übrigens als einziges Land der Welt – ein Recht auf Widerstand postuliert. Das Bedürfnis hierzu ist auf die Erfahrungen der Hitler-Zeit zurückzuführen. Nur fehlt leider eine klare Abgrenzung für das, was unter Widerstand zu verstehen ist. Wenige Begriffe aber sind im Laufe der Zeit so häufig mißverstanden, oft auch mißbraucht worden, wie dieser.

Hausbesetzer, Atomgegner, RAF-Mitglieder berufen sich gern auf ein Widerstandsrecht, wenn sie gegen Anordnungen der Obrigkeit revoltieren oder Gesetze brechen, die auf demokratische Weise beschlossen worden sind. Auch werden die Geschwister Scholl, die 1943 von den Nazis hingerichtet wurden, gelegentlich mit heutigen Terroristen gleichgesetzt.

Wer individuellen Terror praktiziert, Menschen entführt, Bomben legt, Geiseln nimmt, hat nichts gemein mit Sophie und Hans Scholl, die in einem Unrechtsstaat lebten und helfen wollten, die Menschenrechte wiederherzustellen. Auf den Flugblättern, die sie verfaßten und unter Einsatz ihres Lebens verteilten, hieß es: »Der deutsche Name bleibt für immer geschändet, wenn die deutsche Jugend nicht endlich aufsteht, rächt und sühnt zugleich, ihre Peiniger zerschmettert und ein neues geistiges Europa aufrichtet.«

Widerstandsrecht, soviel steht fest, ist Recht gegenüber einer verbrecherischen Obrigkeit oder derer, die sie errichten wollen. Es ist also das Recht auf soziale Notwehr.

Zur Zeit ist eine neue Variante des alten Problems aufgetreten, die Frage nämlich: Sind Deserteure gleichzusetzen mit

Widerständlern? In mehreren deutschen Städten haben sich Gruppen zusammengefunden, die dem »unbekannten Deserteur« ein Denkmal setzen wollen. Begründung: Dies war die einzige Form, in der ein »kleiner« Soldat seine Opposition gegen das Regime manifestieren konnte. Soweit sich dies hat feststellen lassen, sind laut Auskunft des militärgeschichtlichen Forschungsamtes Freiburg im Zweiten Weltkrieg etwa 22.000 Soldaten wegen Fahnenflucht zum Tode verurteilt worden – 15.000 dieser Urteile wurden vollstreckt.

Eine große Kontroverse hat die Ausstellung heraufbeschworen, die zum 20. Juli in Berlin eröffnet wird: »Widerstand gegen den Nationalsozialismus«. Einige Leute finden, die Rote Kapelle von Schulze-Boysen und Arvid Harnack gehöre nicht dorthin, weil es sich ja um eine kommunistische Gruppe gehandelt hat. »Wer Hitler bekämpfte, um ihn durch Stalin zu ersetzen«, so heißt es, »gehört nicht zu denen, deren Ziel die Wiederherstellung eines demokratischen Rechtsstaates war.«

Merkwürdig, daß es so schwer ist, sich in vergangene Zeiten zu versetzen. Damals war nur eine Frage wichtig: »Ist jemand dafür oder dagegen?« Dagegensein war ein Ausweis für Zusammengehörigkeit. Welche Art von Demokratieverständnis dem zugrunde lag, interessierte überhaupt nicht. *First things first* – erst einmal dem Wüten dieses Verbrechers und dem sinnlosen Sterben ein Ende bereiten, darauf kam es an. Und dazu gehörte Mut.

Es ist grotesk, wenn selbstzufriedene Bürger unserer Wohlstandsgesellschaft Jahrzehnte nach den Ereignissen sich daranmachen, die Widerstandskämpfer fein säuberlich in Kategorien einzuteilen und zu bewerten. Hätten sie die Zweifel und Ängste jener Zeit durchleben müssen, dann würden sie nicht mit den Einsichten von heute über jene Schwergeprüften zu Gericht sitzen.

Das gilt auch für das Nationalkomitee Freies Deutschland, das im Jahr 1943 von deutschen Emigranten und Kriegsgefangenen aus fünf verschiedenen Lagern in der Nähe von Moskau gegründet worden war. Sie hatten in Polen und Rußland viel Schlimmes gesehen und in Stalingrad die ihnen vorgegaukelten Siegesillusionen verloren. In der plötzlich einsetzenden Isolation und Tatenlosigkeit des Lagers waren sie dann an ihrer Loyalität zum »Führer«, auf den sie den Eid geleistet hatten, irre geworden. Nun wollten sie der Katastrophe, die ihnen deutlich vor Augen stand, wehren und waren bereit zu versuchen, ihre Kameraden an der Front mit Flugblättern und Aufrufen dazu zu bewegen: »Das Gebot und die Ehre der Nation höher zu stellen als den Befehl des Führers, (ferner) das Vaterland in seiner Schande zu retten und den Kampf einzustellen.«

Was unter Widerstand zu verstehen ist, darüber herrscht wieder viel Verwirrung. Auch ändern sich die jeweiligen Auffassungen mit den Zeiten. Nur Herr Schönhuber von den Republikanern, der die Ereignisse des 20. Juli 1944 kürzlich einen »Putsch« nannte, übt Kontinuität und ist seinem Führer treu geblieben, der damals, am Abend jenes Tages, so tat, als hätte es sich um ein südamerikanisches Abenteuer gehandelt, und Hitler erklärte: »Eine ganz kleine Gruppe ehrgeiziger, gewissenloser und zugleich verbrecherischer, dummer Offiziere hat ein Komplott geschmiedet.«

Aber die Opposition gegen Hitler war keine kleine Gruppe, und es handelte sich nicht um eine machtpolitische Revolte, auch nicht um eine Arbeitererhebung im Sinne einer sozialen Revolution; es war vielmehr der Aufstand führender Persönlichkeiten des öffentlichen Lebens, hoher Offiziere und höchster Beamter, die aus moralischen Gründen den Verbrechern in den Arm zu fallen versuchten. Im Zusammenhang mit dem 20. Juli sind etwa 200 Personen hingerichtet worden, darunter 19 Generäle, 26 Obersten und Oberstleutnants, 2 Botschafter, 7 Diplomaten, 1 Minister, 3 Staatssekretäre sowie der Chef der Reichskriminalpolizei, ferner mehrere Oberpräsidenten, Polizeipräsidenten, Regierungspräsidenten. Außerdem registrierte das Justizministerium für das Jahr 1944: 5764 Hinrichtungen; doch sind dies nur die offiziellen Exekutionen, daneben gab es auch halboffizielle und inoffizielle.

In einem seiner Briefe aus dem Gefängnis schrieb der Theologe Dietrich Bonhoeffer: »Wenn ein Wahnsinniger mit dem Auto durch die Straßen rast, kann ich als Pastor, der anwesend ist, nicht nur die Überfahrenen trösten oder beerdigen, sondern ich muß dazwischenspringen und ihn stoppen.«

Wirklich ein gerechter Krieg?

Der Golfkonflikt – auch ein Konflikt zwischen Moral und Interesse
DIE ZEIT, 15.2.1991

Krieg ist für die Deutschen ein Trauma. Selbst für die Jungen, auch wenn sie die Bilder, die uns Ältere jahrelang heimgesucht haben, nie vor Augen hatten: zerbombte Städte, Straßen, die sich wie schmale Fußpfade zwischen Gebirgen von Trümmern hindurchwinden, zerstörte Brücken, Kirchen, Bahnhöfe. Mitte 1946 lag das Durchschnittsgewicht der männlichen Erwachsenen in Hamburg bei 51 Kilogramm.

Zorn, Angst und Trauer ergreifen Besitz von jedermann bei der Vorstellung, daß dies alles sich jetzt im Golfkrieg noch einmal wiederholt. Auch weiß man doch, daß am Feuer eines solchen Krieges jeder sein spezielles Süppchen kochen möchte, die Ausweitung also nicht aufzuhalten ist. Wer den Krieg im eigenen Land nicht erlebt hat, der wird die Angst und die untergründigen Gefühle der Menschen angesichts des orientalischen Konflikts nie verstehen, zumal die Ratlosigkeit unserer Regierung die Unsicherheit aller noch vergrößert.

Die Verwirrung ist groß. Den Friedensmarschierern wird Antiamerikanismus vorgeworfen, weil sie Plakate mitführen, die sich zum Teil gegen jene Macht richten, deren Militärmaschine sie allabendlich auf dem Fernsehschirm das Fürchten lehrt. Das Widerstreben der deutschen Politiker wird als Feigheit gedeutet, als Mangel an Solidarität, weil sie sich bei der Weigerung, am Golf zu kämpfen, auf die Verfassung berufen, die dies verbietet.

Saddam war doch längst ein Verbrecher zu der Zeit, als die Alliierten seine Armee zur viertstärksten der Welt aufrüsteten.

Alle haben dabei mitgewirkt. Drei der fünf ständigen Mitglieder des Sicherheitsrates, Russen, Chinesen und Franzosen, haben sechzig Prozent der Waffen geliefert – ganz offiziell. Und ganz offiziell hat auch die Bundesregierung weggesehen, als einzelne deutsche Firmen Saddam belieferten – nicht mit Waffen, sondern mit Schlimmerem: technischer Ausrüstung, die den irakischen Diktator befähigt, Giftgas einzusetzen, vielleicht sogar die furchtbarste aller Waffen, die Atomwaffe, und Israel mit Raketen zu erreichen. In der ersten Wut hätte man diese Leute am liebsten als Objektschutz an Israel ausgeliefert.

Wie eigentlich steht es mit der Moral in der Politik? Feststehende Gesetze, nach denen man sich richten kann, gibt es nicht. Jeder Fall ist anders und muß für sich beurteilt werden. Ganz generell läßt sich nur soviel sagen: *Politik ohne Moral* endet geradewegs in Opportunismus. *Macht ohne Moral* verfängt sich in den Interessen und Ideologien.

Kuwait scheint ein exemplarischer Fall, weil der Anlaß, Saddams Überfall, ein höchst krimineller Akt war. Im Gegensatz dazu war der Fall Libyen, das von Reagan mit einer Strafexpedition überzogen wurde, weil der Verdacht bestand, Ghaddafi werde in Zukunft neue Terrorakte begehen, moralisch nicht sehr überzeugend. Und Panama? Dort starteten die Amerikaner ein unverhältnismäßig großes, militärisches Unternehmen, um einen Mann zu fangen: Noriega, der während vieler Jahre und bis kurz zuvor gegen ein hohes Salär dem CIA gedient hatte. Es war eine Aktion, bei der etwa tausend Leute umkamen – die Mehrzahl von ihnen Zivilisten.

Die Sache mit der Moral ist sehr kompliziert – besonders dann, wenn es um das Stichwort »Weltpolitik« geht. Auch solche Großmächte, denen es ohne Zweifel und ganz objektiv um Recht und Freiheit geht, sind verführbar. Sie neigen dazu, nach eigenem Ermessen und ihren Interessen entsprechend zu urteilen. So war Amerika mit Recht empört über den sowjetischen Überfall auf Afghanistan, hat aber bis heute kein Wort verloren über die brutale Annexion Tibets durch China; oder es verurteilte streng die Tatsache, daß es eine kleine Anzahl politischer Gefangener in Polen gab, während kein Gedanke an die 30.000 Schwarzen verschwendet wurde, die in Südafrika ohne Verfahren im Gefängnis saßen – denn dort lautete die Washingtoner Devise: »*constructive engagement*«.

Ein dubioser Sieg

Lieber Drückeberger als Mittäter
DIE ZEIT, 15.3.1991

Theo Sommer schrieb, der große Sieg der antiirakischen Koalition habe »auch all jene Zweifler und Warner entwaffnet, die sich dagegen gesträubt hatten, die Lösung des Kuwait-Konflikts ganz der Logik des Krieges anheimzugeben«. Begründung: Kaum eine der schlimmen Befürchtungen: Chemiewaffen, Israels Involvierung, weltweiter Terrorfeldzug seien eingetreten. Als ob es für den, dem die Füße zerschmettert werden, eine Befriedigung sein kann, daß ihm die Hände nicht abgehackt wurden. Nein, dieser Krieg war a) keineswegs unvermeidlich, b) im Einsatz der Mittel unverhältnismäßig, c) ist er in seinem Ergebnis äußerst dubios.

Zu a): Noch nie war die Möglichkeit, Sanktionen erfolgreich einzusetzen, so groß wie in diesem Fall, weil es die Vereinten Nationen waren – also zum ersten Mal alle Staaten der Erde –, die sich zur Einhaltung des Embargos verpflichteten. Auch läßt sich im Irak die Ausfuhr des Öls leicht überwachen, deren Erlös mit etwa vierzehn Milliarden Dollar der Summe aller Einfuhren entspricht (davon 25 Prozent Nahrungsmittel). In Anbetracht der hohen Verschuldung wären Geschäfte und Kredit für Saddam gar nicht möglich. Hätte man sich also für eine solche Prozedur ein Jahr Zeit genommen und gleichzeitig Saddam ein scharfes Ultimatum gestellt: »Jeder Übergriff gegen Israel oder ein arabisches Nachbarland wird mit sofortiger Bombardierung Bagdads geahndet«, ein positives Ergebnis wäre durchaus möglich gewesen.

Zu b): Unverhältnismäßigkeit: wahrscheinlich 200.000 Tote, Bagdad weitgehend zerstört einschließlich Kraftwerken, Kanalisationssystem, Wasserversorgung, so daß ein Teil der Bevölkerung Wasser aus dem Tigris oder aus Regenpfützen trinkt.

Schon bei der Einnahme des Emirats haben Saddams Truppen furchtbar gehaust, bei Rückzug entfesselten sie dann eine Orgie von Plünderung und sinnloser Verwüstung. Frauen wurden vergewaltigt, Männer wegen angeblicher Kollaboration erschossen oder verschleppt; Museen und Moscheen, Archive und die Universität, Hospitäler und Hotels wurden eingeäschert, die Infrastruktur systematisch zerstört. Und nun auch noch Bürgerkrieg. »Wie im Mittelalter«, schreibt ein englischer Journalist in seinem Bericht. 150.000 Palästinenser – als Verräter verfolgt – sind aus Kuwait geflüchtet, ohne zu wissen, wohin.

Die verheerendste Folge des Krieges, die Ökokatastrophe, ist zwar keine zwangsläufige Kriegsfolge, aber ohne die Aktion der UN-Allianz hätte der Verrückte in Bagdad wohl keinen Grund gesehen, einen künstlichen Ölteppich über den Golf zu breiten und 600 Ölquellen samt den Ölförderungsanlagen in Brand zu stecken. Die Umweltschäden sind heute noch gar nicht abzuschätzen.

Zu c): In der amerikanischen Öffentlichkeit heißt es: »Es war ein durch und durch gerechtfertigter Krieg, wir haben ihn mit Präzision geführt und mit geringen Opfern rasch gewonnen.« In jenem Leitartikel der ZEIT hieß es: »Die Opfer unter den Irakis waren nicht so groß, daß die Alliierten deswegen das ganze Unternehmen hätten sein lassen müssen.« Es kommt eben auf den geographischen Standort des Beobachters an.

Auch wer kein Pazifist ist und Rüstung zur Verteidigung für unerläßlich hält, muß feststellen, daß jeder Krieg zur Brutalisierung der Menschen führt und daß er ferner in keinem Fall berechenbar ist.

Man muß froh sein, daß Deutsche an diesem Krieg militärisch nicht beteiligt waren. Sollen sie uns ruhig »Drückeberger« nennen.

Weil das Land sich ändern muß

Ein Manifest
DIE ZEIT, 13.11.1992

Nein und abermals nein: So haben wir uns weder die Bundesrepublik nach vier Jahrzehnten noch das befreite, endlich wiedervereinigte Deutschland vorgestellt. Wir hatten gehofft, das Ende der DDR, dieser langersehnte, einzigartige Moment, werde eine allgemeine Aufbruchstimmung zeitigen. Statt dessen macht sich resignierende Unlust breit.

Die Bürger sind frustriert, Regierung wie Opposition ohne Elan und ohne Vision. Das meiste wird dem Zufall überlassen. Es ist, als rase die Geschichte wie ein ungesteuerter, reißender Fluß an uns vorüber, während wir, die am Ufer stehen, die bange Frage stellen, wohin er uns wohl führt. Jeder hat den Wunsch, daß darüber nachgedacht wird, wie es vermutlich in zehn Jahren in der Welt aussehen wird, vielmehr aussehen sollte, und was wir tun müssen, um dorthin zu gelangen. Aber niemand hat ein Konzept. Alle sind gleichermaßen ratlos, keiner scheint sich über die obwaltenden Tatsachen Rechenschaft zu geben, weder in der Welt noch bei uns zu Haus.

Unglaublich naiv ist die Gelassenheit, mit der die Bonner Regierenden sich mit der bestehenden Arbeitslosigkeit abgefunden haben: »Das wird noch ein paar Jahre so weitergehen«, heißt es seit fast einem Jahrzehnt. Zur Beruhigung wird auf die vielen neu geschaffenen Arbeitsplätze hingewiesen. Daß diese in Zeiten der Hochkonjunktur neu geschaffenen Jobs in der jetzigen Rezession unter dem Druck der Rationalisierung als erste verschwinden werden, scheint sie nicht zu beunruhigen. Dabei ist leicht vorstellbar, daß zu den dreißig

Prozent Arbeitslosen in den neuen Bundesländern bald eine wachsende Zahl Entlassene in den alten Ländern hinzukommen wird.

Eine Konsequenz der Konzeptlosigkeit ist auch bei der Abrüstung deutlich geworden. Bei den Vereinbarungen der beiden Militärbündnisse wurden acht Kategorien festgelegt, wie das überschüssige Rüstungsmaterial verwendet werden dürfe (für Konversion, Zielübungen, zur Schulung etc.). Das Wichtigste – ein Exportverbot festzuschreiben – ist offensichtlich vergessen worden. Folge: Jedes Land trachtet, von dem vorhandenen Überschuß soviel wie irgend möglich an andere Staaten zu verkaufen, so daß schließlich statt Abrüstung nur eine Umverteilung des überschüssigen Materials stattfindet. Bonn ist durch den Verkauf der DDR-Waffen zum drittgrößten Waffenexporteur der Welt geworden.

Auch das Problem des neu erwachenden Nationalismus wurde nicht rechtzeitig bedacht. Dabei war doch klar, daß der Zerfall des Kommunismus in Osteuropa und im Sowjetimperium zu einer Wiederbelebung der bis dahin unterdrückten ethnischen Minderheiten führen würde. Hätte man damals, vor drei Jahren, diesen Staaten unter Mitwirkung von Weltbank, Internationalem Währungsfonds und westlichen Organisationen eine sinnvolle, vielleicht auch institutionelle Hilfe in Aussicht gestellt, wären die GUS-Staaten möglicherweise unter einem gemeinsamen Dach geblieben, sofern man den einzelnen Republiken ihre langbegehrte Identität garantiert hätte. Erst damit wäre das vielbejubelte Ende des Kalten Krieges zu einem Sieg geworden.

Die Konzeptionslosigkeit hat bei den Bürgern Resignation und Mißmut erzeugt, weil sie den Verdacht hegen, die Parteien stritten nur um die Macht, anstatt sich mit der Lösung von Problemen zu beschäftigen.

Wir haben es satt, in einer Raffgesellschaft zu leben, in der Korruption nicht mehr die Ausnahme ist und in der sich allzu vieles nur ums Geldverdienen dreht. Es gibt Wichtigeres im Leben des einzelnen wie auch im Leben der Nation.

Den Bürgern wieder Ziele setzen

Eine Gesellschaft ohne moralischen Maßstäbe
gerät in Gefahr
DIE ZEIT, 2.3.1993

Die Brutalisierung unserer Zeit hat ein unerträgliches Maß erreicht: Das gilt für die rücksichtslose Anwendung von Gewalt wie die gleichgültige Hinnahme von Brutalität und auch den Voyeurismus, wie Reality-TV ihn praktiziert.

In den fünfziger Jahren verbot der Chefredakteur dieser Zeitung, das Photo eines Schwerverletzten zu veröffentlichen, der verblutend neben seinem Auto lag. Heute werden Leute ausdrücklich beauftragt, bei solchen Gelegenheiten den mit dem Tode Ringenden möglichst in Großaufnahme zu photographieren. Schamgefühl gibt es nicht mehr.

Ausländer werden zusammengeschlagen, während Passanten vorübergehen und weggucken, anstatt Hilfe zu leisten. Jugendliche attackieren Asylantenheime mit Brandbomben – oft nur so zum Spaß. In manchen Schulen gehen die Schüler nur noch bewaffnet zum Unterricht, um sich gegen die Erpressungen der Mitschüler zu schützen.

Wie ist es möglich, daß Skinhead-Texte geduldet werden, die, so berichtet die sozialdemokratische Publikation *blick nach rechts*, auf Langspielplatten, Kassetten und CDs zu erwerben sind – beispielsweise ein Song gegen Türken unter dem Titel »Kanaken«: »Steckt sie in den Kerker / oder schickt sie ins KZ / von mir aus in die Wüste / aber schickt sie endlich weg./ Tötet ihre Kinder, schändet ihre Frauen / vernichtet ihre Rasse / damit könnt ihr sie vergraulen.«

Warum werden die Verfasser und die Produzenten dieser widerlichen Erzeugnisse nicht wegen Aufforderung zum

Mord vor Gericht gestellt? Warum lassen wir zu, daß Brutalität sich immer weiter ausbreitet in einer Zeit, in der mehr von Menschenrechten geredet wird als je zuvor?

Sechs- bis dreizehnjährige Kinder sehen täglich zweieinhalb Stunden fern. Da die TV-Sender bis zu fünfzig Mordszenen pro Tag bieten, ist es kein Wunder, daß sich jener alarmierende Fall in Liverpool ereignete, wo zwei Zehnjährige ein zweijähriges Kind ermordet haben – vermutlich weil ihnen der Unterschied zwischen Film und Wirklichkeit nicht klar war. Für sie ist eben Gewalt ein Teil des normalen Bildes geworden.

Unsere moderne Welt, die durch das emanzipierte Individuum charakterisiert ist, hat ihre Wurzeln in der Aufklärung und in zwei Revolutionen: der Französischen und der industriellen. Diese Ereignisse haben an die Stelle der Gewißheit, daß es prä-etablierte, religiöse und moralische Normen gibt, den Glauben an Vernunft, Technik und den autonomen Menschen gesetzt. Nichts gegen Aufklärung – nur: Sie wird fragwürdig, wenn sie ins Grenzenlose projiziert wird.

Heute, in der Spätphase positivistisch-materialistischer Auffassungen, wird die geistige Armut einer Epoche, die nur in Kategorien von Macht und Erfolg denkt, sehr deutlich. Es zeigt sich, daß der Mensch ohne metaphysischen Bezug nicht sinnvoll leben kann. Ohne jene übergeordnete Autorität fehlt ihm die Orientierung, hält er sich selber für allmächtig. Wie deutlich ist dies in der Zeit von Nationalsozialismus und Stalinismus geworden: Erst die Negierung alles Metaphysischen hat die totalitäre Macht des Menschen über den Menschen möglich gemacht.

Zwar sind andere Werte an die Stelle getreten, Fortschritte auf wissenschaftlichem und technischem Gebiet, Kommunikationsmöglichkeiten, von denen niemand zu träumen gewagt hätte, nur die Menschen sind dadurch nicht menschlicher geworden – vielleicht, weil der Triumph der eigenen Allmacht dies verhindert.

Eine besondere Rolle fällt zweifellos den Medien zu. Sie sind es, die die Bürger motivieren und inspirieren können; aber sie sind es auch, die durch unablässige Katastrophenschilderungen und Bilder von Gewaltszenen das Empfinden für Brutalität immer mehr relativieren.

Und langfristig? Etwas muß ganz grundsätzlich anders werden. Die jungen Menschen dürfen nicht ohne Arbeit, im Osten neuerdings auch ohne Jugendklubs, sich selbst überlassen bleiben. Jeder junge Mensch will sich bewähren, möchte zeigen, was er kann. Es ist höchste Zeit, die Gelegenheit dafür zu schaffen – beispielsweise einen Sozial- und Gemeinschaftsdienst einzurichten.

Es ist absurd, wenn man vor dieser Maßnahme zurückschreckt, weil angeblich Hitler den Arbeitsdienst erfunden hat. Er hat ihn gar nicht erfunden, er hat ihn nur zu einer vormilitärischen Organisation pervertiert. Die ursprüngliche Konzeption, an der Helmut von Moltke und seine Freunde vom späteren Widerstand mitgewirkt haben, war das Bestreben, Arbeiter, Bauern und Studenten in Bildungslagern zusammenzuführen. Dieser Arbeitsdienst hatte schon zur Zeit von Brüning 100.000 Mitglieder.

Unsere Gesellschaft wieder zu humanisieren, den Sinn für die Allgemeinheit wieder an die Stelle von Egozentrik und Anspruchsdenken zu setzen, die Politikverdrossenheit in aktive Teilnahme zu verwandeln, dies müßten die ersten Ziele sein. Nur so könnten wir unsere Demokratie – die heute gefährdet erscheint – wieder entscheidend festigen.

Auch die Freiheit hat ihre Grenzen

*Wenn die Gesellschaft ihren inneren Halt verliert,
nehmen Brutalität und Eigennutz überhand*
DIE ZEIT, 1.4.1994

Der Brandanschlag auf die Synagoge in Lübeck war ein Höhepunkt niederträchtiger Brutalität. Gewalt: gezielte, hinterhältige, abgefeimte, wie in diesem Fall, aber auch ungeplante, zufällige, sinnlose Gewalt greift überall und immer mehr um sich. In Kalifornien erschoß neulich eine Fünfzehnjährige einen Taxichauffeur, weil er nach ihrer Meinung sieben Dollar zuviel verlangt hatte; ein wegen schlechter Leistung entlassener Arbeiter »exekutierte« aus Rache drei Büroangestellte in der Chefetage; in Euskirchen erschoß einer, der 7200 Mark Buße zahlen sollte, den Richter und vier andere im Gericht; Schüler knüppeln Obdachlose zu Tode, andere quälen Behinderte, die sich nicht wehren können. Und in der vorigen Woche war in der Welt zu lesen, daß der Leiter einer Schule in Polen seit Jahren Kinder nach Schweden in die Ferien schickt, und zwar an einen Ort, wo sie sexuell mißbraucht werden und für Pornofilme herhalten müssen. Je Kind, so heißt es, habe der Schulleiter 800 bis 1000 Mark erhalten. Viele der Kinder leiden nach ihrer Rückkehr unter psychischen Schäden.

Woher die Brutalisierung des Alltags? Wieso diese bedenkenlose und unbarmherzige Anwendung von Gewalt, die es bei uns in dieser Form zuvor nicht gegeben hat? Seit Jahrhunderten ist die jeweilige Gesellschaft durch eine bestimmte Ordnung, die auf Tradition und Spielregeln beruhte – natürlich wechselnden Traditionen und wechselnden Spielregeln –, in der Balance zwischen Freiheit und Ordnung erhalten worden. Meist kam die Freiheit dabei zu kurz, aber immer galt: Traditionen haben gesellschaftsbindende Funktionen – ohne sie hat Gesellschaft keinen Bestand.

Seit der Aufklärung glauben viele Fortschrittsapostel, wenn der Mensch von allen lästigen Fesseln – kirchlichen, absolutistischen, konformistischen – befreit werde, würde die Gesellschaft ein Optimum an Freiheit genießen können. Aber so ist es nicht. Freiheit ohne Selbstbeschränkung zerstört sich selbst. Die Gesellschaft zerbröselt, wenn der einzelne ungehindert bestimmen kann, wieviel Freiheit er sich nehmen darf.

Jede Gesellschaft braucht Bindungen: Ohne Traditionen und Spielregeln, ohne einen gewissen Konsens über Verhaltensnormen gibt es keine Stabilität im Gemeinwesen, ist ein Zusammenleben in Harmonie nicht möglich. Man muß sich klar darüber sein, daß jeder Zuwachs an Freiheit ein Weniger an Bindungen bedeutet.

Nun wird kein vernünftiger, also »mündiger« Bürger die Emanzipation des Menschen bedauern. Der Freiheitsgewinn, der darin besteht, daß die Fremdbestimmung durch absolute Herrscher, willkürliche Despoten oder die Kirche gestoppt worden ist und an ihre Stelle der Rechtsstaat – *the rule of law* – getreten ist, ist ein großer Fortschritt. Aber auch der Fortschritt hat seine Grenzen, genau wie die Freiheit, die Bäume wachsen eben nicht in den Himmel.

Niemand möge glauben, daß die Grundvoraussetzungen der Demokratie – Gewaltenteilung, Pluralismus, Herrschaft des Rechts – für ihr Funktionieren genügen. Zwar sind diese Strukturen unerläßlich, aber sie reichen nicht aus. Es kommt auf das gesamtgesellschaftliche Klima an, auf die Gesinnung der Bürger und ihren staatsbürgerlichen Anstand. Institutionen und Gesetze allein tun es nicht. Entscheidend ist das Verhalten eines jeden einzelnen.

Allein auf die Bürger kommt es an

Ohne einen ethischen Minimalkonsens
kann keine Gesellschaft bestehen
DIE ZEIT, 16.9.1994

Unsere moderne Welt – charakterisiert durch das emanzipierte Individuum – hat drei Wurzeln: die Aufklärung des 17. Jahrhunderts, die Französische Revolution des 18. Jahrhunderts und die industrielle Revolution des 19. Jahrhunderts. Diesem Zusammenwirken verdanken wir die Zusicherung der Grundrechte und das allmähliche Werden des Rechtsstaates.

Was zunächst in die Augen fiel, waren der wachsende Wohlstand, die medizinischen Erfolge, die zunehmende Bildung, weitgehende Befreiung von ökonomischen Härten durch eine systematische Sozialgesetzgebung und die Beseitigung traditioneller Privilegien und sozialer Diskriminierungen.

Erst allmählich zeigt sich nun, daß die säkularisierte Emanzipation und das ungebremste Streben nach immer neuem Fortschritt, nach Befriedigung der ständig zunehmenden Erwartungen und nach wachsender Macht – immer größer, immer weiter, immer höher –, daß dies alles zu Sinn-Armut, Vereinsamung und Entfremdung führt.

Die totale Säkularisierung, also die ausschließliche Diesseitigkeit, die den Menschen von seinen metaphysischen Quellen abschneidet und ihn auf die Belange dieser Welt beschränkt: Entdeckung, Erfindung, Leistung, Produktion und Konsum, dieser totale Positivismus kann als einzige Sinngebung auf die Dauer den Menschen nicht befriedigen.

Überdies: Erst die Negierung einer höheren Macht hat die totalitäre Macht des Menschen über den Menschen – der dadurch seiner Arroganz und Maßlosigkeit ausgeliefert ist – möglich gemacht. Wir haben dies während der Hitlerzeit zur Genüge erfahren. Wer sie erlebt hat, der erinnert sich, wie alle traditionellen Werte verformt wurden. »Der Allmächtige«, den Hitler am Beginn noch weihevoll und demütig apostrophierte, wurde allmählich von ihm zur »Vorsehung« denaturiert. Seine Umgebung sorgte dafür, daß »der Führer« sehr bald selbst in die Rolle des Allmächtigen schlüpfte. Er wurde mit einer Aura religiöser Verehrung umgeben. Hitler als Retter, als Erlöser des von Arbeitslosigkeit und Reparationen geplagten und durch den »Schandvertrag von Versailles« gedemütigten deutschen Volkes.

Schließlich wurden alle traditionellen Werte zu abgeleiteten Begriffen pervertiert; die Treue wurde zur Treue der Gefolgschaft; die Vaterlandsliebe mußte der Liebe zum »Führer« weichen, und die Verpflichtung auf die Nation wurde umgemünzt in die Identität mit dem Nationalsozialismus.

So gesehen ist das Glaubensbekenntnis der Rechten, sind die konservativen Werte durch Hitler ebenso korrumpiert worden wie die sozialistischen Ideale durch Stalin. Auch Marx hätte sich ja nie vorstellen können, daß sein System, das zum Glück in Permanenz führen sollte, nur mit Gulag und Terror zu erreichen sein würde.

Jedes System gebiert auf lange Sicht seine Antithese. Das liegt an der Unfähigkeit der Menschen, Maß zu halten. Darum sind die Ideologien der beiden großen Parteien schließlich gleichermaßen pervertiert worden, die eine zum Nazismus, die andere zum Stalinismus.

Und was heißt Toleranz? Die eigene Meinung darf nicht zum Maßstab gemacht, abweichende Auffassungen dürfen nicht als absurd verurteilt oder als Häresie verfolgt werden. Keine Suche nach Sündenböcken, keine Hexenjagd.

Herrschaft erträglich machen, sie demokratisch kontrollieren, darauf kommt es an. Das sind bescheidene Ziele, verglichen mit jenen, durch die die Welt mit einem Schlag verändert oder die Herrschaft des Menschen über den Menschen beendet werden soll.

Was ist zu tun? Was kann überhaupt getan werden? Die heutige Realität ist charakterisiert durch Säkularität. Sie ist die Voraussetzung unserer politischen Existenz. Die pluralistische Demokratie ist ohne das autonome Individuum nicht denkbar. Die erste Feststellung lautet deshalb: Die Säkularisierung kann nicht rückgängig gemacht werden.

Zweite Feststellung: Die Interdependenz und die Globalität der modernen Welt machen eine allgemeine technische und kommerzielle Harmonisierung rund um die Welt unerläßlich. Dies ist ein Prozeß, der seit langem voll im Gange ist. Wo man hinblickt, sind alte Traditionen, nationale Eigenheiten, lokale Idiome verschwunden. Wie eine wasserdichte Gummihaut überzieht eine Art Einheitszivilisation den Erdball. Dies hat zur Folge, daß die Sehnsucht nach Heimischem, nach Vertrautem wächst; und damit findet als Korrelat zur Globalität eine Rückwendung zum Nationalen statt.

Dritte Feststellung: Allenthalben sind die Bürger verdrossen, unbefriedigt, mißgestimmt. Das Verlangen nach einer moralischen Grundorientierung, nach Normen und einem verbindlichen Wertsystem, das in unserer kommerziellen Welt mit ihren vielfältigen Versuchungen und Reizangeboten als Kompaß dienen kann, ist groß, denn ohne einen ethischen Minimalkonsens kann keine Gesellschaft bestehen.

Reaktionen eines Laien auf das Urteil

Das Kreuz ist wichtig als Symbol für ethische Normen,
die heute Mangelware sind
DIE ZEIT, 25.8.1995

Karlsruhe und kein Ende: Eigentlich müßte so ein Richter-
spruch das Ende eines Prozesses sein – in diesem Fall ist er der
Anfang einer stürmischen Auseinandersetzung. Eigentlich
sollte so ein Urteil Frieden stiften, dieses aber hat vorwiegend Zorn und Konflikte ausgelöst.

Was also tun? Zunächst einmal gilt es, das Urteil zu verstehen und zu begreifen, daß das Gericht nicht ein generelles
Verbot der Anbringung von Kruzifixen angeordnet hat, sondern daß es lediglich jene bayerische Schul-Verordnung auf-
hebt, die vorschreibt, in den Klassenzimmern öffentlicher
Schulen ein Kruzifix anzubringen. Es ist den Richtern offenbar nicht gelungen, dies deutlich zu machen. Der Vizepräsident des Gerichtes hat eingeräumt, daß der Kruzifix-
Beschluß im ersten Leitsatz mißverständlich formuliert ist.
Dort sei der Hinweis auf die »staatlich angeordnete Anbringung« von Kreuzen vergessen worden.

Auch muß man die Phantasielosigkeit jener Richter bekla-
gen, die zwar ihr juristisches Pensum bewältigt, aber offensichtlich keinen Gedanken daran verschwendet haben, wie
ihre Order »Kreuze abhängen«, die sie dem unvorbereiteten
Volk auf den Tisch geknallt haben, verständlich zu machen ist.

Warum die Leute so aufgebracht sind? Man muß sich doch
vor Augen halten, daß der normale Bürger nicht juristische
oder theologische Fragen stellt, sondern sich zunächst darüber aufregt, wie etwas, das über Jahrzehnte in Tausenden
von bayerischen Schulen praktiziert wurde, plötzlich überall

geändert werden muß, nur weil ein Querulant meint, seine Kinder könnten nicht »unter dem Kreuz lernen«. Man würde gern wissen, ob der Betreffende mit ebensolchem Eifer darüber wacht, daß seine Kinder beim Fernsehen von Sex und Crime verschont bleiben.

Mancher mag sich auch besorgt fragen, was wird denn aus den Kruzifixen – ein Ortskundiger schätzt ihre Zahl auf 30.000 –, die abgehängt werden müssen? Werden sie zu Bergen aufgeschichtet und verbrannt? Kommen sie in den Müll? Werden sie recycelt, oder was geschieht mit ihnen?

Nach dem ersten Zorn kommen dann gewichtigere Fragen: Warum soll der Anblick des Gekreuzigten für Kinder unzumutbar sein? Neben dem gewaltsamen Tod erinnert das Kruzifix doch auch an Erlösung und Auferstehung. Weiter: Es ist wichtig, ein Symbol des Göttlichen vor Augen zu haben, das dem Menschen in einer Zeit, in der er von seiner eigenen Allmacht fest überzeugt ist, daran erinnert, daß es etwas gibt, das höher ist denn seine Vernunft.

Macht ist nur erträglich, wenn sie beschränkt wird durch ethische Maximen. Diese aber sind in einer Welt, in der Produktion, Konsum, Leistung und Geld im Mittelpunkt stehen, an den Rand gedrängt worden. Darum erleben wir heute, wie das Verhalten immer brutaler wird, wie Gewalt und Korruption zu selbstverständlichen Mitteln im Alltag werden. Keine Gesellschaft kann ohne einen ethischen Minimalkonsens überleben. Wenn jeder nur seinem Egoismus frönt, dann löst sich die Gemeinschaft schließlich auf – sie zerbröselt.

Einige Kommentatoren halten es für eine Profanisierung des Kreuzes, wenn es als Ausdruck christlich-abendländischer Tradition bezeichnet wird. Aber es ist doch wahr, daß es neben der religiösen Bedeutung auch für unsere Geschichte steht. Zu meinen, wir seien kein christliches Volk mehr, weil die Kirchenaustritte zunehmen und der Kirchenbesuch abnimmt – das ist doch wohl ein arg oberflächliches

Urteil. Keine politische Frage hat im katholischen Bayern einen solchen Aufruhr ausgelöst wie das Kruzifix-Urteil. Die Bürger hatten offenbar das Gefühl: nun wird uns auch noch das letzte, was nicht von dieser sachlich-positivistischen Welt ist, unter den Füßen weggezogen.

Die Behauptung, das Kruzifix sei ein unverbindliches Souvenir, eine Art Fetisch, wird durch die heftige Reaktion widerlegt. Als ich 1945 in Ostpreußen aufbrach und sieben Wochen im Flüchtlingsstrom, der nicht viel anders aussah als der heutige im ehemaligen Jugoslawien, gen Westen zog, habe ich in dieser existentiellen Situation ein Kruzifix in der Satteltasche mitgeführt. Nicht als Fetisch, sondern als Zeichen der Zuversicht und um der Hoffnung willen.

Ostpolitik & Entspannung
Auszüge von Texten aus der ZEIT
über ein halbes Jahrhundert

Pankows neuer Kurs, DIE ZEIT, 18.6.1953

Die Flammenzeichen rauchen, DIE ZEIT, 25.6.1953

Was brennt bei uns?, DIE ZEIT, 29.12.1955

Nach dem XX. Parteikongreß, DIE ZEIT, 5.4.1956

Adenauers Irrtum, »Im Wartesaal der Geschichte«, Juni 1956

Auf nach Berlin!, DIE ZEIT, 11.10.1956

Quittung für den langen Schlaf, »Im Wartesaal der Geschichte«, August 1961

Gemietete Fäuste, DIE ZEIT, 24.8.1962

Ein Kreuz auf Preußens Grab, DIE ZEIT, 20.11.1970

Vom Irrsinn des Wettrüstens, DIE ZEIT, 27.8.1982

Nicht für die Ewigkeit bestimmt, DIE ZEIT, 15.8.1986

Ob endlich die Zukunft beginnt?, DIE ZEIT, 11.9.1987

Ein Dach für ganz Europa, DIE ZEIT, 1.4.1988

Eine neue Ordnung für die alte Welt, DIE ZEIT, 12.1.1990

Wenn's doch einen Churchill gäbe . . ., DIE ZEIT, 16.3.1990

Niemand kann ein ganzes Volk durchleuchten, DIE ZEIT, 10.9.1993

Kein Grund zum Kleinmut, DIE ZEIT, 1.12.1995

Pankows neuer Kurs

Nach Stalins Tod: Die Schwenkung des Kremls
DIE ZEIT, 18.6.1953

Am Tage nach Stalins Tod wurde in einem Kreise von Politikern dieses weltbewegende Ereignis heftig diskutiert. Plötzlich stand die Hausfrau ärgerlich auf und sagte: »Ich versteh' euch nicht. Da habt ihr jahrelang geklagt, es gebe keine Hoffnung in dieser ausweglos festgefahrenen Welt, es sei denn, Stalin sterbe. Nun ist er tot, und nun seid ihr noch ratloser als zuvor.«

In der Tat hat man sich so an den kalten Krieg gewöhnt, dessen Spielregeln mittlerweile alle Beteiligten gelernt haben, daß man dem angeblich ausbrechenden Frieden wirklich recht ratlos gegenübersteht. Der Kurswechsel des Kreml – auch wenn er nur taktisch sein sollte – kommt in dieser Phase des kalten Krieges dem Einsatz der Atombombe im Krieg gleich, so unübersehbar ist die Kettenreaktion dieses Ereignisses. Noch in keinem Zeitpunkt seit 1945 ist die Möglichkeit, vieles zu gewinnen oder alles zu verlieren, so groß gewesen wie heute. Eins sollte man sich dabei vor Augen halten: daß nach wie vor die These Eisenhowers aus seiner *State of the Union-Botschaft* gilt: »Nur der Sieg im kalten Krieg kann den dritten Weltkrieg verhindern.«

Die einen wollen sich weiterhin auf die bewährte Faustregel verlassen: Erst rüsten, dann reden! Nur dank einer unbeirrten Rüstungs- und Integrationspolitik und dem Aufbau der NATO-Organisation, sagen sie, sind wir soweit gekommen; folglich war unsere Politik richtig, und deshalb sollten wir sie fortsetzen. Die anderen leugnen diese Tatsache nicht, sind aber der Meinung, der Zeitpunkt sei gekommen, auf dem Verhandlungswege herauszufinden, wie weit man eigentlich gediehen ist. Und sie haben zweifellos recht, denn, wenn man nicht ab und zu auf dem eingeschlagenen Weg prüfend innehält, landet man zwangsläufig eines Tages in der Sackgasse. Schlimm daran ist nur, daß die Verhandlungswilligen in ihrer Bereitschaft so überschwenglich sind, daß sie alles andere darüber vergessen. Der *Observer* schrieb neulich, auf keinen Fall dürfte beim Kreml der Eindruck entstehen, daß der Westen sich in Bermuda zusammenrotte.

Genau das aber ist nötig. Jetzt nämlich ist der Zeitpunkt gekommen, wo man die beiden Taktiken gemeinsam anwenden sollte: sich zusammenrotten, Druck ausüben, fordern, aber gleichzeitig verhandeln! Im Grunde haben wir es mit der alten Parabel von der Ziege, dem Kohlkopf und dem Wolf zu tun, die über einen Fluß zu setzen sind. Nämlich, den zeitlichen Ablauf der Wahl und der Regierungsbildung unter den Bajonetten der Sowjets und den Argusaugen der SED-Funktionäre so zu gestalten, daß die Ziege nicht den Kohlkopf und der Wolf nicht die Ziege frißt. Es muß Gewähr gegeben sein, daß die Wähler keinen Schaden erleiden und daß ferner die Regierung, die dann errichtet wird, auch wirklich frei handlungsfähig ist. Darum ist der Beschluß des Bundestages vom 10. Juni 1953 in folgender Reihenfolge zu prozedieren: Freie Wahlen ... Bildung einer gesamtdeutschen Regierung ... Friedensvertrag und Regelung der territorialen Fragen ... und schließlich »Sicherung der Handlungsfreiheit für ein gesamtdeutsches Parlament und eine gesamtdeutsche Regierung im Rahmen der Grundsätze der Vereinten Nationen«.

Jetzt ist der Moment, wo vielleicht wieder einmal wirkliche Politik gemacht werden kann.

Die Flammenzeichen rauchen

Der Aufstand vom 17. Juni
gibt uns den Glauben an die Einheit wieder
DIE ZEIT, 25.6.1953

Nun also kam der 17. Juni. Am Morgen hatten ein paar Bauar-
beiter in der Stalinallee in Berlin gegen die Erhöhung der
Arbeitsnorm revoltiert. Spontan kam ein Protestmarsch
zustande, ohne eigentliches Ziel zunächst und ohne jegliche
Organisation. Hunderte stießen dazu, bald waren es Tausende, Zehntausende und mehr. Nach 24 Stunden stand Ost-
berlin im offenen Aufruhr, ohne Waffen, mit Steinen und
Stangen gingen die Arbeiter gegen die russischen Panzer vor.

In Leipzig brannten die Leuna-Werke, in Magdeburg
wurde das Zuchthaus gestürmt. Streik auf den Werften,
Streik bei Zeiß-Jena, auf allen Bahnstrecken, in den Kohlen-
und Uranbergwerken, in den staatseigenen Läden, Polizeista-
tionen und Propagandabüros standen in Flammen. Die
Volkspolizei ließ sich teilweise widerstandslos entwaffnen.
Eine aus Magdeburg geflüchtete Arbeiterin berichtete über
den Sturm der Magdeburger auf das Volkspolizeipräsidium.
Die Volkspolizisten hätten die Tore geöffnet, ihre Waffen
übergeben und die Uniformröcke ausgezogen. »Ich sah, wie
Offiziere der Volkspolizei, die dem Vordringen der Arbeiter
Widerstand entgegensetzten, aus den Fenstern des ersten
Stocks geworfen und verprügelt wurden.«

Als Demonstration begann's und ist eine Revolution
geworden! Die erste wirkliche deutsche Revolution, ausgetragen von Arbeitern, die sich gegen das kommunistische
Arbeiterparadies empörten, die unbewaffnet, mit bloßen
Händen, der Volkspolizei und der Roten Armee gegenüber-

standen und die jetzt den sowjetischen Funktionären ausgeliefert sind.

Es ist Blut geflossen – vielleicht sehr viel Blut. Der Ausnahmezustand wurde verhängt, und dort, wo bisher die kommunistischen Bürgermeister herrschten, regieren wieder wie 1945 die Rotarmisten. Der Ostberliner Bürgermeister Ebert stellte fest: »Unsere sowjetischen Freunde haben durch ihr energisches und mit großer Umsicht geführtes Eingreifen uns und der Sache des Friedens einen großen Dienst geleistet.« Das ist die einzige Stimme aus dem Kreise der »deutschen« Regierungsfunktionäre, gegen die der Aufstand sich in erster Linie richtete. Also eine Revolution, die zu nichts geführt hat?

Nein, so ist es nicht. Diese Revolution hat im Gegenteil ein sehr wichtiges Ergebnis gehabt. Das, was der britischen Diplomatie und den amerikanischen Bemühungen nicht gelungen war, das haben die Berliner Arbeiter fertiggebracht: sie haben am Vorabend der Vierer-Verhandlungen im Angesicht der ganzen Welt offenbar werden lassen, auf wie schwachen Füßen die Macht des Kreml und seiner Werkzeuge in Ostdeutschland (und vermutlich in allen Volksdemokratien) steht. Es ist deutlich geworden, daß dieses Gebiet, zu dessen Fürsprecher und Schutzpatron jene sich so gern aufwerfen, sie aus ganzem Herzen haßt und verachtet, ja, daß sie sich nicht einmal auf die Volkspolizei verlassen können.

Manch einem in der Bundesrepublik mag erst in diesen Tagen klargeworden sein, daß das, was dort drüben geschieht, uns alle angeht und nicht nur jene, die die Verhandlungen führen. Der 17. Juni hat unwiderlegbar bewiesen, daß die Einheit Deutschlands eine historische Notwendigkeit ist. Wir wissen jetzt, daß der Tag kommen wird, an dem Berlin wieder die deutsche Hauptstadt ist. Die ostdeutschen Arbeiter haben uns diesen Glauben wiedergegeben, und Glauben ist der höchste Grad der Gewißheit.

Was brennt bei uns?

Macht ernst mit der Solidarität!
DIE ZEIT, 29.12.1955

In Deutschland war es leider immer so, daß man sich mit den Gegebenheiten abfand: in der wilhelminischen Ära und auch unter Adolf Hitler. Und heute ist es wieder so. Man schiebt der Regierung oder dem Osten oder den Alliierten die Schuld daran zu, daß die *Wiedervereinigung* nicht zustande kommt. Man hält dabei alle anderen für verantwortlich, nur sich selber nicht, und schließlich heißt es dann: »Ja, da ist eben nichts zu machen. Wenn die Behörden nichts erreichen und wenn internationale Konferenzen nichts verschlagen, dann muß man es eben aufgeben . . .«

Andere Völker verhalten sich anders. Die Polen haben sich in keinem Jahrhundert mit den sogenannten Tatsachen abgefunden, und wie oft ihr Land auch geteilt wurde: ihre Energie, ihre brennende Sehnsucht hat sie immer wieder zusammengeführt. Aber was brennt bei uns? Allenfalls der Wunsch, möglichst rasch vorwärtszukommen und möglichst viel zu verdienen. Die Ungarn haben nach dem Frieden von Trianon, der große Teile ihres Landes abtrennte, nur ein Wort gekannt: »Nein, nein, niemals!« Das war der Gruß, mit dem sie einander grüßten, wenn sie sich begegneten: »Nein, nein, niemals!«

In unserem mechanisch-statistischen Zeitalter freilich ist man allenthalben geneigt, den Geist zu vergessen. Man rechnet in Kapazitäten, zählt in Dollar und Divisionen; man weiß nicht mehr, daß Situationen nur gerade so lange dauern, wie die Menschen es wünschen oder ertragen. Hätten die barfüßigen macht- und waffenlosen Inder nicht um dieses Geheimnis gewußt – nie hätten sie ihre Freiheit errungen.

Das Wort »Wiedervereinigung« ist aschgrau geworden, wie Mehltau oder Schimmelpilz. Mancher mag es kaum noch hören. Über dem Gerede von der Wiedervereinigung haben viele vergessen, daß Deutschland geteilt ist. Man sollte mit einer Schaufel einmal diesen traurigen Haufen abgenutzter Worte hochheben können, um zu sehen, was darunter ist. Sicherlich entdeckte man dann, daß man noch einmal neu anfangen, besser: neu denken muß.

Im Augenblick steht die Bevölkerung, die diese Frage in erster Linie angeht, unbeteiligt dabei: die drüben, weil sie nicht anders können, wir hier, weil wir Abhilfe von Gott weiß wem erwarten. In der Arena des Papierkriegs und der Rededuelle befinden sich ausschließlich die Behörden. Warum eigentlich? Die drüben predigen immer wieder die Solidarität der deutschen Bürger. Wohlan, warum nicht? Längst wollen die Bürger zueinander.

Man sollte endlich beginnen, die Zeitungen und das heißt doch Informationen und Anschauungen auszutauschen. Nicht als Trick oder Bluff sollte man diesen Vorschlag machen, sondern wirklich alles versuchen, um ihn in die Tat umzusetzen. Verrechnungsschwierigkeiten gibt es dabei nicht; wir tauschen schlicht um schlicht, zehntausend, hunderttausend, ein paar Millionen Exemplare, soviel wie die Sowjetzone zu schicken bereit ist. Wir sind bereit, mit jedem Journalisten, der von drüben kommt, zu debattieren und mit ihm unsere Ansichten auszutauschen. Wie viele Mißverständnisse rühren daher, daß man sich zehn Jahre nicht gesehen hat und die Presse hier wie dort im allgemeinen nur einzelne Zitate bringt. Wir möchten gern Film um Film, Buch um Buch tauschen.

Was wissen wir denn im Ernst vom Alltag in der DDR, was wissen sie von der Bundesrepublik, in der es ja schließlich nicht nur »Monopolkapitalisten« gibt, sondern auch Bürger, auch Bauern und Arbeiter. Warum einigt man sich nicht darauf, einmal eine ganze Woche lang, zu Ostern oder wann immer es sei – sehr bald jedenfalls –, alle Formalitäten aufzuheben und es den Bürgern zu ermöglichen, herüber- und hinüberzufluten, sich nach Jahren der Absperrung einmal wieder zu begegnen, sich auszusprechen, die Städte und Dörfer, den Wiederaufbau und die Errungenschaften in Augenschein zu nehmen?

Wir fragen euch, die Behörden der DDR: Seid ihr bereit dazu, oder ist es euch nicht ernst mit der Devise: Deutsche, sprecht mit Deutschen?

Nach dem XX. Parteikongreß

Chruschtschows Enthüllungen verwirren
die SED-Führung
DIE ZEIT, 5.4.1956

Es geschehen Zeichen und Wunder – aber niemand scheint sie wahrzunehmen. Nicht einmal die, in deren unmittelbare Zuständigkeit das, was »drüben in der Zone geschieht«, fällt: nicht einmal das Kaiser-Ministerium gibt Zeichen des Erwachens von sich.

Die sowjetischen Machthaber haben ihre Taktik geändert; die neue Parole heißt jetzt, die Wiedervereinigung sei eine Angelegenheit der Deutschen, darum: *Annäherung* der DDR und der Bundesrepublik! Pieck, Grotewohl und Ulbricht sahen darin die Bestätigung ihrer Existenzberechtigung und eine Garantie für ihre Zukunft – endlich waren sie aller Sorgen ledig.

Wenig später, im September, beim Adenauer-Besuch in Moskau, versicherte Chruschtschow bei jeder Gelegenheit: »Die DDR, das ist das System der Zukunft« – fast mitleidig wurde dem Bundeskanzler immer wieder vor Augen geführt, daß die Bundesrepublik einer veralteten, zum Untergang verdammten Welt angehöre.

Heute jedoch, nach den Moskauer Enthüllungen auf dem Parteitag, klingt es in Pankow ganz anders. Grotewohl sah sich (allen Satelliten gleich) gezwungen, das Ruder herumzuwerfen. Alles, was *wir* bisher an dem östlichen Regime immer wieder als indiskutabel bezeichnet haben, wird nun plötzlich von dessen Erfindern selbst kritisiert.

Verwirrung und Unsicherheit in der SED müssen unvorstellbar groß sein. Ein Augenblick, der der Bundesregierung und dem Kaiser-Ministerium – das ja schließlich für Gesamt-deutschland zuständig ist – reichlich Gelegenheit gäbe, sich nach jahrelangem »geduldigem Warten« etwas eingehender mit der Zone zu beschäftigen. Wir haben kürzlich an dieser Stelle vorgeschlagen, aus der ewigen Defensive gegen das »Deutsche an einem Tisch« einmal in die Offensive überzuge-hen und jenes Schlagwort, mit dem die Anerkennung der DDR als selbständiger Staat erzwungen werden soll, abzu-wandeln in eine Aufforderung, nicht die Funktionäre an einen Tisch zu bringen, sondern die Bürger von hüben und drüben.

Wir meinen, die Gelegenheit sei selten günstig. Warum laden wir sie nicht zu Tagungen und Diskussionen ein: die Bürgermeister der großen Städte, die Rektoren der Universi-täten, Gewerkschaftler, demokratische Frauen, Studenten? Kommen sie nicht, so wissen wir, daß ihre Parole: »Deutsche an einen Tisch« nur Geschwätz ist; kommen sie aber, so hät-ten wir genug interessanten Gesprächsstoff . . .

Der 17. Juni 1953 hat, wie wir heute wissen, Kettenreaktio-nen bis weit nach Sibirien hinein gehabt; nur in der Bundes-republik rührte sich nichts. Der März 1956 ist ein anderes Datum, das tief, noch viel tiefer, hineingeschrieben sein wird in den Nachkriegsband der Geschichte des sowjetischen Im-periums – und wieder rührt sich nichts bei uns.

Adenauers Irrtum

Die Politik der Stärke führt nicht automatisch
zur Wiedervereinigung
DIE ZEIT, Juni 1956

Jede Politik geht von zwei Elementen aus: von der *objektiven* Lage und von der *subjektiven* Anschauung, die die Menschen von dieser Lage haben, also von der öffentlichen Meinung (wenigstens in den Demokratien ist das so). Einer bestimmten Politik kann also der Boden entzogen sein, wenn sich *entweder* die Lage oder wenn sich die öffentliche Meinung grundsätzlich verändert. (Die Welt war zu der Zeit, da man sie für eine Scheibe hielt, gewiß nicht weniger rund als heute, und doch bedeutete die Erkenntnis ihrer Kugelform eine grundlegende Veränderung auch der »Fakten«.)

Die bisherige Politik Adenauers ging von folgender Annahme aus: Wenn der Westen ebenso schnell und umfangreich aufrüste wie der Osten, ja, diesen vielleicht sogar an Qualität überbiete, werde dereinst der Tag kommen, an dem den Sowjets der Atem ausgehe und sie bereit sein würden, für den Waffenstillstand im kalten Krieg einen hohen Preis – die Zustimmung zur Wiedervereinigung – zu zahlen. Vielleicht wäre die Rechnung aufgegangen, wenn nicht inzwischen der Gleichstand in der Entwicklung atomarer Waffen den kalten Krieg als solchen *ad absurdum* geführt hätte. So aber stellt sich nun heraus, daß der kalte Krieg zu Ende gehen kann, ohne daß irgend jemand einen Preis zu bezahlen genötigt ist. Mit dem atomaren Gleichstand hat sich also eines der Elemente der bisherigen Politik – nämlich die *objektive Lage* – verändert.

Auch das zweite Element, also die *öffentliche Meinung*, blieb nicht konstant. Sie allerdings veränderte sich nicht so sehr wegen des atomaren Gleichgewichts, sondern vielmehr wegen der Wandlungen in Rußland selbst. Ob nun dieser Wandel echt und dauerhaft ist oder nur auf einer momentanen Taktik beruht oder ob er vielleicht eine Kombination von beiden ist, nämlich momentan echt, auf die Dauer aber nur die Maske in einem bürgerlichen Mummenschanz, das spielt für unsere Frage: »Ist der Politik Adenauers der Boden entzogen?« keine Rolle. Es genügt, daß sich die öffentliche Meinung, und zwar sowohl »draußen« wie »drinnen« verändert hat.

Man kann subjektiv die Einstellung des Regierungschefs, der Deutschland durch die schwersten Jahre der Nachkriegszeit mit unbeirrbarer Sicherheit steuerte, wohl verstehen; objektiv aber wird man sagen müssen: »Hier irrt Adenauer.« Denn selbst, wenn er sachlich recht hätte – was nicht zu beweisen ist –, so gehört es doch zum wahren Staatsmann, daß er imstande ist, seine Staatsbürger zu überzeugen, also im Einklang mit der öffentlichen Meinung zu handeln, denn in der Politik (jedenfalls in den Demokratien) ist genau wie bei den Soldaten der Satz: »Die ganze Kompanie hat den falschen Tritt, nur der Gefreite Meier nicht« einfach grotesk.

Dieser Zustand der Führungslosigkeit – dadurch entstanden, daß Regierungschef und öffentliche Meinung nicht in Übereinstimmung sind – ist fast schlimmer als eine falsche Politik, weil in solchen Zeiten jeder sich berufen fühlt, verwirrende Vorschläge zur Außenpolitik zu machen. Und was denn also in den letzten Wochen an widerspruchsvollen Thesen und neuen Forderungen zusammengeschwätzt wurde, auf Landesparteitagen und Konferenzen, ist wirklich erstaunlich.

Unsere Politik war es bisher: 1. nicht mit Moskau zu sprechen, 2. die Existenz der Pankower Regierung zu leugnen und 3. die Aufnahme diplomatischer Beziehungen mit den Oststaaten nicht in Erwägung zu ziehen.

Fortan und auf die Dauer geht dies nicht. Man kann nicht *alle drei* Möglichkeiten grundsätzlich ablehnen, wenn man zugleich zugeben muß, daß der alte Weg uns der Wiedervereinigung keinen Schritt näher gebracht hat.

Auf nach Berlin!

Nicht Tagungsort, sondern Bundeshauptstadt
DIE ZEIT, 11.10.1956

In dieser Woche tagen die Bonner Abgeordneten in der alten Hauptstadt Berlin. Es ist schön und wichtig, daß dies geschieht, aber es ist auch ein wenig wehmütig, daß es solcher Geste überhaupt bedarf. Daß man dorthin, wo Generationen lang das Herz der Nation schlug, nur noch zu außergewöhnlichen Gelegenheiten geht – so wie an Ostern und Weihnachten auch die Gleichgültigen in die Kirche gehen!

Was eigentlich zwingt uns, diesen Zustand noch länger zu ertragen? Sieben Jahre hat die Regierung jetzt im Exil gelebt. Fast zwölf Jahre Provisorium liegen hinter uns. Warum erklären wir nicht, die nächste Regierung wird in Berlin amtieren? Welche neue Kraft, welche Inspiration würde von einem solchen Schritt ausgehen, für uns und für die Welt!

Berlin wartet auf uns. Worauf warten wir? Etwa darauf, daß uns Berlin als neu erstandene Hauptstadt eines Tages in den Schoß fällt? Geschieht jetzt, da die politische Entwicklung in eine neue Phase einzutreten scheint, nichts, so kann es leicht sein, daß wir später einmal feststellen müssen: »Nie waren wir einer Verwirklichung unserer Hoffnungen näher als damals.«

Der Sonderstatus Berlin ist kein Einwand. Auch Pankow ist ja ein Teil von Berlin und gehört nicht zur Zone.

Das heutige Statut von Berlin bildet eine Drei-Mächte-Erklärung vom Mai 1952, die nach Inkrafttreten der Pariser Verträge im Mai 1955 Gültigkeit erlangte. Natürlich kann Berlin nur mit Zustimmung der drei Mächte Sitz der Bundesregierung werden, aber daß dies seit jeher von allen angestrebt wird, darüber besteht kein Zweifel. Gewiß, die technischen Schwierigkeiten der Verlegung werden sehr groß sein, aber was bedeuten sie im Angesicht der Geschichte.

Quittung für den langen Schlaf

Die Politik des Nichtstuns kommt uns teuer zu stehen
DIE ZEIT, August 1961

Diesen 13. August wird man so bald nicht vergessen. Auch wer an diesem Tage nicht in Berlin war, wird diesen Sonntag vor Augen behalten, denn im Fernsehen konnte man ja miterleben, wie die Panzer am Potsdamer Platz und am Brandenburger Tor auffuhren, die Kampfgruppen ausschwärmten, die Volkspolizei Betonpfeiler einrammte, Stacheldraht quer durch Berlin spannte und den Asphalt aufriß.

Ich weiß nicht, ob je zuvor eine Nation am Bildschirm zuschauen konnte, wie für einen Teil ihrer Bevölkerung das Kreuz zurechtgezimmert wurde. Für einen Teil oder vielleicht doch für alle? Es heißt immer, der Frieden sei unteilbar und die Freiheit – aber wahrscheinlich ist auch das Kreuz unteilbar. Die Leute haben es nur noch nicht gemerkt.

Der Regierende Bürgermeister von Berlin sagte in einer sehr bewegenden Sitzung des Abgeordnetenhauses: »Dies ist die Stunde der Bewährung für das ganze Volk.« Er hat recht, es geht uns alle an. Es ist nur ein Zufall, daß dieser Stacheldraht quer durch Berlin geht – im Grunde schneidet er dem deutschen Volk mitten durchs Herz.

Wenn's denn wirklich so schwer vorzustellen ist: Es könnte ja auch sein, daß auf der einen Seite der Königsallee in Düsseldorf, des Mains in Frankfurt, der Alster in Hamburg, der Maximilianstraße in München Panzer und Maschinengewehre aufgefahren wären und kein Bürger lebend die andere Seite erreichte. Wirklich: Berlin ist kein isolierter Fall, Berlin geht uns alle an. Wenn wir hier versagen, dann geschieht es uns recht, wenn auch wir uns eines Tages innerhalb und nicht mehr außerhalb jenes KZs befinden, das an diesem 13. August mit Stacheldraht seine letzten Ausgänge verbarrikadiert hat.

Was da am 13. August in Berlin geschehen ist, das ist ein Markstein in der Nachkriegsgeschichte – so wie es 1948 der Fenstersturz in Prag war oder der Auszug der Sowjets aus der Kommandantur. Etwas Entscheidendes hat sich geändert. Jetzt beginnt eine neue Phase. Wir sind dem Abgrund ein gut Stück näher gerückt.

Und was tun wir? Antwort: gar nichts! Und was sagen wir? Ein Sprecher des Auswärtigen Amtes sagte am Tage danach, die Vorgänge in Berlin seien so ungeheuerlich, daß es genüge, das Ausland darüber zu *informieren*. Die NATO fand, die Impulse für ihre Haltung müsse von den drei westlichen Großmächten ausgehen, und in Washington versuchte man, sich darauf »herauszureden«, daß die sowjetzonalen Schritte ja nicht den freien Zugang von Westdeutschland nach Westberlin betreffen, für den allein sie aufzukommen hätten.

Ist es wirklich so leicht bei uns, das Recht und die Menschlichkeit aus den Angeln zu heben, ohne daß etwas passiert? Ist das heute noch so einfach, wie es schon einmal war?

Gemietete Fäuste

Der Zorn veränderte Berlin
DIE ZEIT, 24.8.1962

O Blindheit der Großen! Sie wandeln wie Ewige
Groß auf gebeugten Nacken, sicher
der gemieteten Fäuste, vertrauend
der Gewalt, die so lang schon gedauert hat.
Aber lang ist nicht ewig.
O Wechsel der Zeiten! Du Hoffnung des Volkes!
Bert Brecht: Kaukasischer Kreidekreis

Aber lang ist nicht ewig ... Für den, der in Not ist, für
den, der geknechtet wird, ist dies ein unzulänglicher Trost.
Auch dem, der über die Mauer hinweg zusehen muß, wie
andere in Not sind, andere geknechtet werden, bietet diese
Feststellung keine Beruhigung. Und doch vermag in solcher
Situation vielleicht gerade der Dichter, der einen höheren
Grad an Erkenntnis und Gewißheit besitzt, etwas auszusa-
gen. Für uns, die wir den grauen Alltag der Politik zu begreifen und abzuschätzen versuchen, die wir so leicht die Perspektive der Geschichte aus den Augen verlieren und geneigt
sind, was heute ist, in alle Ewigkeit zu projizieren – obgleich
wir doch wissen, daß vor fünfzehn Jahren niemand ahnte, wo
wir heute stehen würden –, für uns sollte die Zuversicht, daß
auch »gemietete Fäuste« verdorren, ein Trost sein.

Und inzwischen? Was können wir tun? Die in Westberlin
die Mauer täglich vor Augen haben, sie dürfen es einfach
nicht zulassen, daß ihre Emotionen stärker werden als ihre
Vernunft. Sie müssen wissen, daß sie die Fronten verwech-
seln, wenn sie ihren Zorn über die Mörder, an denen sie ihn

nicht auslassen können, auf jene abwälzen, die ihre Beschützer sind – nur weil diese in einem unvorhergesehenen Fall nicht oder falsch reagieren.

Wenn jene, die auf »gebeugten Nacken« wandeln, entdekken, daß es genüge, einen Menschen hilflos verbluten zu lassen, um die Westberliner gegen die Amerikaner aufzubringen, dann werden sie – was ist ihnen schon ein Toter – genau wissen, was sie von nun an zu tun haben, um die Existenz dieser Stadt gründlicher zu unterminieren, als alle Agenten und Drohungen es vermöchten.

Unser Korrespondent schreibt aus Berlin: »*Wer bisher glaubte, die Schutzmächte verteidigten in der geteilten Stadt nicht nur ihre eigenen Fahnen, sondern in erster Linie die Berliner, vermeint heute, eines anderen belehrt worden zu sein.*« Und er fügt hinzu: »*Das sechzig Minuten dauernde Sterben des Peter Fechter hat die Atmosphäre dieser Stadt verwandelt.*«

Es ist wirklich unmenschlich, zur Ruhe mahnen zu müssen, zu beschwichtigen, wo lodernder Zorn, flammende Anklage und Protestaktionen die einzig natürliche Reaktion wären. Ja, man fragt sich, was soll eigentlich aus dem Volk werden, das angehalten wird, die röchelnden Hilferufe eines Sterbenden mit anzuhören, ohne zu reagieren, dessen Instinkt: zu Hilfe zu eilen, beizuspringen und Gefahren in solchen Momenten nicht zu achten, bewußt und systematisch verkrüppelt wird? Und diese Frage gilt nun wirklich für beide Seiten, denn auch die drüben sind Deutsche.

Die Alliierten, so muß man hoffen, werden Versäumtes nachholen, werden aus ihrer aufreizenden und zugleich beängstigenden Passivität heraustreten; freilich muß man sich darüber klar sein, daß man gewöhnlich Vorbereitungen für die Vermeidung des letzten Zwischenfalls und nicht des nächsten trifft.

Darum ist es recht abwegig, Leute, die darüber nachdenken, was man tun könnte, um eine allgemeine Verschlechterung in Berlin abzuwenden, als »Verräter« kennzeichnet, nur weil sie bei ihren Überlegungen auch Möglichkeiten ins Gesicht sehen, die die offizielle Politik kurzerhand leugnet – mit dem Argument: Nicht sein kann, was nicht sein darf.

Ein Kreuz auf Preußens Grab

Zum deutsch-polnischen Vertrag
über die Oder-Neiße-Grenze
DIE ZEIT, 20.II.1970

Nun ist der Vertrag über die Oder-Neiße-Grenze fertig aus-
gehandelt. Bald werden die Vertreter Bonns und Warschaus
ihn unterzeichnen. Und dann wird es hier und da heißen, die
Regierung habe deutsches Land verschenkt – dabei wurde
das Kreuz auf Preußens Grab schon vor 25 Jahren errichtet. Es
war Adolf Hitler, dessen Brutalität und Größenwahn 700
Jahre deutscher Geschichte auslöschten. Nur brachte es bisher niemand übers Herz, die Todeserklärung zu beantragen
oder ihr auch nur zuzustimmen.

Heimat ist für die meisten Menschen etwas, das vor aller
Vernunft liegt und nicht beschreibbar ist. Etwas, das mit dem
Leben und Sein jedes Heranwachsenden so eng verbunden
ist, daß dort die Maßstäbe fürs Leben gesetzt werden. Für den
Menschen aus dem Osten gilt das besonders. Wer dort gebo-
ren wurde, in jener großen einsamen Landschaft endloser
Wälder, blauer Seen und weiter Flußniederungen, für den ist
Heimat wahrscheinlich doch noch mehr als für diejenigen,
die im Industriegebiet oder in Großstädten aufwuchsen.

Die Bundesrepublik mit ihrer offenen Gesellschaft und
der Möglichkeit, in ihr menschlich und ziemlich frei zu leben,
ist ein Staat, an dem mitzuarbeiten und den mitzugestalten
sich lohnt – aber Heimat? Heimat kann sie dem, der aus dem
Osten kam, nicht sein.

Dort im Nordosten, wo meine Familie jahrhundertelang
gelebt hat – und dies sei nur erwähnt, weil es das Schicksal
von Millionen Menschen verdeutlicht –, dort im Raum

zwischen Weichsel und Peipus-See stand nicht wie im Westen die Loyalität zum Lehnherrn an erster Stelle, sondern das Verwobensein mit dem Lande. Wer beim häufigen Wechsel jeweils die Oberherrschaft ausübte: der Orden, die Polen, Schweden, Dänen, Russen oder Preußen, das war nicht das Entscheidende. Entscheidend war es, festzuhalten am Grund und Boden, der Landschaft zugeordnet zu sein.

Nie zuvor hatte jemand im Osten versucht, sich in den endgültigen Besitz von Ländern und Provinzen zu setzen, indem er Millionen Menschen aus ihrer Heimat vertrieb. Aber wer könnte es den Polen verdenken? Nie zuvor war ja auch einem Volk soviel Leid zugefügt worden wie ihnen während des Dritten Reiches.

Der »Führerbefehl« nach dem Warschauer Aufstand im Herbst 1944 hatte gelautet, die Stadt dem Erdboden gleichzumachen. Und die SS ließ es an Gründlichkeit und Brutalität wahrhaftig nicht fehlen. Als sie abzog, hausten nur noch 2000 Menschen in den Höhlen und Trümmern der einstigen Millionenstadt.

Niemand kann heute mehr hoffen, daß die verlorenen Gebiete je wieder deutsch sein werden. Wer anders denkt, der müßte schon davon träumen, sie mit Gewalt zurückzuerobern. Das würde heißen, wieder Millionen Menschen zu vertreiben – was nun wirklich keiner will. Man muß hoffen, daß darum nun auch die Polemik der Landsmannschaften, für die jeder ein Verräter ist, der ihre Illusionen nicht für Realität hält, eingestellt wird.

Man möchte sich freilich auch wünschen, daß die Polen uns in Zukunft mit ihrem Chauvinismus verschonen, der sie von »wiedergewonnenen Gebieten« reden und sogar in offiziellen Schriften immer wieder Behauptungen aufstellen läßt wie diese: ». . . waren die Westgebiete unter deutscher Herrschaft größtenteils von bodenständiger, polnischer Bevölkerung bewohnt . . .« In Wahrheit stellten die Deutschen in

Ostpreußen, Pommern, Ostbrandenburg und Niederschlesien 98 bis 100 Prozent der Bevölkerung: Oberschlesien war die einzige Provinz mit einer nennenswert polnisch-sprechenden Minderheit. Die Ostgrenze Ostpreußens bestand seit 700 Jahren unverändert, und Schlesiens Grenzen sind, das oberschlesische Industriegebiet ausgenommen, immer die gleichen geblieben, seit Kasimir der Große im Vertrag von Trentschin zugunsten Böhmens auf Schlesien verzichtet hatte – also von 1335 bis 1945.

Der Versuch, gegeneinander aufzurechnen, ist nicht nur sinnlos, sondern würde auch dazu führen, daß der Fluch der bösen Tat fortzeugend Böses gebiert. Also ein neuer Anfang? Ja, denn sonst nimmt die Eskalation nie ein Ende. Also Abschied von Preußen? Nein, denn das *geistige* Preußen muß in dieser Zeit materieller Begierden weiterwirken – sonst wird dieser Staat, den wir Bundesrepublik nennen, keinen Bestand haben.

Vom Irrsinn des Wettrüstens

Wenn die Abschreckung selbst zum Schrecken wird
DIE ZEIT, 27.8.1982

Cecil Rhodes, der zu Anfang unseres Jahrhunderts verstorbene englische Kolonialpolitiker, stellte fest: »Wir sind das überlegenste Volk. Je mehr von der Welt uns gehört, um so besser für die menschliche Rasse.« Man kann sich in unseren Tagen das Lebensgefühl, das in einer solchen Feststellung zum Ausdruck kommt, überhaupt nicht mehr vorstellen: diese Selbstgewißheit, dieses Unangefochtensein, diese Abwesenheit jeglichen Zweifels. Und dann, welch unerschütterlicher Glaube an die unbegrenzten Möglichkeiten des Fortschritts.

Die Ernüchterung, die nach zwei Weltkriegen eingetreten ist, und die tiefe Sorge, die seit dem Hereinbrechen des Atomzeitalters viele erfüllt, hat niemand so visionär gespürt und so einprägsam formuliert wie ein anderer englischer Politiker: der ehemalige Premierminister Winston Churchill.

»Es könnte sein«, so sagte er, »daß es die Steinzeit ist, die auf den leuchtenden Schwingen der Wissenschaft zurückkehrt, und daß das, was heute als unermeßlicher Segen über die Menschheit kommt, deren totale Zerstörung herbeiführt.« – »*Beware, I say, time may be short*«, fügte der große Staatsmann hinzu: »Hütet euch, sage ich, die Zeit könnte knapp werden.«

Welch gewaltige Spanne zwischen diesen beiden Äußerungen: Sie markieren den Untergang der alten Welt und das Heraufdämmern einer neuen.

Moskau hat in den letzten zehn Jahren eine Aufrüstung vollzogen, deren Ausmaß niemand im Westen für möglich gehalten hätte. In Washington haben in der vergangenen Woche Kongreß und Senat am gleichen Tag die Verteidigungsausgaben für das am 1. Oktober beginnende Jahr um rund 30 Prozent auf den höchsten Stand aller Zeiten heraufgesetzt: 178 Milliarden Dollar. Bis 1986 soll das Budget auf 355 Milliarden Dollar ansteigen. Im Jahr 1981 machten die Verteidigungsausgaben sechs Prozent des Sozialprodukts aus, 1986 werden es zehn Prozent sein, während die entsprechenden Zahlen für Japan ein Prozent, für die Bundesrepublik drei Prozent betragen.

Wenn man ferner bedenkt, daß Amerika 35 Prozent seiner Forschungs- und Entwicklungsausgaben auf Rüstung verwendet, Japan und die Bundesrepublik aber nur vier Prozent und sieben Prozent, dann muß man befürchten, daß die Vereinigten Staaten in zehn Jahren militärisch zwar unangreifbar sein werden, daß sie technologisch, sozial und wirtschaftlich aber in katastrophaler Weise rückständig geworden sein könnten. Es sei denn, daß zuvor das Volk rebelliert, denn Ausgaben für die sozialen Bedürfnisse der Bevölkerung, für Erziehung und Forschung zu kürzen, um die Rüstungsausgaben ins Gigantische steigern zu können und dies über Jahre, ohne daß für den Normalbüger eine erkennbare Notwendigkeit besteht – dies dürfte auch das opferbereiteste Volk nicht ertragen.

Handelte es sich um zwei Individuen, man würde sie auf die Couch legen und das weitere dem Psychiater überlassen – aber niemand weiß, wie man pathologisch mißtrauische Supermächte dazu bringen kann, einen Moment innezuhalten, um darüber nachzudenken, ob das, was sie tun, eigentlich sinnvoll ist; ob es wirklich nur die eine Möglichkeit gibt, sich zu schützen: Immer weiterrüsten. Es ist richtig, daß die Abschreckung 30 Jahre lang den Frieden erhalten hat, aber ist dies eine Garantie dafür, daß in den nächsten zehn Jahren die Wirkung die gleiche sein wird? Ist es nicht vielmehr so, daß die Abschreckung beginnt, selbst zum Schrecken zu werden, weil der Prozeß, die rüstungstechnische Infrastruktur auf dem laufenden zu halten, sich verselbständigt?

Es ist wie in einer griechischen Tragödie: Das Rad des Schicksals rollt, alle sehen zu, aber niemand vermag, ihm in die Speichen zu fallen. Dabei könnte heute eine Sternstunde sein. Denn beide Supermächte empfinden die Last des Rüstens so bedrückend wie nie zuvor, und beide haben damit begonnen, die nächste Generation der immer teurer werdenden Waffen aufzulegen; aber noch ließe sich deren Produktion wohl stoppen.

Wichtig ist auch, daß die Menschen weltweit aufsässig werden und protestieren: Sie wollen nicht Kriegsvorbereitungen, sondern Friedensplanung.

Einst setzte der Gewaltverzicht den Anfang zu einem besseren Verständnis. Man sollte einmal überlegen, ob nicht ein Vertrag zwischen den Supermächten über gegenseitigen Gewaltverzicht dazu geeignet sein könnte, eine Art Isolierschicht zwischen gestern und morgen zu legen, und wenn es auch nur wäre, um die Abrüstungsverhandlungen vom Fleck zu bringen.

Nicht für die Ewigkeit bestimmt

Die Geschichte wird über
die Berliner Mauer hinweggehen
DIE ZEIT, 15.8.1986

Immer schon gab es Mauern in der Geschichte. Aber ihr Daseinszweck war nicht stets der gleiche. Die Chinesen hatten ihre ersten Schutzwälle gegen räuberische Nomaden – die Vorläufer der Großen Mauer – schon tausend Jahre vor unserer Zeitrechnung errichtet. Die Chinesische Mauer existiert also bereits seit drei Jahrtausenden.

Die Mauer in Berlin steht erst seit 25 Jahren, aber wenn man bedenkt, daß es ihr Zweck ist, die Flucht der eigenen Bürger zu verhindern, dann ist das schon eine sehr lange Zeit. Man wird sich kaum vorstellen können, daß sie in weiteren 25 Jahren auch noch steht. Die Umdrehungsgeschwindigkeit der Geschichte ist heute anders als früher. Was für ewig gedacht schien, ist im Handumdrehen verschwunden: Wer denkt heute noch an Maos rotes Büchlein, mit dem viele Millionen Chinesen jahrelang bei jeder Gelegenheit zu winken pflegten?

Auch die Berliner Mauer ist nicht für die Ewigkeit bestimmt. Sie zerteilt ja nicht nur die Stadt, sie ist ein Symbol für die Teilung Europas, und dies ist ein so ahistorischer Zustand, daß ihm keine Dauer beschieden sein kann.

Der alte Kontinent Europa, jahrhundertelang das Zentrum der Welt, existiert nicht einmal mehr im Bewußtsein der Westeuropäer: Sie fühlen sich diesseits der Elbe als Teil des Gemeinsamen Marktes und der Nato, und sie betrachten Osteuropa nur unter dem Aspekt des Moskauer Vorzeichens. Da kommt es dann zu absurden Zuordnungen wie beispielsweise der Kategorisierung Ost-Berlins als Teil Osteuropas.

Vergessen ist, daß in diesem alten Kontinent seit dem Mittelalter – also während eines halben Jahrtausends – alle wichtigen geistigen Bewegungen ihren Ursprung nahmen. Hier wurde die Renaissance geboren und die Reformation. Aufklärung und Romantik erlebten hier ihren Ursprung und Höhepunkt. Und bis in unsere Tage ist die intellektuelle Basis dessen, was die moderne Welt in Ost und West ausmacht, aus dem europäischen Raum hervorgegangen: Marxismus, Sigmund Freuds Lehre, Albert Einsteins Erkenntnisse und schließlich auch die moderne Wissenschaft und Technologie.

Europa sollte mehr Selbstbewußtsein beweisen, wenn es in dieser von militärischen Aspekten hypnotisierten Epoche als eigenständige geistige Potenz überleben will.

Der Riß, der durch Europa geht, könnte heute vielfach »übernäht« werden, ohne daß das politische Kräftesystem destabilisiert würde. Dann könnte auch die Mauer abgebaut werden. Voraussetzung für beides freilich ist, daß die osteuropäischen Staaten in einem langsamen, systematischen Lockerungsprozeß ihren Bürgern mehr wirtschaftliche und mehr kulturelle Freiheit gewähren, damit ihre Regierungen nicht befürchten müssen, ohne die Militärpakte gestürzt zu werden.

Dies alles ist in den nächsten 25 Jahren durchaus denkbar, denn dann befinden wir uns schon im zweiten Jahrzehnt des neuen Jahrtausends.

Unmöglich wird es nur, wenn die Regierungen sich den Rat der *Frankfurter Allgemeinen Zeitung* zu eigen machten, die unlängst in ihrem Leitartikel davor warnte, das »Klima« zu verbessern. Begründung: »Das hat Folgen. Die eigene Sprache paßt sich der des Gegners an, und damit ändern sich die Themen . . . Das Lagebild wird geschönt, die Öffentlichkeit in Hoffnungen gewiegt, und diese enthalten dann ihre eigene

Schubkraft.« Der Rat lautet also: Nur keine Veränderung; besser Anpassung an den bestehenden Zustand; mithin harte Sprache, Teilung, Mißtrauen, Rüstungswettlauf.

Ja, wenn das wirklich die Perspektive wäre – dann müßte man verzweifeln.

Ob endlich die Zukunft beginnt?

Das gemeinsame Papier von SPD und SED
begründet neue Hoffnung auf eine pragmatische Politik
DIE ZEIT, 11.9.1987

Manchmal denkt man, die Weltuhr sei stehengeblieben: Seit 40 Jahren waren aller Augen und alle Energien auf die Ost-West-Spannungen gerichtet, so als gäbe es keine anderen Probleme in der heutigen Welt. Wie hypnotisierte Hühner auf den Kreidekreis starrten alle auf den Lauf des Wettrüstens, als ob dies einen Sieger ins Ziel tragen könnte. Dabei hat die riesige Rüstung keiner Seite mehr Sicherheit gebracht, ganz zu schweigen von den bedenklichen finanziellen Folgen, die dadurch in Ost und West verursacht wurden.

Aber der Eindruck täuscht. Die Uhr ist nicht stehengeblieben. Wenn ich an unsere ganz und gar vergeblichen Mühen Anfang der sechziger Jahre denke, einen Zeitungsaustausch zwischen der *ZEIT* und dem *Neuen Deutschland* zustande zu bringen, oder an den 1966 gescheiterten Redneraustausch, oder an die umständlichen Verhandlungen, mit denen 1963 die ersten Passierscheine erwirkt wurden, damit Westberliner zu Weihnachten nach Ostberlin reisen konnten – wenn ich mir dies alles vergegenwärtige und dann höre, daß in diesem Jahr bisher 3,2 Millionen DDR-Bürger, davon 900.000 unterhalb des Rentenalters, in die Bundesrepublik reisen dürfen und ferner daß SPD und SED soeben gemeinsam ein Papier unterzeichnet haben, das *nota bene* auch im *Neuen Deutschland* veröffentlicht worden ist, dann ist dies doch Beweis für einen gewaltigen Fortschritt.

Noch Mitte der sechziger Jahre drohte zufolge des sogenannten »Handschellen-Gesetzes«, daß jeder SED-Funktionär, der in die Bundesrepublik einreisen wollte, an der Grenze verhaftet werden konnte. Noch Mitte der siebziger Jahre hat der DDR-General Hoffmann den Atomkrieg als politisches Mittel gutgeheißen, um den Klassenfeind im Westen zu schlagen.

Und nun zum ersten Mal ein Papier, das *gemeinsam* von den antagonistischen Brüdern unterschrieben wurde – nicht in spontaner Aktion, sondern nach jahrelangen Gesprächen.

Nachdem nun auch die Chefs der beiden Deutschlands miteinander Gespräche führen und Bundeskanzler Kohl in seiner ausgezeichneten, sehr differenzierten Tischrede zu Ehren Honeckers ähnliche Gedanken ausgesprochen hat: Gemeinsam für den Frieden arbeiten, ungeachtet der Unvereinbarkeit der Grundkonzeptionen das Machbare machen, außerdem mehr Jugend- und Informationsaustausch, gewinnt das Papier den Charakter eines Meilensteins.

Damit sind die drei wichtigsten Ebenen synchronisiert: Entspannung und Abrüstungsgespräche zwischen Moskau und Washington; das gemeinsame Papier von SPD und SED über die Entschärfung des Systemwettstreits; die Zustimmung der CDU zu sachlicher Deutschlandpolitik, die Bundeskanzler Kohl bei den Gesprächen mit Generalsekretär Honecker zum Ausdruck brachte. Dies läßt die Hoffnung zu, daß nach 40 Jahren Rüstungswettlauf und emotionaler Empörung übereinander pragmatische Gesichtspunkte die Oberhand gewinnen.

Ein Dach für ganz Europa

Unser Ziel: Nicht »Wiedervereinigung«,
sondern Annäherung zwischen Ost und West
DIE ZEIT, 1.4.1988

Ein neues Denken hat auch in Bonn eingesetzt und läßt neue Hoffnungen zu, sofern nicht die Ewiggestrigen dieses Konzept wieder verwässern oder gar zunichte machen. Sie haben noch immer nicht begriffen, daß die Proklamierung der Wiedervereinigung als Ziel der Bonner Außenpolitik genau das ist, was den Weg dorthin blockiert, weil diese Vision jede Entwicklung unmöglich macht. Kein Nachbar – weder im Osten noch im Westen – kann sich in der Mitte Europas ein geeintes Deutschland mit 80 Millionen Bürgern wünschen, welches das Potential von Bundesrepublik und DDR zu einer erdrückenden Potenz vereinen würde; folglich werden sie alles tun, um jegliche Vereinigung zu verhindern und lieber den Status quo aufrechterhalten.

Nein, etwas ganz anderes ist jetzt wichtig. Wichtig ist, daß West- und Osteuropa wieder näher aneinandergerückt werden. Darauf sollten wir uns konzentrieren.

Noch nie seit vierzig Jahren war die Gelegenheit hierzu so günstig wie heute.

Wir würden alle miteinander Strafe verdienen, wenn wir diesen historischen Moment ungenutzt vorübergehen ließen. Heute, da sich für Moskau der einst so freudig begrüßte Zugewinn an Einfluß in Osteuropa – bis zur Elbe – in eine unberechenbare Last verwandelt, wäre Gorbatschow sicherlich bereit, den Osteuropäern mehr Freiheit zu gewähren, sofern die Völker, die dieses Glacis bilden, nicht verführt werden, zum Westen überzugehen, sondern sich weiterhin als Moskaus Verbündete betrachten. Ihre engere Verbindung zum Westen kann aus wirtschaftlichen, technologischen und handelspolitischen Gründen den Sowjets nur nützlich sein.

Gewiß kann man nicht an eine institutionelle Verknüpfung der beiden Teile Europas denken, wie sie der gemeinsame Markt darstellt, aber es sollte doch möglich sein, auf lange Sicht ein gemeinsames Dach für beide zu konstruieren. Das hätte auch den Vorteil, daß Europa zwischen den beiden erdrückenden Supermächten mehr Gewicht erhielte. Bei alledem darf dies natürlich nicht allein unsere Politik sein, sondern das Ziel müßte von ganz Westeuropa getragen werden.

Dieses Projekt ist, anders als eine »Wiedervereinigung«, allein in der Lage, den Bürgern in der DDR die angestrebten Erleichterungen zu bringen, weil damit kein Risiko für Regierung und Partei verbunden ist. Es ist das Ziel, für das der volle Einsatz sich lohnt. Und es ist erreichbar: Es braucht nur ein bißchen Mut, Optimismus und politische Phantasie.

Eine neue Ordnung für die alte Welt

Jetzt heißen die Probleme: Umwelt und Dritte Welt
DIE ZEIT, 12.1.1990

Wie ein reißender Strom jagt die Geschichte um die Welt, von niemandem gesteuert, von allen am Ufer Stehenden bestaunt – ziemlich ratlos bestaunt. Wohin strebt der Fluß? Was ist sein Ziel? Was stellt sich ihm entgegen? Was läßt er zurück?

Unbrauchbarer noch als die ratlos Staunenden sind jene – vor allem jene Regierenden –, die das eilende Geschehen im Rückspiegel betrachten, anstatt nach vorn zu schauen und sich zu fragen, wie es in der Welt in zehn Jahren aussehen soll, um dann heute schon entsprechend zu handeln und nicht alles dem Zufall zu überlassen. Jene also, die die Welt und ihre wechselnden Probleme immer nur aus der Perpektive von gestern betrachten.

Sie spüren nicht das unterirdische Beben, die subkutane Strömung des geschichtlichen Wandels. Von Geschichte wissen sie ohnehin wenig, und von strategischem Denken halten sie schon gar nichts, weil es ihnen nur auf die Wahlperiode ankommt, so daß Denken und Handeln allein auf die Taktik beschränkt sind. Gewandeltes Bewußtsein ist darum viel zu lange Zeit für einen Propagandatrick des Gegners gehalten worden.

Als Hitler besiegt war, glaubten die Sieger, nun, da es gelungen war, den Störenfried zu eliminieren, werde die Welt zu einer Einheit zusammenwachsen. Ausdruck dieser Gewißheit war die Gründung der Vereinten Nationen. Die Weltorganisation war noch kaum etabliert, da zeigten die Spannungen zwischen den bisherigen Alliierten schon den kommenden kalten Krieg an. Nun ist er zu Ende. Auch diesmal hoffen die Menschen wieder, und diesmal mit mehr Berechtigung, daß die Zeichen auf Frieden und Einheit stehen.

Warum? Die Zeit der wechselseitigen Feindbilder – »Wir wollen ja den Frieden, aber die Imperialisten (oder die Prediger der Weltrevolution) bereiten doch einen Angriff vor, also müssen wir rüsten und immer weiter rüsten, weil die mehr Raketen (oder mehr Panzer) haben als wir« –, diese Zeit ist Gott sei Dank vorbei. Das Militärische tritt in den Hintergrund, und damit entfällt das Hauptantriebsmoment der bisherigen Fehlentwicklung. Nur dort, wo *vested interests* vorherrschen, im Pentagon oder bei der Nato und bei sowjetischen Marschällen, fällt es noch schwer, sich von der vertrauten Perspektive zu trennen.

Natürlich kann kein ernsthafter Mensch glauben, daß eine totale Abrüstung möglich oder auch nur wünschenswert wäre – die Forderungen der Bergpredigt sind Utopien. Aber daß politische Probleme nicht mit militärischen Mitteln gelöst werden können, das haben doch mittlerweile die meisten verstanden. Was also soll auf lange Sicht aus den beiden Militärallianzen werden? Gewiß kann man sich vorstellen, daß irgendwann einmal der Zeitpunkt kommt, an dem die Existenz der beiden überflüssig erscheint, sie sich also auflösen könnten. Besser aber wäre wahrscheinlich, daß man, soweit dies möglich ist, beide durch gemeinsame Ausschüsse näher aneinander bindet, um sie schließlich als Weltsicherheitsbehörde unter einem Dach zu vereinen; das würde das Vertrauen maximieren oder jedenfalls das Mißtrauen minimieren.

Wie also wird die neue internationale Ordnung beschaffen sein, auf die unsere Welt zusteuert? In dem Maße, in dem das Militärische in den Hintergrund tritt, schiebt sich die Wirtschaft nach vorn, und damit regieren ganz andere Gesichtspunkte, den Alltag des einzelnen wie auch das Zusammenleben der Nationen.

Rivalität wird bleiben, aber es wird nicht mehr eine Rivalität sein zwischen Ideologien: »Ich will nur das Gute, aber du gehörst dem Reich des Bösen an.« Oder: »Ich bin für den Frieden, aber ihr Imperialisten seid Kriegstreiber.« Vielmehr werden dem Wettstreit pragmatische Aspekte zugrunde liegen: Wo, mit wem kann ich was am billigsten herstellen und am besten verkaufen? Die Folge: Grenzen werden nicht mehr absolute Trennungslinien sein, und das Nationale wird auf Dauer eine geringere Rolle spielen, einfach weil anderes wichtiger erscheint.

Manch gewohnte Denkkategorien sind heute einfach überholt, weil die brennenden Probleme sich auf nationaler Ebene nicht mehr lösen lassen. Kein einzelnes Land vermag aus eigener Kraft sich gegen die rasch fortschreitende Zerstörung der Natur zu verteidigen. Die Gefahren aber, die von der Vernichtung der Umwelt ausgehen, sind weit größer als jene, die in der Vergangenheit unsere Vorstellungen beherrscht haben. Denn wenn erst die Wälder vernichtet, Wasser und Luft vergiftet sind, dann bleibt für die Menschen kein Lebensraum mehr.

Das zweite große Problem, die demographische Entwicklung, hängt mit dem ersten eng zusammen. Auch dieses Problem kann nur mit Hilfe von koordiniertem Nachdenken und vereinten Anstrengungen angepackt werden. Die Weltbevölkerung hat sich in dem jetzt zu Ende gehenden Jahrhundert von 1,5 auf 5,6 Milliarden fast vervierfacht, und wenn die heute Geborenen dreißig Jahre alt geworden sind, wird es acht Milliarden Menschen geben.

Sie alle wollen essen, brauchen, je nach Klima, Wärme und Licht, um nur von den elementarsten Bedürfnissen zu sprechen – woher eigentlich soll die Energieversorgung zur Dekkung all dieser Bedürfnisse kommen? Wir müssen beständig umdenken. Mit den alten Kategorien kann man den Anforderungen der neuen Welt nicht mehr gerecht werden. Kooperation muß die Devise lauten – Fortsetzung der Konfrontation hätte den Untergang bedeutet.

Wenn's doch einen Churchill gäbe ...

Die westliche Führung tut nichts,
um den Wandel zu steuern
DIE ZEIT, 16.3.1990

Wie war es doch vordem mit Supermächten so bequem! Die Struktur der Bipolarität war vorgegeben, alles hatte seinen festen Platz, die Feindbilder waren und blieben überzeugend: dort die Bösen, hier die Guten, jene wollen uns vernichten, wir müssen uns verteidigen.

Nun, in der *post Cold War period*, wie man hier sagt, ist diese in Jahrzehnten zur Überzeugung gewordene Ordnung durcheinandergeraten. Seit Foster Dulles in den fünfziger Jahren den Rollback predigte – das Zurückdrängen der Sowjets – bis zu Ronald Reagans »Totrüsten« und »Auf-die-Knie-Zwingen«, regierte das Freund-Feind-Schema die Welt. Nun ist an die Stelle des klaren Blocksystems eine Vielzahl von Ungewißheiten getreten: verursacht durch die Umwälzungen in Ost- und Mitteleuropa und die plötzlich mit großer Dynamik akut gewordene deutsche Frage, die schwerwiegende Sicherheitsprobleme aufwirft. Verwirrung ist ausgebrochen, Ratlosigkeit breitet sich aus – auch in Washington.

Glücklicherweise hatte keiner meiner Gesprächspartner den *Bayernkurier* gelesen, der meinte, einem deutschen Kanzler müsse es ja wohl gestattet sein, deutsche Interessen wahrzunehmen, und der zu diesem Thema den Satz beisteuerte: »Die Qualität deutscher Politiker kann und darf sich nicht nur am Beifall aus dem Ausland messen.«

Deutschland ist für viele wieder zum potentiellen Schreckgespenst geworden – besonders für die Juden. Man kann das wohl verstehen, aber manchmal geht dies auch erstaunlich weit. Rabbi Hier, Dean des Simon-Wiesenthal-Centers in Los Angeles, schrieb einen Brief an Bundeskanzler Kohl, den er so vor drei Monaten sicher nicht geschrieben hätte. Die *New York Times* veröffentlichte ihn auf ihrer ersten Seite. Darin forderte der Rabbi allerlei »Garantien«, beispielsweise, daß das vereinte Deutschland ein Holocaust-Museum errichtet, eine Regierungsstelle gründet, um Haß-Verbrechen zu verfolgen und sicherzustellen, daß der Holocaust in den Schulbüchern gründlich dargestellt wird; schließlich verlangt er die Zusicherung, daß des Tages der fünfzigjährigen Wiederkehr der Wannsee-Konferenz von 1942 feierlich gedacht wird.

Helmut Kohl hat in seiner Antwort darauf hingewiesen, daß Haß-Verbrechen nach deutschem Recht mit Gefängnis bestraft werden – beispielsweise »Diffamierung von Opfern des Nationalsozialismus, insbesondere die Verleugnung des Holocaust«. Dafür, so sagte der Kanzler, bedarf es keiner besonderen Forderung.

Die alte Weltordnung ist zusammengebrochen. Man sieht die neue schon am Horizont heraufziehen, aber die Führung der westlichen Welt läßt den Wandel nur geschehen – sie gestaltet ihn nicht: Wieder wird der Verteidigungshaushalt, wie schon in den Jahren zuvor, mit rund 300 Milliarden Dollar dem Kongreß vorgelegt – inflationsbedingt sind das 35 Prozent mehr als vor einem Jahrzehnt. Die Regierung hat ein Dokument verfaßt, das dem Verteidigungsministerium als Richtlinie für die zukünftigen Budgets dienen soll. Darin wird für die neunziger Jahre eine intensive Rivalität der Supermächte rund um die Welt vorausgesagt. Es ist, als seien die Uhren in Washington stehengeblieben.

Man kann sich offenbar von der alten, liebgewordenen Beschäftigung »Rüstung planen« nicht trennen. Dabei zeichnet sich doch das Wesen der neuen internationalen Ordnung schon sehr deutlich ab. Sie wird nicht, wie das 19. Jahrhundert, auf Nationalstaaten beruhen und nicht, wie die zweite Hälfte des 20. Jahrhunderts, durch Bipolarität bestimmt sein, sie wird multipolar sein, transnational verflochten und regional bestimmt.

Niemand kann ein ganzes Volk durchleuchten

Reflexionen über Stasi-Mitarbeiter
DIE ZEIT, 10.9.1993

Drei Jahre sind vergangen, seit Deutschland wiedervereinigt wurde. Aber in diesen drei Jahren hat mehr gegenseitige Entfremdung der beiden Teile eines Ganzen stattgefunden als in den vierzig Jahren zuvor. Warum?

Wenige hatten vorausgesehen, daß die große und echte Freude der Wiedervereinigung kein Dauerzustand sein würde. Das Verschwinden der Mauer nach fast drei Jahrzehnten ließ andere Mauern um so sichtbarer werden. Seit 1990 wurde immer deutlicher, daß die Deutschen während der letzten vier Jahrzehnte in grundsätzlich verschiedenen Welten gelebt haben.

Wenn auch die »Ent-Stasifizierung« ins Gegenteil umschlagen sollte, dann wird die Versöhnung zwischen Ost- und Westdeutschen nicht zehn Jahre brauchen, sondern ein bis zwei Generationen. Grund genug, präzis und nachhaltig darüber nachzudenken, was zu tun ist.

Zunächst einmal: Man darf die Verbrechen, die begangen wurden, weder ignorieren noch beiseite schieben. Niemand, dessen Bruder, Sohn oder Vater umgebracht, gefoltert oder jahrelang in Stasi-Haft oder Zuchthäusern geschunden wurde, kann dies je vergessen; auch die nicht, die am eigenen Leib die Arroganz der Macht oder die Brutalität pervertierter Wächter erleiden mußten. All diese Verbrechen müssen genannt, der Allgemeinheit bewußt gemacht und verfolgt werden – nur muß unter Wahrung rechtsstaatlicher Maßstäbe darüber nachgedacht werden, auf welche Weise dies geschieht.

Drei rechtsstaatliche Grundsätze müssen eingehalten werden:

1. Nur Handlung, nicht Gesinnung wird bestraft.
2. Maßgebend kann nur das damals in der DDR gültige Strafrecht sein.
3. Die individuelle Schuld des einzelnen muß nachgewiesen werden.

Natürlich müssen Kriminelle bestraft und Führungseliten ausgewechselt werden – aber es ist Unsinn, daß ein ehemaliger Stasi-Mitarbeiter, der heute bei der Stadtreinigung arbeitet, entlassen wird. Natürlich muß ein Götz Schlicht, der als Doktor Lutter jahrelang im Lager Marienfelde die Berichte von DDR-Bürgern, die in die Bundesrepublik überwechselten, an die Stasi lieferte, vor Gericht gestellt werden. Darüber besteht kein Zweifel, denn in vielen Fällen hat er den zurückgebliebenden Verwandten schweren Schaden zugefügt. Niemand, der strafbare Handlungen begangen hat, keiner, durch den Mitbürger Schaden erlitten haben, darf straffrei bleiben.

Wir müssen uns über zwei Dinge klarwerden: Was will man erreichen? Und was kann man erreichen? Nicht erreichen kann man die Aufarbeitung der Taten eines Unrechtsstaates mit rechtsstaatlichen Mitteln; abgesehen davon, daß Regierungskriminalität und staatliche Unterdrückung strafrechtlich ohnehin kaum zu erfassen sind. Rückwirkend die heutigen demokratischen Maßstäbe an jene Zeit anzulegen, ist unzulässig (*nulla poena sine lege*) – und es wäre auch ungerecht.

Die vielen Hunderttausende von Helfern, deren sich dieses Regime bediente, waren nicht eo ipso Verbrecher. Nur eine Minderheit fühlte sich von Macht- und Gewaltausübung angezogen. Die Mehrheit bestand aus normalen Kleinbürgern, die vermutlich unter anderen Umständen ihren alltäglichen Aufgaben pflichtgetreu nachgegangen wären.

Warum sollten sie, nachdem ein Teil ihres Lebens verpfuscht wurde, und zwar nicht durch eigene Schuld, sondern sozusagen umständehalber – warum sollten sie nun auch für den Rest ihres Lebens gebrandmarkt werden? Sie wären sicher bereit, dem Staat loyal zu dienen, wenn dieser sie akzeptierte. Die Fähigkeit, auch in der Demokratie für ihr Land zu wirken, kann man ihnen doch nicht einfach absprechen. Warum also sollte man die Betreffenden in Verbitterung und Opposition treiben? Wäre es nicht viel gescheiter, sie auf etwas Nützliches anzusetzen? Viele von ihnen sind für den Aufbau unentbehrlich.

Individuelle Schuld ist also beim Bürger nicht nur außerordentlich schwierig, sondern eigentlich unmöglich zu messen, weil niemand eine Norm dafür zu setzen weiß, wo die Grenze verläuft zwischen Ertragen und Widerstehen, zwischen Anpassen und Opponieren, zwischen Wegschauen und Wissenwollen.

Man darf nicht vergessen, daß das System der Überwachung in der DDR so allumfassend war wie in keinem anderen autoritären Staat. Wer studieren wollte oder nach Ruhm und höherem Verdienst strebte, mußte sich anpassen, denn die grandiosen Zusicherungen »Recht auf Bildung« und »Recht auf Arbeit« galten im allgemeinen nur für die Loyalen, die Angepaßten, nicht für Abweichler, nicht einmal für Gleichgültige.

Eine Kategorisierung der Bevölkerung in Hauptschuldige, Minderbelastete und Mitläufer – was viele Ordnungsfanatiker wahrscheinlich erstreben – ist nicht möglich; man kann nicht ein ganzes Volk durchleuchten. Man kann auch nicht das, was 100.000 offizielle Stasi-Mitarbeiter und wahrscheinlich 100.000 nichtoffizielle in vierzig Jahren (und in 180 Kilometer Aktenordnern) zusammengetragen haben, mit dem Ziel durcharbeiten, Gerechtigkeit zu schaffen. Wenn also keine individuelle Schuldermittlung möglich und eine generelle Bewältigung der Vergangenheit nicht erreichbar ist, was kann dann das Ziel sein, auf das wir uns konzentrieren sollten?

Das Ziel muß sein, nicht individuell Belastete zu ermitteln, sondern kollektive Einsichten zu vermitteln. Einsichten in das Funktionieren jenes abgefeimten Unterdrückungssystems mit seinem Psychoterror, den Belohnungen für Denunzianten, den geheimen Entführungs- und Mordaufträgen und einem überaus feinverzweigten Überwachungsapparat. Der Effekt müßte im großen etwa dem eines Seminars entsprechen, das Maßstäbe für politisch-moralisches Verhalten zu setzen versucht.

Das Ziel muß sein, abzuschrecken von allen autoritären Machtmitteln und allen Bürgern die Einsicht zu vermitteln, daß sie den Anfängen wehren müssen, weil am Anfang das Widerstehen noch verhältnismäßig ungefährlich ist und der Erfolg am ehesten gewährleistet wird.

Nichts kann uns von der Vergangenheit erlösen – es gibt keine »Vergangenheitsbewältigung«. Die Zukunft aber kann nur durch Aussöhnung, nicht durch Abrechnung oder Rache gewonnen werden.

Kein Grund zum Kleinmut

Die Demokraten brauchen den Wettbewerb
mit der PDS nicht zu scheuen
DIE ZEIT, 1.12.1995

Das kann ja heiter werden: Des Kanzlers Reaktion auf die Wahl Lafontaines war furios. Man bekam den Eindruck, es handele sich für ihn darum, Deutschland vor einer Invasion der Roten zu retten. »Es geht um die Zukunft der Republik«, sagte Helmut Kohl. Wenn die SPD versuche, die PDS bündnisfähig zu machen, dann kündige sie den Konsens der demokratischen Parteien auf. Die PDS sei eine marxistische, linksradikale, zutiefst antiwestliche Partei.

Lafontaine, dem es an Leidenschaft nicht fehlt und der die ganze Skala auf- und abwertender Rhetorik beherrscht, wird sich im Wahlkampf nicht lumpen lassen.

Die CDU in Bonn stigmatisiert die PDS weiterhin als »Mauerschützen-Partei«. Ihr Generalsekretär Peter Hintze erklärt, die PDS bleibe eine Bewegung der Ewiggestrigen, die Unruhe schüre, aber keinen konstruktiven Beitrag zur Politik leiste. Seine Forderung: »messerscharfe Trennung«. Hintzes bayerischer Kollege Bernd Protzner, Generalsekretär der CSU, der die PDS mit der NSDAP vergleicht, verlangt: »totale Distanz«.

Beide haben offenbar noch nie darüber nachgedacht, daß eine solche Politik die Kluft zwischen Ost und West weiter vertieft und überdies immer mehr Ostdeutsche dazu bringt, die PDS als ihre Heimat zu empfinden. Kanzleramtsminister Friedrich Bohl steuerte schließlich die Begründung für jene Forderungen bei: Das gesamte Programm der PDS gleiche, so meinte er, einem Anschlag auf die innere und äußere Sicherheit Deutschlands.

Das Anschwellen der Wählerstimmen für die Protestpartei ist wahrscheinlich eine Reaktion auf die Dämonisierung der PDS, die von einst 10 Prozent auf jetzt 20 Prozent der Stimmen gestiegen ist. Bei der Berliner Wahl wurde sie mit 36 Prozent der Stimmen im Ostteil der Stadt drittstärkste Partei.

Man kann ein Drittel der Bevölkerung nicht einfach ausgrenzen. Mindestens ist dies höchst unzweckmäßig, weil es nur zu immer weiterer antiwestlicher Solidarisierung führt. Auch ist es moralisch nicht zu rechtfertigen.

Wir haben doch erfahren, daß man Politik nicht mit Dogmen – siehe Hallsteindoktrin – betreiben kann. Denn dieser Konzeption liegt die absurde Vorstellung zugrunde, man könnte die Geschichte an einem bestimmten Punkt festnageln. Aber die Geschichte ist, wie wir alle wissen, ein Prozeß.

Sicherlich sind die alten kommunistischen Funktionäre zuhauf in der PDS (irgendwo müssen sie ja sein). Aber auch wenn über ein Drittel der Ostberliner für diese Partei gestimmt hat, ist nicht anzunehmen, daß ihr Ehrgeiz darauf gerichtet ist, das alte Regime mit seinen Unterdrückungen, Bespitzelungen und Zuchthäusern wiederzuerrichten.

Wir Demokraten sollten nicht so kleingläubig sein. Wir brauchen den Wettbewerb und auch Koalitionen mit der PDS nicht zu scheuen.

Alle Dönhoff-Zitate stammen entweder aus den Gesprächen zwischen Marion Dönhoff und Alice Schwarzer oder aus ihren autobiographischen Büchern und Aufsätzen: »Kindheit in Ostpreußen« (Siedler), »Um der Ehre willen – Erinnerungen an die Freunde vom 20. Juli« (Siedler) und »Namen, die keiner mehr nennt« (dtv). – Wir danken den Verlagen Siedler, Rautenberg und Diederichs für die Abdruckgenehmigung.

Fotonachweise

S. 14/15, 192 oben u. unten, 193, 210	Klaus Kallabis
S. 101	Tim N. Gidal
S. 154, 156, 157 oben	bildarchiv preussischer kulturbesitz
S. 166	Carl Werner Schmidt-Luchs
S. 188 oben	Dick Fish Co., Inc.
S. 188 unten	Berliner APN/Novosti
S. 189 oben	Hubmann
S. 190 oben	Herbert Wiesemann
S. 190 unten	Reinartz
S. 191 unten	Foto Sachsse
S. 194/195. 202/203	Berko
S. 210 unten	Christoph Keller
S. 212 oben	Robert Lebeck, stern
S. 212 unten	dpa
S. 213 oben	Lutz Kleinhans
S. 213 unten	dpa
S. 215 unten, 226/227	Bettina Flitner

Alle weiteren Fotos Marion Dönhoff, privat

982. Marion Dönhoff erhält die Ehrendoktorwürde der Columbia University, New York

Alice Schwarzer
Alice im Männerland

Eine Zwischenbilanz

Vom »Kleinen Unterschied« zum »Großen Unterschied«:
Alice Schwarzer bewegt die Gemüter - und wird dies wohl
auch weiterhin tun. Denn ihre Themen von heute sind nicht
selten die Themen von morgen. Dreißig Jahre Einsatz für die
Menschenrechte und die Gleichheit der Geschlechter: Alice
Schwarzers Bilanz ihres Engagements als Autorin und Ak-
tivistin ist gleichzeitig ein faszinierendes Stück Geschichte
der großen gesellschaftlichen Debatten von den 70er Jahren
bis heute. Und gerade im Rückblick – trotz aller Veränderungen – zeigt sich, in welchem Maße Alice Schwarzer sich
als engagierte Intellektuelle treu geblieben ist.

Knaur Taschenbuch Verlag

»Wir sind die beiden meistbeschimpften
Frauen Deutschlands!«

Alice Schwarzer
Romy Schneider

Mythos und Leben

Zwanzig Jahre nach ihrer Begegnung mit Romy Schneider,
die sie einmal für die erste EMMA porträtierte, spürt Alice
Schwarzer dem Star noch einmal nach. Auf ihre ganz eigene
Art zeichnet sie das Bild eines Frauenlebens, das ungewöhn-
lich und normal zugleich war und dessen Siege und Nieder-
lagen viel darüber sagen, was es heißt, eine Frau zu sein.
So findet Alice Schwarzer hinter der Ikone den Menschen
Romy Schneider.

Knaur Taschenbuch Verlag